MUNDO)real

Student Book

CAMBRIDGE
UNIVERSITY PRESS

Edi
numen

Cover Photograph:

Guitarra española. *"La guitarra clásica o española es uno de los instrumentos más universales que existen y factor fundamental para que el flamenco y el tango hayan sido nombrados Patrimonio Inmaterial de la Humanidad. La guitarra surge a raíz del contacto entre las culturas cristiana y musulmana, y ha ido evolucionando y enriqueciéndose a lo largo de los siglos con las aportaciones de otras culturas. Este instrumento, en sus distintas variedades, está presente en todos los ritmos latinos y ha supuesto un punto de unión de los diferentes pueblos hispanos".* David Isa.

Authors:
Eduardo Aparicio, Cecilia Bembibre, María Carmen Cabeza, Noemí Cámara, Francisca Fernández, Patricia Fontanals, Luisa Galán, Amelia Guerrero, Emilio José Marín, Celia Meana, Liliana Pereyra y Francisco Fidel Riva.
Coordination Team: David Isa, Celia Meana y Nazaret Puente.

ISBN - Student Book: 978-1-107-65017-6

Printed in the United States of America

Editorial Coordination:
Mar Menéndez

Cover Design:
Juanjo López

Design and Layout:
Juanjo López, Analia García,
Sara Serrano, Antonio Arias y Lucila Bembibre

Illustrations:
Carlos Casado

Photos:
See page 270

Cambridge University Press
32 Avenue of the Americas
New York, NY 10013

Editorial Edinumen
José Celestino Mutis, 4. 28028 Madrid. España
Teléfono: (34) 91 308 51 42
Fax: (34) 91 319 93 09
e-mail: edinumen@edinumen.es
www.edinumen.es

EXTENSIÓN DIGITAL
Access code
07650176
www.edinumen.es/cambridge-eleteca

FOR THE STUDENT

The **Student Book**'s eight units of high-interest content help students learn and practice Spanish in and outside the classroom.

The **Workbook** provides additional practice for the skills covered in the Student Book. Workbook activities focus on reading and listening comprehension and written expression, perfect for independent study in the classroom or at home.

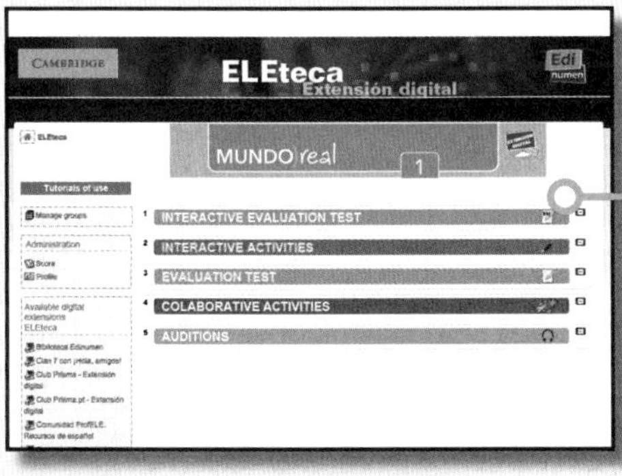

***Mundo Real* ELEteca**, a Learning Management System designed for both students and teachers, includes interactive and collaborative activities, audiovisual resources and materials for self-assessment and independent study.

eBooks are available for each level and allow learners to access Student Book content online. eBooks include highlighting and note-taking features, as well as integrated audio and video.

FOR THE TEACHER

The easy-to-use **Teacher's Edition** includes teacher's notes, expansion activities, and answer keys for activities in the Student Book.

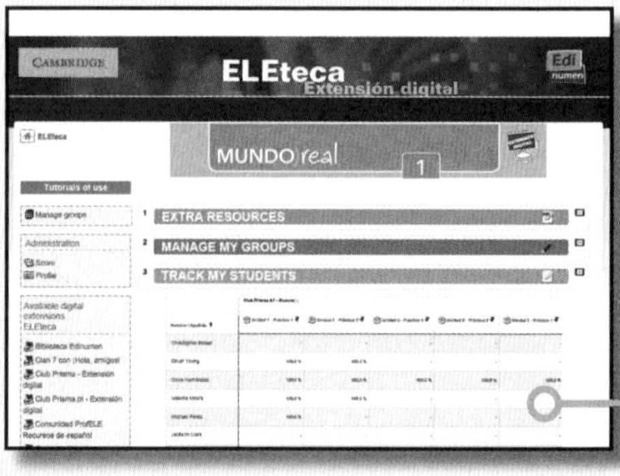

***Mundo Real* ELEteca**, a Learning Management System designed for both students and teachers, includes interactive and collaborative activities, audiovisual resources and materials for self-assessment and independent study. For the instructor, ***Mundo Real* ELEteca** provides access to the **Digital Master Guide**, which provides added support through Student and Teacher eBooks, suggestions for exploration, answer keys, cultural and grammatical notes, audio recordings, transcripts, projectable material, and much more!

The **DVD** contains all the video corresponding to the ***¡Acción!*** section of the Student Book, as well as ***Casa de Español***, a series of street-interview style videos that focus on high-impact grammar and common Spanish phrases.

ELETECA *MUNDO REAL*

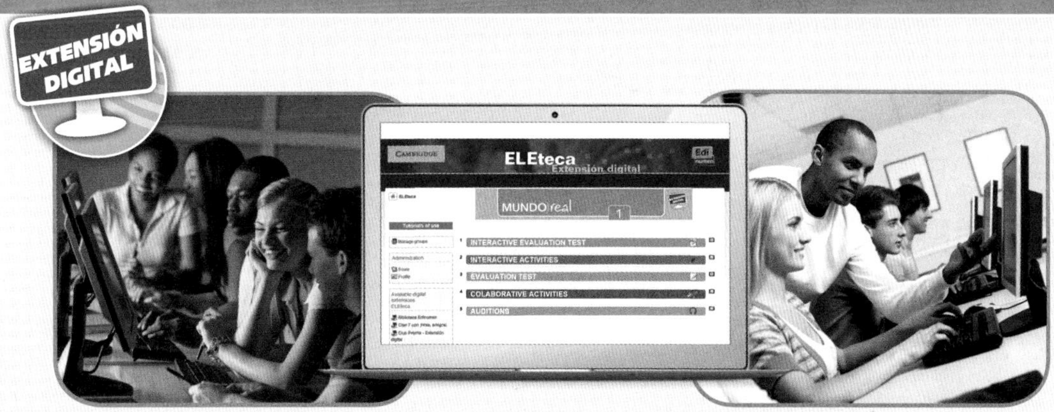

Your online extension of *Mundo real*

ELEteca, Cambridge / Edinumen's educational platform (www.edinumen.es/cambridge-eleteca), offers **supplementary material** which expands and complements this course.

WHAT IS ELETECA?

ELEteca is an **online learning management platform** that adds value to the Spanish learning / teaching process for teachers and students that use *Mundo Real.*

WHAT CAN STUDENTS FIND IN ELETECA?

For each level of *Mundo Real,* students can find the following **resources**:

- **Supplementary interactive activities** focusing on the grammar, vocabulary, communication, etc., covered in each unit.
- **Recordings** from the listening exercises in the Student Book.
- **Extra interactive review tests** for each unit.
- An **assessment test** for each unit.
- **Collaborative activities** with wikis and forums.

In addition, this platform gives teachers the opportunity to track the results online of the activities that their students perform in ELEteca.

HOW TO ACCESS ELETECA

To access ELEteca, just follow a process of three simple steps:

1. Go to ELEteca (www.edinumen.es/cambridge-eleteca) and sign up by filling out the short form.
2. Select the *Mundo Real* course to access the corresponding resources.
3. Enter the book's access code

ACCESS CODE:
07650176

Catedral Metropolitana en el Zócalo de la capital mexicana, México D.F.

Barrio de La Boca en Buenos Aires, Argentina.

Celebraciones del Cinco de Mayo en las calles de Montpellier, Vermont, EE. UU.

Apartamentos modernos en Barcelona.

Palenque, antigua ciudad maya en Chiapas.

Pisos tradicionales en el centro de Madrid.

La catedral de San Salvador, en El Salvador.

El Salto Ángel, en Venezuela.

Festival de Cartagena de Indias, en Colombia.

La comunidad puertorriqueña celebra en Nueva York.

Desfile de carnaval en Pisac, Perú.

El Yunque, un bosque tropical en Puerto Rico.

EXPLORE A UNIT

A dynamic image provides a visual introduction to the unit theme. Each unit theme focuses on a different real-world content area.

A discussion question acts as a springboard for students to begin using the language immediately, creatively adapting language they have learned previously to respond to new situations.

UNIDAD 3
¡MI FAMILIA ES MUY SIMPÁTICA!
¿Cómo celebras tu cumpleaños?
¿Tienes una fiesta de cumpleaños en casa?
¿Invitas a tus amigos y familia?
La familia celebra la fiesta de los quince años en San Miguel de Allende, México.
88
In this unit, you will learn to:
Describe family members
Describe physical characteristics
Describe personality traits and physical conditions
Ask and say what people are like
Express possession
Talk about clothes
Using
-er and -ir verbs
Possessive adjectives
Demonstrative adjectives
Cultural Connections
Connect information about Hispanic families and celebrations, and compare cultural similarities
SABOR HISPANO
La familia mexicana
México
¡ACCIÓN!
89

Each unit of *Mundo Real* contains eleven focused sections:

Hablamos de...	Destrezas / Pronunciación
Comunica	Sabor hispano
¡Acción!	Relato
Palabra por palabra	Evaluación
Gramática	En resumen

EXPLORE A UNIT

HABLAMOS DE..., a sample dialog featuring engaging images related to the unit theme, previews important structures and vocabulary from the unit. These dialogs immediately engage students in the language, improving their listening and reading comprehension skills.

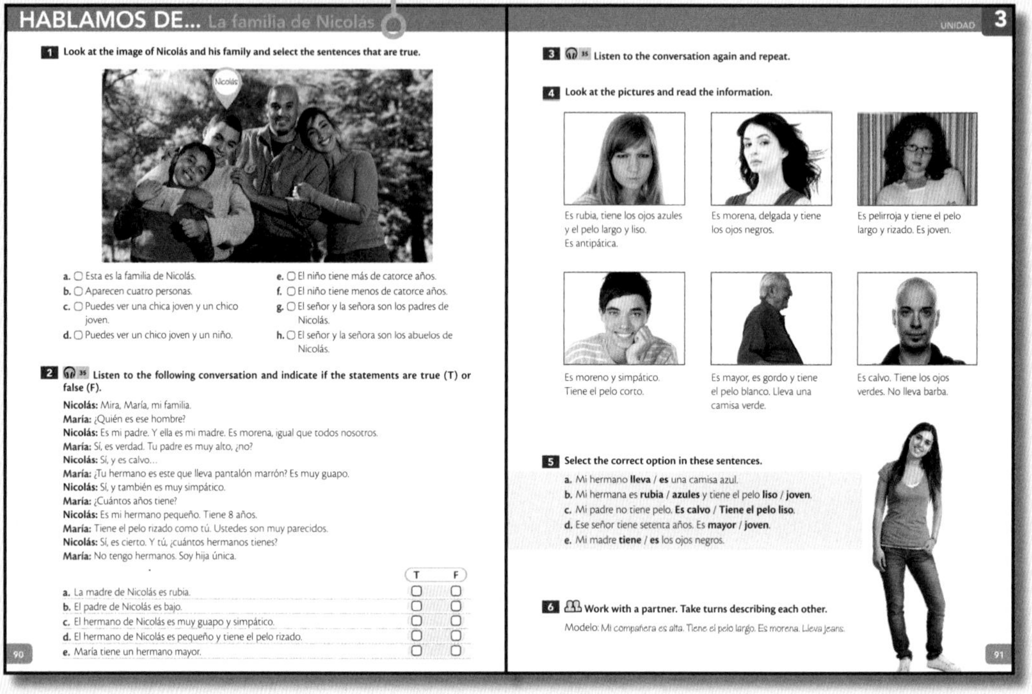

HABLAMOS DE... La familia de Nicolás

UNIDAD 3

1 Look at the image of Nicolás and his family and select the sentences that are true.

a. ☐ Esta es la familia de Nicolás.
b. ☐ Aparecen cuatro personas.
c. ☐ Puedes ver una chica joven y un chico joven.
d. ☐ Puedes ver un chico joven y un niño.
e. ☐ El niño tiene más de catorce años.
f. ☐ El niño tiene menos de catorce años.
g. ☐ El señor y la señora son los padres de Nicolás.
h. ☐ El señor y la señora son los abuelos de Nicolás.

2 35 Listen to the following conversation and indicate if the statements are true (T) or false (F).

Nicolás: Mira, María, mi familia.
María: ¿Quién es ese hombre?
Nicolás: Es mi padre. Y ella es mi madre. Es morena, igual que todos nosotros.
María: Sí, es verdad. Tu padre es muy alto, ¿no?
Nicolás: Sí, y es calvo...
María: ¿Tu hermano es este que lleva pantalón marrón? Es muy guapo.
Nicolás: Sí, y también es muy simpático.
María: ¿Cuántos años tiene?
Nicolás: Es mi hermano pequeño. Tiene 8 años.
María: Tiene el pelo rizado como tú. Ustedes son muy parecidos.
Nicolás: Sí, es cierto. Y tú, ¿cuántos hermanos tienes?
María: No tengo hermanos. Soy hija única.

	T	F
a. La madre de Nicolás es rubia.	☐	☐
b. El padre de Nicolás es bajo.	☐	☐
c. El hermano de Nicolás es muy guapo y simpático.	☐	☐
d. El hermano de Nicolás es pequeño y tiene el pelo rizado.	☐	☐
e. María tiene un hermano mayor.	☐	☐

3 35 Listen to the conversation again and repeat.

4 Look at the pictures and read the information.

Es rubia, tiene los ojos azules y el pelo largo y liso. Es antipática.
Es morena, delgada y tiene los ojos negros.
Es pelirroja y tiene el pelo largo y rizado. Es joven.
Es moreno y simpático. Tiene el pelo corto.
Es mayor, es gordo y tiene el pelo blanco. Lleva una camisa verde.
Es calvo. Tiene los ojos verdes. No lleva barba.

5 Select the correct option in these sentences.

a. Mi hermano **lleva** / **es** una camisa azul.
b. Mi hermana es **rubia** / **azules** y tiene el pelo **liso** / **joven**.
c. Mi padre no tiene pelo. **Es calvo** / **Tiene el pelo liso**.
d. Ese señor tiene setenta años. Es **mayor** / **joven**.
e. Mi madre **tiene** / **es** los ojos negros.

6 Work with a partner. Take turns describing each other.

Modelo: Mi compañera es alta. Tiene el pelo largo. Es morena. Lleva jeans.

90 91

COMUNICA develops speaking skills and oral interaction using communicative structures and activities.

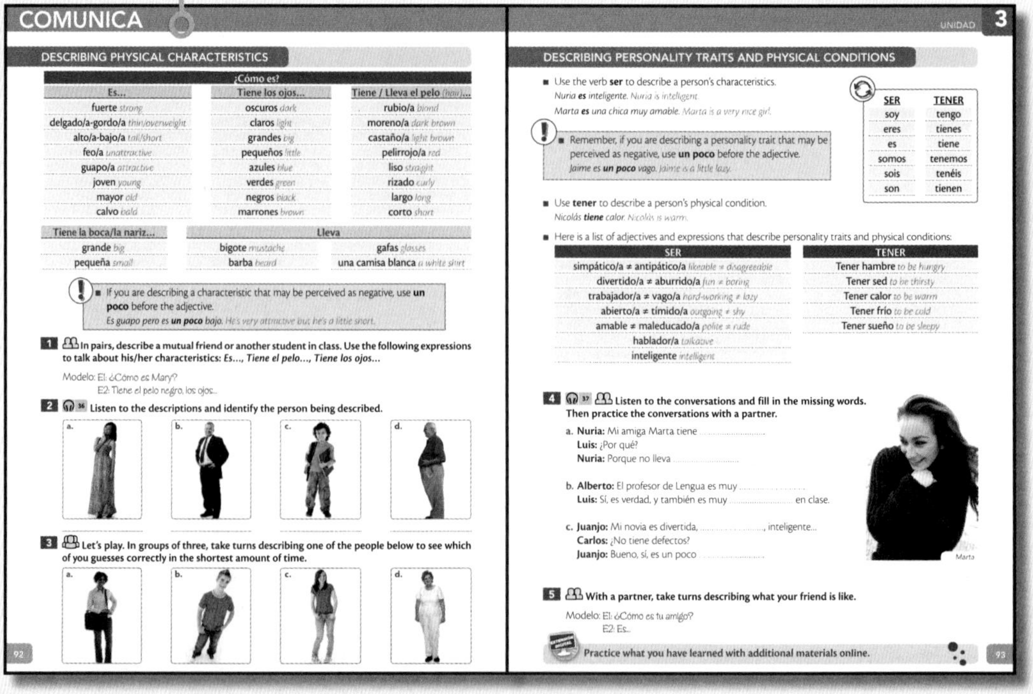

COMUNICA

UNIDAD 3

DESCRIBING PHYSICAL CHARACTERISTICS

¿Cómo es?

Es...	Tiene los ojos...	Tiene / Lleva el pelo (hair)...
fuerte strong	oscuros dark	rubio/a blond
delgado/a-gordo/a thin/overweight	claros light	moreno/a dark brown
alto/a-bajo/a tall/short	grandes big	castaño/a light brown
feo/a unattractive	pequeños little	pelirrojo/a red
guapo/a attractive	azules blue	liso straight
joven young	verdes green	rizado curly
mayor old	negros black	largo long
calvo bald	marrones brown	corto short

Tiene la boca/la nariz...	Lleva	
grande big	bigote mustache	gafas glasses
pequeña small	barba beard	una camisa blanca a white shirt

If you are describing a characteristic that may be perceived as negative, use **un poco** before the adjective.
Es guapo pero es **un poco** bajo. He's very attractive but he's a little short.

1 In pairs, describe a mutual friend or another student in class. Use the following expressions to talk about his/her characteristics: **Es..., Tiene el pelo..., Tiene los ojos...**

Modelo: E1: ¿Cómo es Mary?
E2: Tiene el pelo negro, los ojos...

2 36 Listen to the descriptions and identify the person being described.

a. b. c. d.

3 Let's play. In groups of three, take turns describing one of the people below to see which of you guesses correctly in the shortest amount of time.

a. b. c. d.

DESCRIBING PERSONALITY TRAITS AND PHYSICAL CONDITIONS

- Use the verb **ser** to describe a person's characteristics.
Nuria **es** inteligente. Nuria is intelligent.
Marta **es** una chica muy amable. Marta is a very nice girl.

Remember, if you are describing a personality trait that may be perceived as negative, use **un poco** before the adjective.
Jaime es **un poco** vago. Jaime is a little lazy.

SER	TENER
soy	tengo
eres	tienes
es	tiene
somos	tenemos
sois	tenéis
son	tienen

- Use **tener** to describe a person's physical condition.
Nicolás **tiene** calor. Nicolás is warm.

- Here is a list of adjectives and expressions that describe personality traits and physical conditions:

SER	TENER
simpático/a ≠ antipático/a likeable ≠ disagreeable	Tener hambre to be hungry
divertido/a ≠ aburrido/a fun ≠ boring	Tener sed to be thirsty
trabajador/a ≠ vago/a hard-working ≠ lazy	Tener calor to be warm
abierto/a ≠ tímido/a outgoing ≠ shy	Tener frío to be cold
amable ≠ maleducado/a polite ≠ rude	Tener sueño to be sleepy
hablador/a talkative	
inteligente intelligent	

4 37 Listen to the conversations and fill in the missing words. Then practice the conversations with a partner.

a. **Nuria:** Mi amiga Marta tiene ....
Luis: ¿Por qué?
Nuria: Porque no lleva ....

b. **Alberto:** El profesor de Lengua es muy ....
Luis: Sí, es verdad, y también es muy .... en clase.

c. **Juanjo:** Mi novia es divertida, ..., inteligente...
Carlos: ¿No tiene defectos?
Juanjo: Bueno, sí, es un poco ....

Marta

5 With a partner, take turns describing what your friend is like.

Modelo: E1: ¿Cómo es tu amigo?
E2: Es...

Practice what you have learned with additional materials online.

92 93

¡ACCIÓN! is built around a video segment following the lives of students in Spain. This authentic language input not only strengthens comprehension and listening skills, but also acts as a model for speaking.

Before, during, and after viewing activities provide a structured approach to viewing the video. The video contextualizes the content of the unit in a familiar scenario.

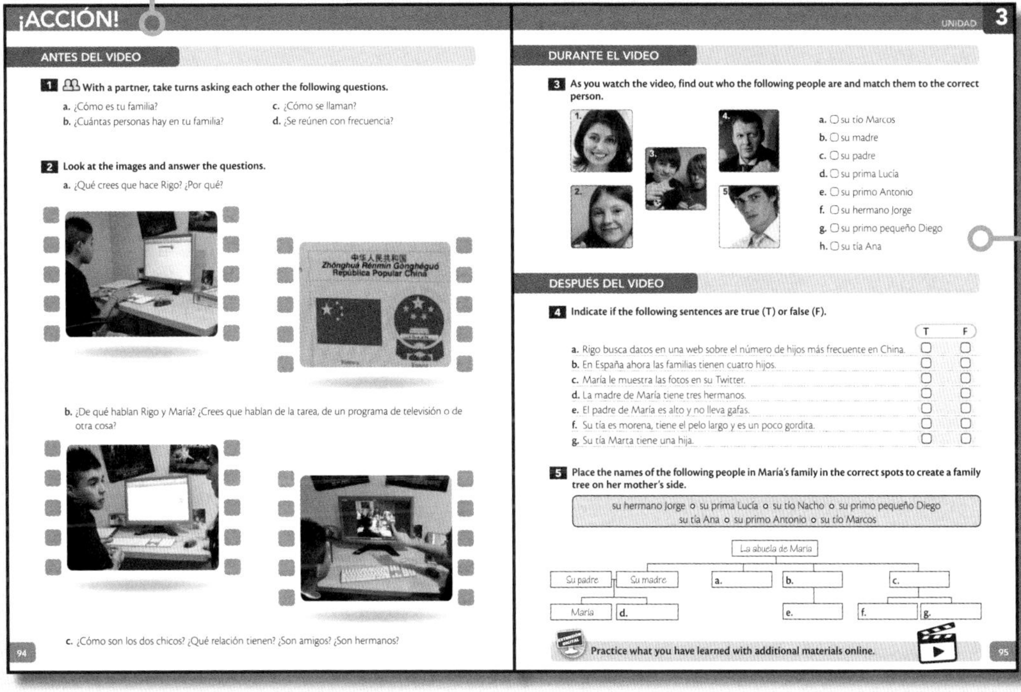

¡ACCIÓN!

ANTES DEL VIDEO

1 **With a partner, take turns asking each other the following questions.**

a. ¿Cómo es tu familia?
b. ¿Cuántas personas hay en tu familia?
c. ¿Cómo se llaman?
d. ¿Se reúnen con frecuencia?

2 **Look at the images and answer the questions.**

a. ¿Qué crees que hace Rigo? ¿Por qué?

b. ¿De qué hablan Rigo y María? ¿Crees que hablan de la tarea, de un programa de televisión o de otra cosa?

c. ¿Cómo son los dos chicos? ¿Qué relación tienen? ¿Son amigos? ¿Son hermanos?

94

UNIDAD 3

DURANTE EL VIDEO

3 **As you watch the video, find out who the following people are and match them to the correct person.**

a. ▢ su tío Marcos
b. ▢ su madre
c. ▢ su padre
d. ▢ su prima Lucía
e. ▢ su primo Antonio
f. ▢ su hermano Jorge
g. ▢ su primo pequeño Diego
h. ▢ su tía Ana

DESPUÉS DEL VIDEO

4 **Indicate if the following sentences are true (T) or false (F).**

	T	F
a. Rigo busca datos en una web sobre el número de hijos más frecuente en China.	▢	▢
b. En España ahora las familias tienen cuatro hijos.	▢	▢
c. María le muestra las fotos en su Twitter.	▢	▢
d. La madre de María tiene tres hermanos.	▢	▢
e. El padre de María es alto y no lleva gafas.	▢	▢
f. Su tía es morena, tiene el pelo largo y es un poco gordita.	▢	▢
g. Su tía Marta tiene una hija.	▢	▢

5 **Place the names of the following people in María's family in the correct spots to create a family tree on her mother's side.**

su hermano Jorge o su prima Lucía o su tío Nacho o su primo pequeño Diego
su tía Ana o su primo Antonio o su tío Marcos

La abuela de María
Su padre | Su madre | a. | b. | c.
María | d. | e. | f. | g.

Practice what you have learned with additional materials online.

95

PALABRA POR PALABRA introduces high-frequency vocabulary, which is practiced and expanded throughout the unit.

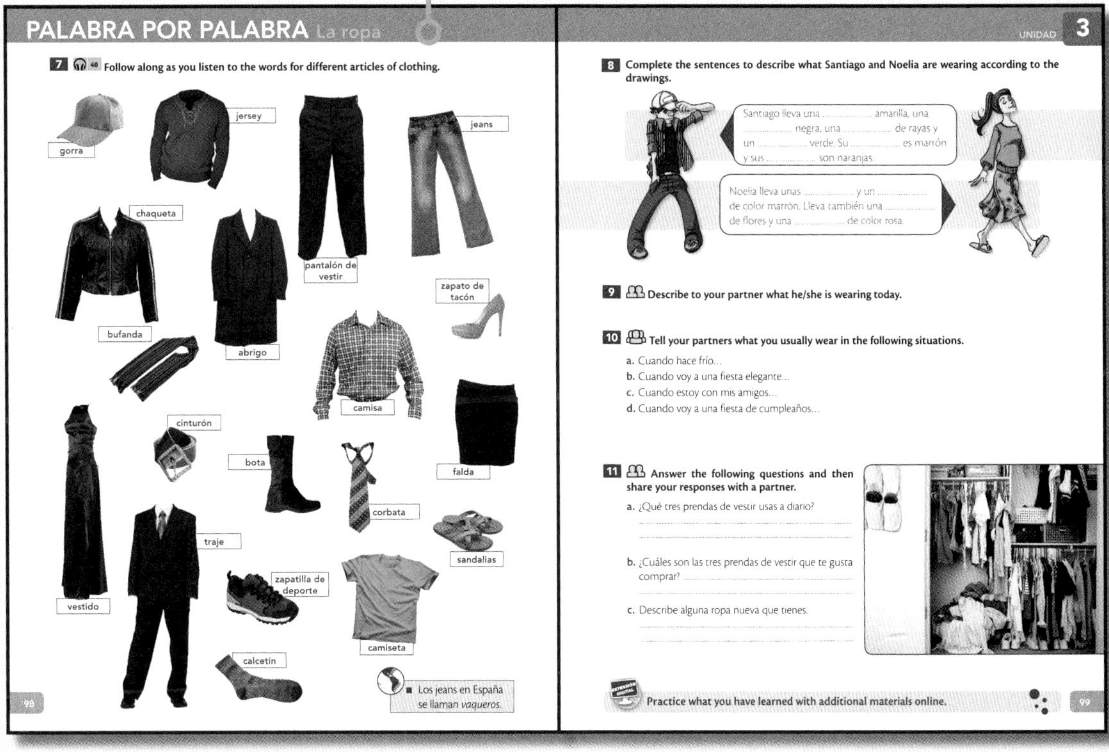

PALABRA POR PALABRA La ropa

7 40 **Follow along as you listen to the words for different articles of clothing.**

gorra, jersey, jeans, chaqueta, pantalón de vestir, zapato de tacón, bufanda, abrigo, camisa, cinturón, bota, falda, corbata, sandalias, traje, zapatilla de deporte, vestido, camiseta, calcetín

▪ Los jeans en España se llaman *vaqueros*.

98

UNIDAD 3

8 **Complete the sentences to describe what Santiago and Noelia are wearing according to the drawings.**

Santiago lleva una .... amarilla, una .... negra, una .... de rayas y un .... verde. Su .... es marrón y sus .... son naranjas.

Noelia lleva unas .... y un .... de color marrón. Lleva también una .... de flores y una .... de color rosa.

9 **Describe to your partner what he/she is wearing today.**

10 **Tell your partners what you usually wear in the following situations.**

a. Cuando hace frío...
b. Cuando voy a una fiesta elegante...
c. Cuando estoy con mis amigos...
d. Cuando voy a una fiesta de cumpleaños...

11 **Answer the following questions and then share your responses with a partner.**

a. ¿Qué tres prendas de vestir usas a diario?

b. ¿Cuáles son las tres prendas de vestir que te gusta comprar?

c. Describe alguna ropa nueva que tienes.

Practice what you have learned with additional materials online.

99

EXPLORE A UNIT

GRAMÁTICA presents three to four grammar points in each unit. Gramatica allows students to examine and practice specific grammar points and language functions from the unit while enabling them to sharpen their listening and speaking skills.

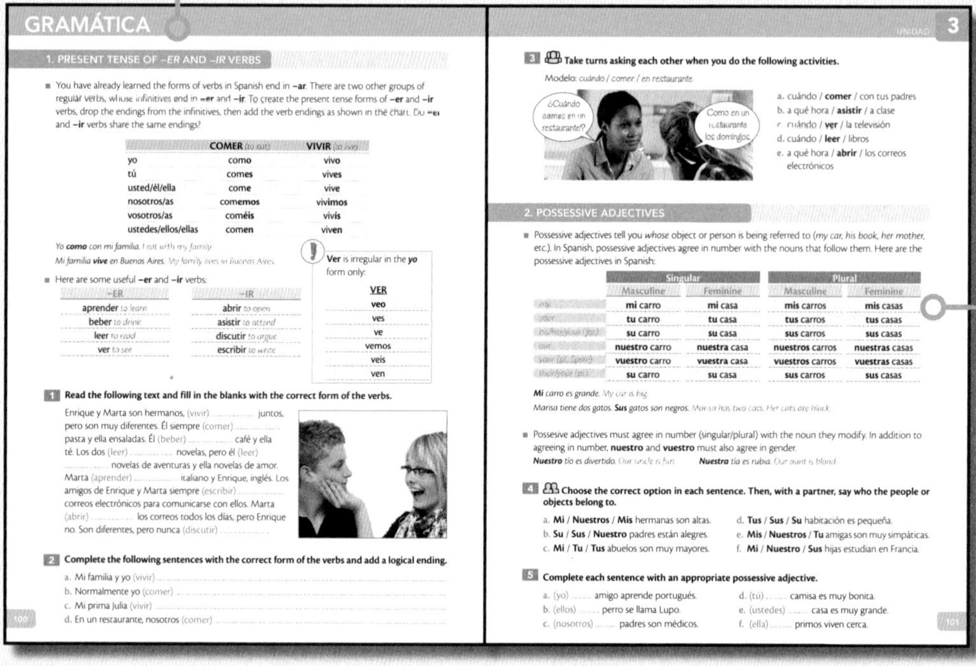
GRAMÁTICA

1. PRESENT TENSE OF *-ER* AND *-IR* VERBS

- You have already learned the forms of verbs in Spanish end in **-ar**. There are two other groups of regular verbs, whose infinitives end in **-er** and **-ir**. To create the present tense forms of **-er** and **-ir** verbs, drop the endings from the infinitives, then add the verb endings as shown in the chart. Do **-er** and **-ir** verbs share the same endings?

	COMER *(to eat)*	VIVIR *(to live)*
yo	como	vivo
tú	comes	vives
usted/él/ella	come	vive
nosotros/as	comemos	vivimos
vosotros/as	coméis	vivís
ustedes/ellos/ellas	comen	viven

*Yo **como** con mi familia. I eat with my family.*
*Mi familia **vive** en Buenos Aires. My family lives in Buenos Aires.*

- Here are some useful **-er** and **-ir** verbs:

-ER	-IR
aprender *to learn*	abrir *to open*
beber *to drink*	asistir *to attend*
leer *to read*	discutir *to argue*
ver *to see*	escribir *to write*

Ver is irregular in the **yo** form only:

VER
veo
ves
ve
vemos
veis
ven

1 Read the following text and fill in the blanks with the correct form of the verbs.

Enrique y Marta son hermanos, (vivir) .... juntos, pero son muy diferentes. Él siempre (comer) .... pasta y ella ensaladas. Él (beber) .... café y ella té. Los dos (leer) .... novelas, pero él (leer) .... novelas de aventuras y ella novelas de amor. Marta (aprender) .... italiano y Enrique, inglés. Los amigos de Enrique y Marta siempre (escribir) .... correos electrónicos para comunicarse con ellos. Marta (abrir) .... los correos todos los días, pero Enrique no. Son diferentes, pero nunca (discutir) ....

2 Complete the following sentences with the correct form of the verbs and add a logical ending.

a. Mi familia y yo (vivir) ....
b. Normalmente yo (comer) ....
c. Mi prima Julia (vivir) ....
d. En un restaurante, nosotros (comer) ....

100

UNIDAD 3

3 Take turns asking each other when you do the following activities.

Modelo: cuándo / comer / en restaurante

¿Cuándo comes en un restaurante?
Como en un restaurante los domingos.

a. cuándo / **comer** / con tus padres
b. a qué hora / **asistir** / a clase
c. cuándo / **ver** / la televisión
d. cuándo / **leer** / libros
e. a qué hora / **abrir** / los correos electrónicos

2. POSSESSIVE ADJECTIVES

- Possessive adjectives tell you whose object or person is being referred to (*my car, his book, her mother,* etc.). In Spanish, possessive adjectives agree in number with the nouns that follow them. Here are the possessive adjectives in Spanish:

	Singular		Plural	
	Masculine	Feminine	Masculine	Feminine
my	mi carro	mi casa	mis carros	mis casas
your	tu carro	tu casa	tus carros	tus casas
his/her/your (pol.)	su carro	su casa	sus carros	sus casas
our	nuestro carro	nuestra casa	nuestros carros	nuestras casas
your (pl., Spain)	vuestro carro	vuestra casa	vuestros carros	vuestras casas
their/your (pl.)	su carro	su casa	sus carros	sus casas

***Mi** carro es grande. My car is big.*
*Marisa tiene dos gatos. **Sus** gatos son negros. Marisa has two cats. Her cats are black.*

- Possesive adjectives must agree in number (singular/plural) with the noun they modify. In addition to agreeing in number, **nuestro** and **vuestro** must also agree in gender.

__Nuestro__ tío es divertido. Our uncle is fun. *__Nuestra__ tía es rubia. Our aunt is blond.*

4 Choose the correct option in each sentence. Then, with a partner, say who the people or objects belong to.

a. **Mi / Nuestros / Mis** hermanas son altas.
b. **Su / Sus / Nuestro** padres están alegres.
c. **Mi / Tu / Tus** abuelos son muy mayores.
d. **Tus / Sus / Su** habitación es pequeña.
e. **Mis / Nuestros / Tu** amigas son muy simpáticas.
f. **Mi / Nuestro / Sus** hijas estudian en Francia.

5 Complete each sentence with an appropriate possessive adjective.

a. (yo) .... amigo aprende portugués.
b. (ellos) .... perro se llama Lupo.
c. (nosotros) .... padres son médicos.
d. (tú) .... camisa es muy bonita.
e. (ustedes) .... casa es muy grande.
f. (ella) .... primos viven cerca.

101

Accessible and contextualized grammar charts and presentations provide students with added clarity.

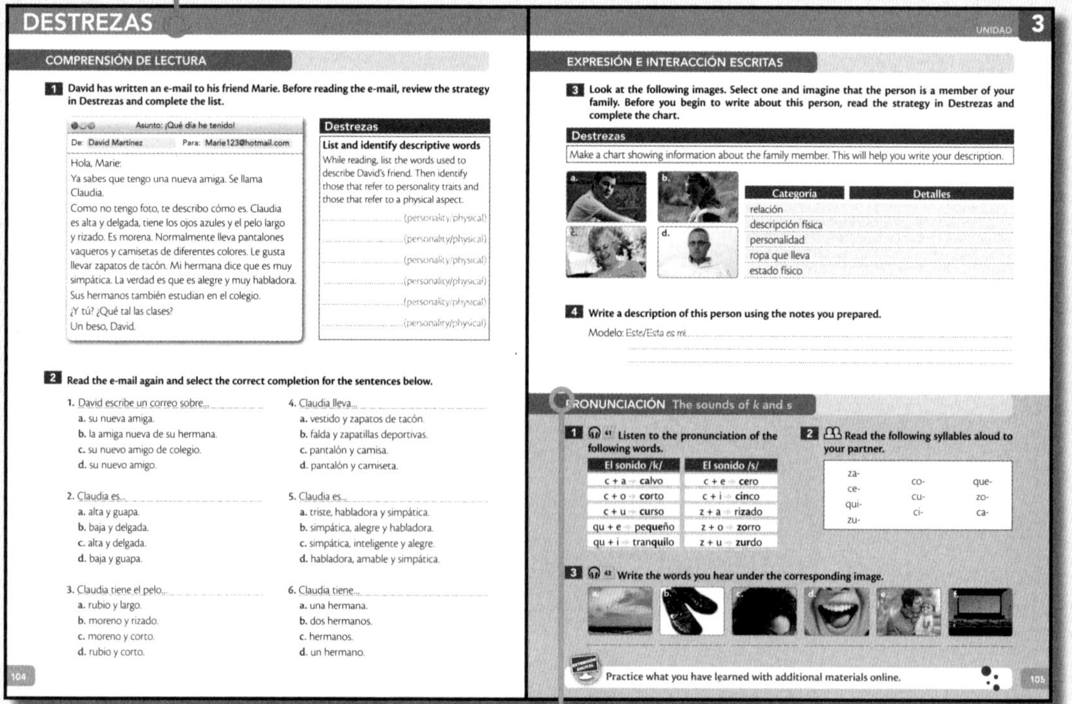
DESTREZAS

COMPRENSIÓN DE LECTURA

1 David has written an e-mail to his friend Marie. Before reading the e-mail, review the strategy in Destrezas and complete the list.

Asunto: ¡Qué día he tenido!
De: David Martínez Para: Marie123@hotmail.com

Hola, Marie:
Ya sabes que tengo una nueva amiga. Se llama Claudia.
Como no tengo foto, te describo cómo es. Claudia es alta y delgada, tiene los ojos azules y el pelo largo y rizado. Es morena. Normalmente lleva pantalones vaqueros y camisetas de diferentes colores. Le gusta llevar zapatos de tacón. Mi hermana dice que es muy simpática. La verdad es que es alegre y muy habladora.
Sus hermanos también estudian en el colegio.
¿Y tú? ¿Qué tal las clases?
Un beso, David.

Destrezas

List and identify descriptive words
While reading, list the words used to describe David's friend. Then identify those that refer to personality traits and those that refer to a physical aspect.

.... (personality/physical)
.... (personality/physical)
.... (personality/physical)
.... (personality/physical)
.... (personality/physical)
.... (personality/physical)

2 Read the e-mail again and select the correct completion for the sentences below.

1. David escribe un correo sobre...
a. su nueva amiga.
b. la amiga nueva de su hermana.
c. su nuevo amigo de colegio.
d. su nuevo amigo.

2. Claudia es...
a. alta y guapa.
b. baja y delgada.
c. alta y delgada.
d. baja y guapa.

3. Claudia tiene el pelo...
a. rubio y largo.
b. moreno y rizado.
c. moreno y corto.
d. rubio y corto.

4. Claudia lleva...
a. vestido y zapatos de tacón.
b. falda y zapatillas deportivas.
c. pantalón y camisa.
d. pantalón y camiseta.

5. Claudia es...
a. triste, habladora y simpática.
b. simpática, alegre y habladora.
c. simpática, inteligente y alegre.
d. habladora, amable y simpática.

6. Claudia tiene...
a. una hermana.
b. dos hermanos.
c. hermanos.
d. un hermano.

104

UNIDAD 3

EXPRESIÓN E INTERACCIÓN ESCRITAS

3 Look at the following images. Select one and imagine that the person is a member of your family. Before you begin to write about this person, read the strategy in Destrezas and complete the chart.

Destrezas

Make a chart showing information about the family member. This will help you write your description.

Categoría	Detalles
relación	
descripción física	
personalidad	
ropa que lleva	
estado físico	

4 Write a description of this person using the notes you prepared.

Modelo: Este/Esta es mi...

PRONUNCIACIÓN The sounds of *k* and *s*

1 41 Listen to the pronunciation of the following words.

El sonido /k/	El sonido /s/
c + a → calvo	c + e → cero
c + o → corto	c + i → cinco
c + u → curso	z + a → rizado
qu + e → pequeño	z + o → zorro
qu + i → tranquilo	z + u → zurdo

2 Read the following syllables aloud to your partner.

za- ce- qui- zu- co- cu- ci- que- zo- ca-

3 42 Write the words you hear under the corresponding image.

Practice what you have learned with additional materials online.

105

DESTREZAS integrates key language skills –listening, reading comprehension, oral and written expression– and provides guided strategies and activities related to the unit theme to further student comprehension and learning.

PRONUNCIACIÓN activities focus on the high-priority features of stress and intonation, to help students improve overall speech.

SABOR HISPANO presents different aspects of Hispanic cultures using images, maps, and other cultural realia to provide students a window into the Hispanic world.

SABOR HISPANO
LA FAMILIA MEXICANA
¡Bienvenidos a México!
La familia es importante en la cultura mexicana
Palenque, antigua ciudad maya en Chiapas.
Danza tradicional mexicana.
Totopos con salsa, un plato típico.
¿Sabes que...?
MÉXICO
UNIDAD 3
Un domingo en el bosque Chapultepec
Bosque Chapultepec.
Marina, en su Quinceañera.
La Quinceañera
El Día de Muertos
Las calaveritas de azúcar.
Select the correct answer to complete each sentence.
Complete the sentences with a word from the list below.
calaveritas de azúcar * familias * Argentina * cumpleaños * altar
106
107

RELATO brings the unit's content together through a fictional text and encourages students to build their reading and listening comprehension skills.

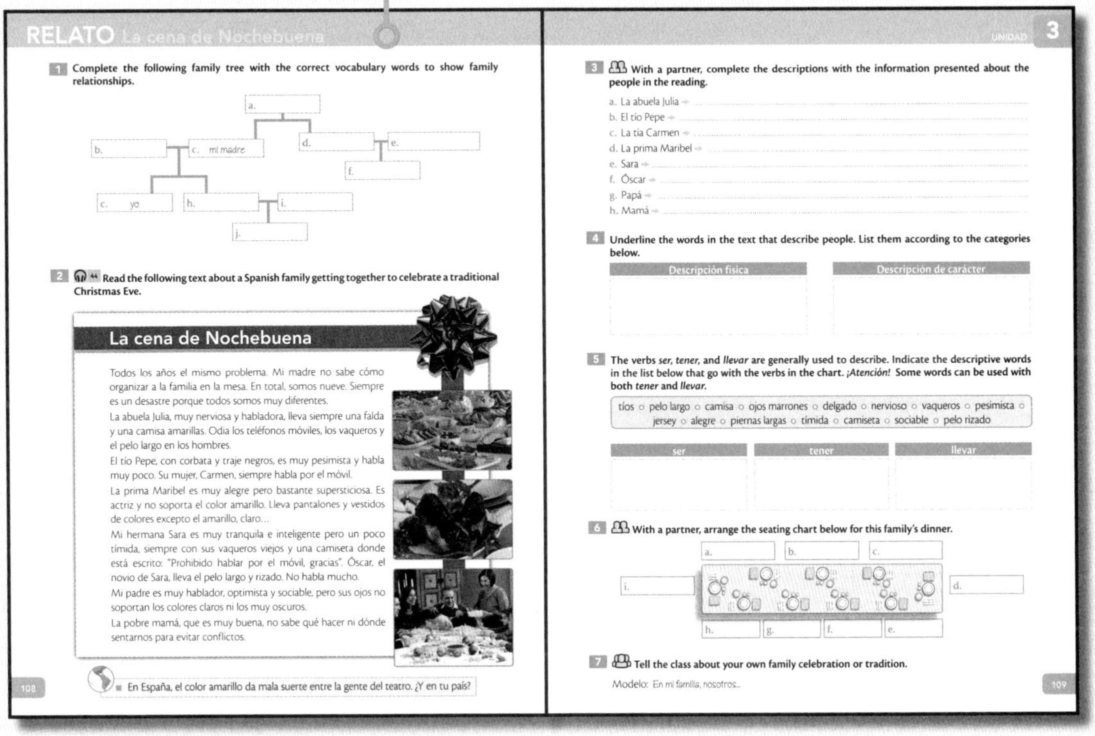

EXPLORE A UNIT

EVALUACIÓN is a built-in review for students to assess their knowledge of the content covered in each unit.

EVALUACIÓN

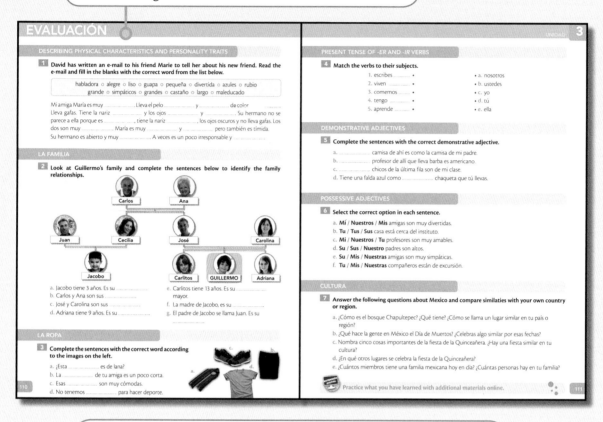

DESCRIBING PHYSICAL CHARACTERISTICS AND PERSONALITY TRAITS

1 David has written an e-mail to his friend Marie to tell her about his new friend. Read the e-mail and fill in the blanks with the correct word from the list below.

habladora ○ alegre ○ liso ○ guapa ○ pequeña ○ divertida ○ azules ○ rubio
grande ○ simpáticos ○ grandes ○ castaño ○ largo ○ maleducado

Mi amiga María es muy .... Lleva el pelo .... y .... de color .... Lleva gafas. Tiene la nariz .... y los ojos .... y .... Su hermano no se parece a ella porque es ...., tiene la nariz ...., los ojos oscuros y no lleva gafas. Los dos son muy .... María es muy .... y .... pero también es tímida. Su hermano es abierto y muy .... A veces es un poco irresponsable y ....

LA FAMILIA

2 Look at Guillermo's family and complete the sentences below to identify the family relationships.

a. Jacobo tiene 3 años. Es su ....
b. Carlos y Ana son sus ....
c. José y Carolina son sus ....
d. Adriana tiene 9 años. Es su ....
e. Carlitos tiene 13 años. Es su .... mayor.
f. La madre de Jacobo, es su ....
g. El padre de Jacobo se llama Juan. Es su ....

LA ROPA

3 Complete the sentences with the correct word according to the images on the left.

a. ¿Esta .... es de lana?
b. La .... de tu amiga es un poco corta.
c. Esas .... son muy cómodas.
d. No tenemos .... para hacer deporte.

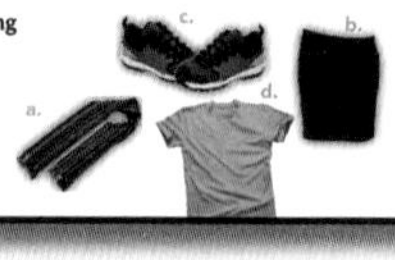

PRESENT TENSE OF -*ER* AND -*IR* VERBS

4 Match the verbs to their subjects.

1. escribes .... •	• a. nosotros
2. viven .... •	• b. ustedes
3. comemos .... •	• c. yo
4. tengo .... •	• d. tú
5. aprende .... •	• e. ella

DEMONSTRATIVE ADJECTIVES

5 Complete the sentences with the correct demonstrative adjective.

a. .... camisa de ahí es como la camisa de mi padre.
b. .... profesor de allí que lleva barba es americano.
c. .... chicos de la última fila son de mi clase.
d. Tiene una falda azul como .... chaqueta que tú llevas.

POSSESSIVE ADJECTIVES

6 Select the correct option in each sentence.

a. **Mi** / **Nuestros** / **Mis** amigas son muy divertidas.
b. **Tu** / **Tus** / **Sus** casa está cerca del instituto.
c. **Mi** / **Nuestros** / **Tu** profesores son muy amables.
d. **Su** / **Sus** / **Nuestro** padres son altos.
e. **Su** / **Mis** / **Nuestras** amigas son muy simpáticas.
f. **Tu** / **Mis** / **Nuestras** compañeros están de excursión.

CULTURA

7 Answer the following questions about Mexico and compare similaties with your own country or region.

a. ¿Cómo es el bosque Chapultepec? ¿Qué tiene? ¿Cómo se llama un lugar similar en tu país o región?
b. ¿Qué hace la gente en México el Día de Muertos? ¿Celebras algo similar por esas fechas?
c. Nombra cinco cosas importantes de la fiesta de la Quinceañera. ¿Hay una fiesta similar en tu cultura?
d. ¿En qué otros lugares se celebra la fiesta de la Quinceañera?
e. ¿Cuántos miembros tiene una familia mexicana hoy en día? ¿Cuántas personas hay en tu familia?

EXTENSIÓN DIGITAL Practice what you have learned with additional materials online.

EN RESUMEN contains a glossary of the vocabulary and grammar structures covered in each unit for easy reference and review.

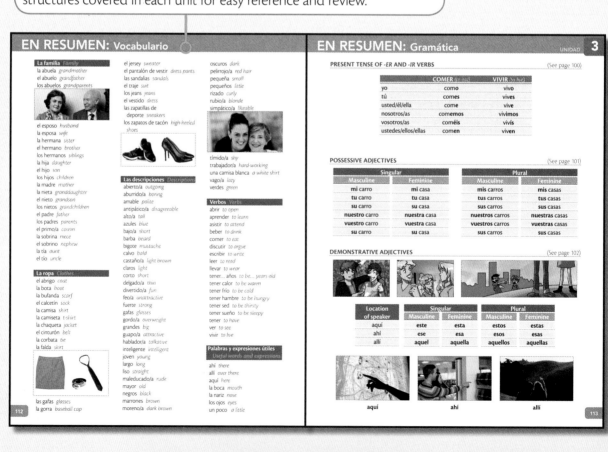

EN RESUMEN: Vocabulario

La familia *Family*
- la abuela *grandmother*
- el abuelo *grandfather*
- los abuelos *grandparents*

- el esposo *husband*
- la esposa *wife*
- la hermana *sister*
- el hermano *brother*
- los hermanos *siblings*
- la hija *daughter*
- el hijo *son*
- los hijos *children*
- la madre *mother*
- la nieta *granddaughter*
- el nieto *grandson*
- los nietos *grandchildren*
- el padre *father*
- los padres *parents*
- el primo/a *cousin*
- la sobrina *niece*
- el sobrino *nephew*
- la tía *aunt*
- el tío *uncle*

La ropa *Clothes*
- el abrigo *coat*
- la bota *boot*
- la bufanda *scarf*
- el calcetín *sock*
- la camisa *shirt*
- la camiseta *t-shirt*
- la chaqueta *jacket*
- el cinturón *belt*
- la corbata *tie*
- la falda *skirt*

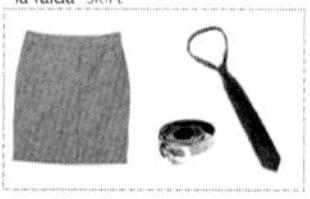

- las gafas *glasses*
- la gorra *baseball cap*
- el jersey *sweater*
- el pantalón de vestir *dress pants*
- las sandalias *sandals*
- el traje *suit*
- los jeans *jeans*
- el vestido *dress*
- las zapatillas de deporte *sneakers*
- los zapatos de tacón *high-heeled shoes*

Las descripciones *Descriptions*
- abierto/a *outgoing*
- aburrido/a *boring*
- amable *polite*
- antipático/a *disagreeable*
- alto/a *tall*
- azules *blue*
- bajo/a *short*
- barba *beard*
- bigote *mustache*
- calvo *bald*
- castaño/a *light brown*
- claros *light*
- corto *short*
- delgado/a *thin*
- divertido/a *fun*
- feo/a *unattractive*
- fuerte *strong*
- gafas *glasses*
- gordo/a *overweight*
- grandes *big*
- guapo/a *attractive*
- hablador/a *talkative*
- inteligente *intelligent*
- joven *young*
- largo *long*
- liso *straight*
- maleducado/a *rude*
- mayor *old*
- negros *black*
- marrones *brown*
- moreno/a *dark brown*
- oscuros *dark*
- pelirrojo/a *red hair*
- pequeña *small*
- pequeños *little*
- rizado *curly*
- rubio/a *blonde*
- simpático/a *likeable*

- tímido/a *shy*
- trabajador/a *hard-working*
- una camisa blanca *a white shirt*
- vago/a *lazy*
- verdes *green*

Verbos *Verbs*
- abrir *to open*
- aprender *to learn*
- asistir *to attend*
- beber *to drink*
- comer *to eat*
- discutir *to argue*
- escribir *to write*
- leer *to read*
- llevar *to wear*
- tener... años *to be... years old*
- tener calor *to be warm*
- tener frío *to be cold*
- tener hambre *to be hungry*
- tener sed *to be thirsty*
- tener sueño *to be sleepy*
- tener *to have*
- ver *to see*
- vivir *to live*

Palabras y expresiones útiles *Useful words and expressions*
- ahí *there*
- allí *over there*
- aquí *here*
- la boca *mouth*
- la nariz *nose*
- los ojos *eyes*
- un poco *a little*

EN RESUMEN: Gramática

PRESENT TENSE OF -*ER* AND -*IR* VERBS

(See page 100)

	COMER (*to eat*)	VIVIR (*to live*)
yo	como	vivo
tú	comes	vives
usted/él/ella	come	vive
nosotros/as	comemos	vivimos
vosotros/as	coméis	vivís
ustedes/ellos/ellas	comen	viven

POSSESSIVE ADJECTIVES

(See page 101)

Singular		Plural	
Masculine	Feminine	Masculine	Feminine
mi carro	**mi** casa	**mis** carros	**mis** casas
tu carro	**tu** casa	**tus** carros	**tus** casas
su carro	**su** casa	**sus** carros	**sus** casas
nuestro carro	**nuestra** casa	**nuestros** carros	**nuestras** casas
vuestro carro	**vuestra** casa	**vuestros** carros	**vuestras** casas
su carro	**su** casa	**sus** carros	**sus** casas

DEMONSTRATIVE ADJECTIVES

(See page 102)

Location of speaker	Singular		Plural	
	Masculine	Feminine	Masculine	Feminine
aquí	este	esta	estos	estas
ahí	ese	esa	esos	esas
allí	aquel	aquella	aquellos	aquellas

aquí ahí allí

SCOPE AND SEQUENCE

Pair icon: indicates that the activity is designed to be done by students working in pairs.

Group icon: indicates that the activity is designed to be done by students working in small groups or as a whole class.

xx Audio icon: indicates recorded material either as part of an activity or a reading text.

Language icon: provides additional language and grammar support in presentations and for activities.

Regional variation icon: provides examples of regional variations in the language.

Recycling icon: provides a reminder of previously taught material that students will need to use in an activity.

UNIDAD 0 • ASÍ SOMOS 18

Hablamos de... / Comunica
COMMUNICATION

- Recognizing words in Spanish that are related to English
- Identifying objects and people in a classroom
- Asking what something means
- Asking how to say something in Spanish
- Asking someone to repeat or explain
- Spelling in Spanish
- Talking about Spanish and the Spanish-speaking world

Palabra por palabra
VOCABULARY

- Cognates
- Classroom expressions

Gramática
GRAMMAR

- The Spanish alphabet
- Punctuation for questions and exclamations

Destrezas
SKILLS

- Comprensión de vocabulario

Pronunciación
PRONUNCIATION

- The Spanish vowels

Sabor hispano
CULTURE

- Yo hablo español, ¿y tú?
- Nuestros países

En resumen
SUMMARY

UNIDAD 3 • ¡MI FAMILIA ES MUY SIMPÁTICA! 88

Hablamos de... / Comunica
COMMUNICATION

- Talking about family
- Describing physical characteristics
- Describing personality traits and physical conditions

Palabra por palabra
VOCABULARY

- La familia
- La ropa

Gramática
GRAMMAR

- Present tense of regular *-er* and *-ir* verbs
- Possessive Adjectives
- Demonstrative Adjectives

Destrezas
SKILLS

- Comprensión de lectura

Pronunciación
PRONUNCIATION

- The sounds of *k* and *s*

Sabor hispano
CULTURE

La familia mexicana

- México

Relato
READING

- *La cena de Nochebuena*

Evaluación
REVIEW

En resumen
SUMMARY

UNIDAD 4 • TODOS LOS DÍAS LO MISMO 114

Hablamos de... / Comunica
COMMUNICATION

- Making plans
- Talking about everyday activities
- Asking and giving the time

Palabra por palabra
VOCABULARY

- Los días de la semana
- Las profesiones
- Países y nacionalidades

Gramática
GRAMMAR

- Stem-changing verbs e → ie, o → ue, and e → i
- The present tense of *hacer* and *salir*
- Reflexive verbs

Destrezas
SKILLS

- Comprensión auditiva
- Expresión e interacción escritas

Pronunciación
PRONUNCIATION

- The sound of *b* and *v*

Sabor hispano
CULTURE

El puente entre las Américas

- El Salvador, Guatemala, Honduras, Nicaragua y Costa Rica

Relato
READING

- *El día a día de muchos hispanos*

Evaluación
REVIEW

En resumen
SUMMARY

AHORA COMPRUEBA • REPASO - 3 Y 4 140

UNIDAD 0

ASÍ SOMOS

¡Bienvenidos a la clase de español!

- ¿Hablas español?

In this unit, you will learn to:

- Recognize words in Spanish that are related to English
- Identify objects and people in a classroom
- Ask what something means
- Ask how to say something in Spanish
- Ask someone to repeat or explain
- Spell in Spanish

Using

- Cognates
- Spanish alphabet
- Classroom expressions
- Punctuation for questions and exclamations

Cultural Connections

- Connect information about Spanish and the Spanish-Speaking world, and compare cultural similarities

SABOR HISPANO

Yo hablo español, ¿y tú?

- Nuestros países

LOS PAÍSES DEL MUNDO HISPANO

1 **Look at the map of Spanish-speaking countries around the world and select the sentences that are true. Focus on the words in Spanish that look like words you know in English.**

■ También hablan español en Filipinas y en partes de África.

a. ☐ España está en Europa, no está en América del Sur.
b. ☐ Puerto Rico y Venezuela son islas en el mar Caribe.
c. ☐ Guatemala, Honduras, El Salvador, Nicaragua, Costa Rica y Panamá están en Centroamérica.
d. ☐ México es parte de América del Norte.
e. ☐ Argentina tiene costa con el océano Atlántico y el océano Pacífico.

2 🎧 1 **Follow along as you listen to the teacher welcome her students to Spanish class. Then indicate if the statements that follow are true (T) or false (F).**

¡Hola! Bienvenidos todos a la clase español. Soy la señora Blanco. Soy de Madrid, la capital de España. El español es una lengua importante. Muchas personas en el mundo hablan español. ¿En qué países hablan español? Miren el mapa. Hablan español en México, Guatemala, El Salvador, Honduras, Costa Rica, Nicaragua, Panamá, Colombia, Ecuador, Perú, Bolivia, Chile, Argentina, Uruguay, Paraguay, Venezuela, Puerto Rico, República Dominicana, Cuba y España.
¿Hablan español en Estados Unidos?

	T	F
1. According to the teacher, Spanish is an important language.	☐	☐
2. She says that people in Guatemala, Paraguay, and Brazil speak Spanish.	☐	☐
3. The teacher is from Spain.	☐	☐
4. Her name is Mrs. Blanco.	☐	☐
5. Madrid is the capital of Spain.	☐	☐
6. At the end, she states that people in the United States speak Spanish.	☐	☐

3 **Identify each country below and include any information you know about the country.**

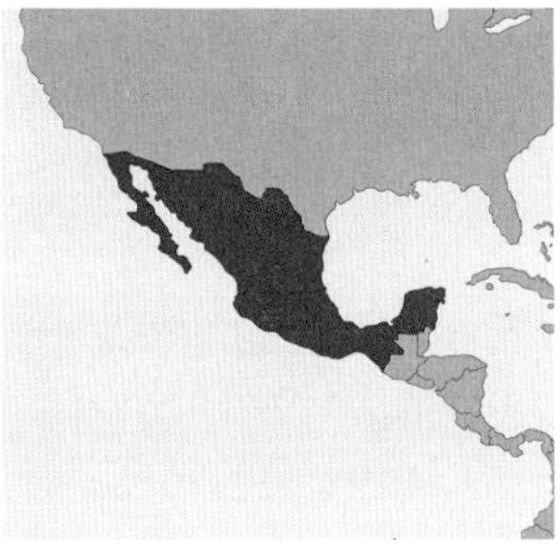

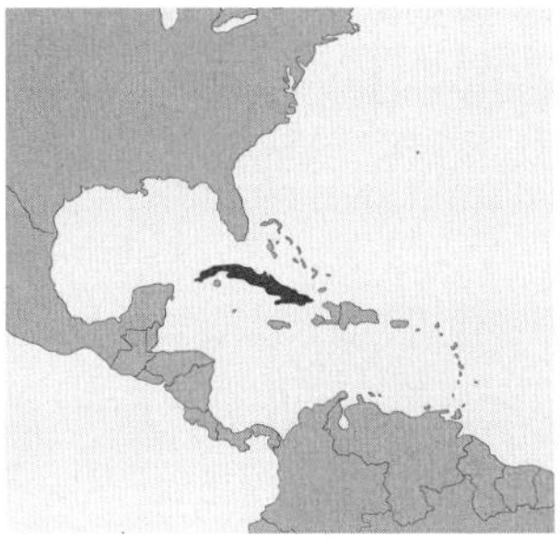

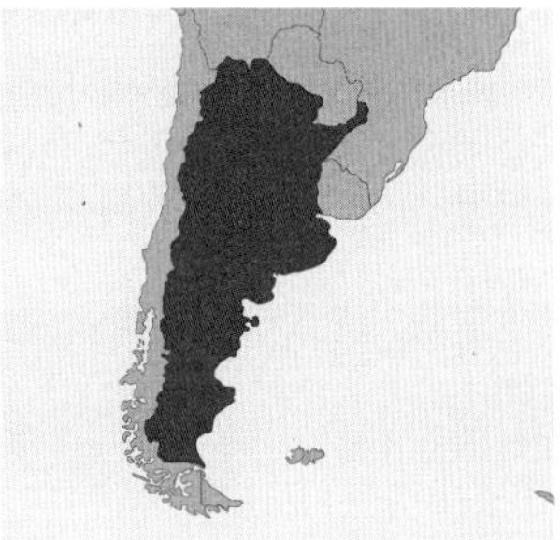

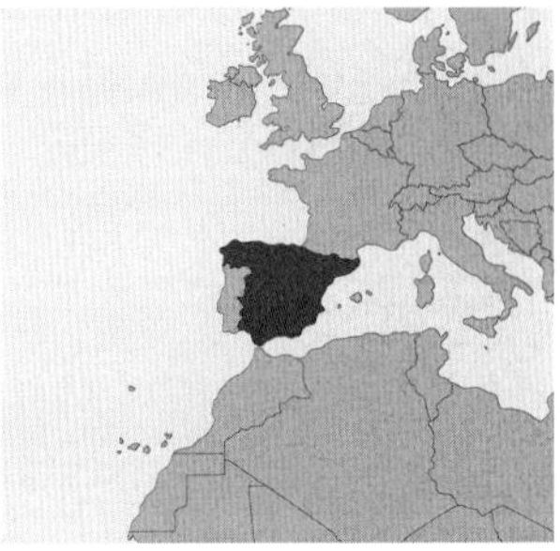

1 2 **Listen to the following words in Spanish and see how many you understand. Then match the word to the appropriate image below. Use your knowledge of cognates to help you.**

1. cafetería ☐
2. música ☐
3. clase ☐
4. teléfono ☐
5. familia ☐
6. mapa ☐
7. alfabeto ☐
8. computadora ☐

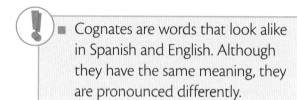

■ Cognates are words that look alike in Spanish and English. Although they have the same meaning, they are pronounced differently.

a.

b.

c.
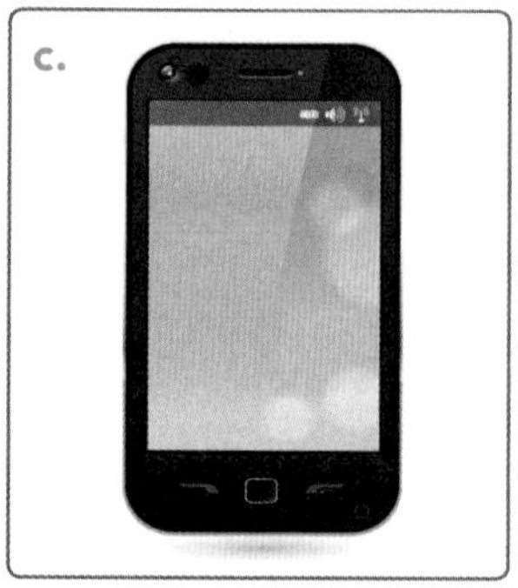

d.

e.
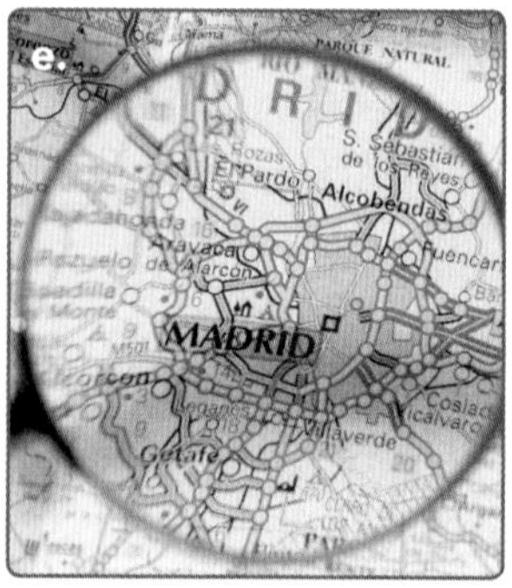

f.

g.

h.

2 **Look at the following menu posted outside a restaurant in Cartagena, Colombia. With a partner, make a list of the words you recognize. Then try guessing at some of the unfamiliar words.**

Familiar words	Unfamiliar words / possible meaning

3 With a partner, look at the following signs and try to determine what each one is saying. Concentrate on the words you recognize and use the visuals to guess at unfamiliar words. Compare your answers with those of another pair.

a.

b.

c.

d.

e.

f.

4 Create your own sign using the expressions above and present it to the class.

EL ALFABETO ESPAÑOL

1 3 **Listen and repeat the letters in Spanish.**

A a	**B** be	**C** ce	**D** de	**E** e	**F** efe
G ge	**H** hache	**I** i	**J** jota	**K** ka	**L** ele
M eme	**N** ene	**Ñ** eñe	**O** o	**P** pe	**Q** cu
R erre	**S** ese	**T** te	**U** u	**V** uve	**W** uve doble
X equis	**Y** i griega/ye	**Z** zeta			

! ■ When used together, **ch** (*che*) and **ll** (*elle*) produce a single sound. They are not considered letters.

2 4 **Listen to the letters in Spanish and select the correct option.**

1. ☐ b ☐ v
2. ☐ g ☐ ñ
3. ☐ y ☐ j
4. ☐ s ☐ r
5. ☐ j ☐ g
6. ☐ h ☐ x
7. ☐ z ☐ c
8. ☐ p ☐ b

3 5 **Listen and select the letter in each group that is not mentioned.**

a. F G H J

b. M Ñ N P

c. K W C G

d. V B D E

e. Y I T L

4 **Write the name of the letters to spell out the following Hispanic countries. Then write the name of the country on the map.**

a. V E N E Z U E L A
uve e ene e zeta u e ele a

b. U R U G U A Y

c. E C U A D O R

d. P A R A G U A Y

e. H O N D U R A S

5 **Write out the names of the following countries where Spanish is spoken.**

a. Pe - a - ene - a - eme - a ➡ ....
b. E - ese - pe - a - eñe - a ➡ ....
c. Eme - e - equis - i - ce - o ➡ ....
d. Be - o - ele - i - uve - i - a ➡ ....
e. A - erre - ge - e - ene - te - i - ene - a ➡ ....
f. Che - i - ele - e ➡ ....

6 **Write out the letters of your name in Spanish in the name tag below. Then, in groups of three or four, take turns spelling your name out to each other.**

Modelo: E1: Hola, mi nombre es "ese – te – e – uve – e".
E2: Hola, Steve.

1 6 Look at the drawings as you listen to the words commonly used to give instructions in class.

escucha

lee

escribe

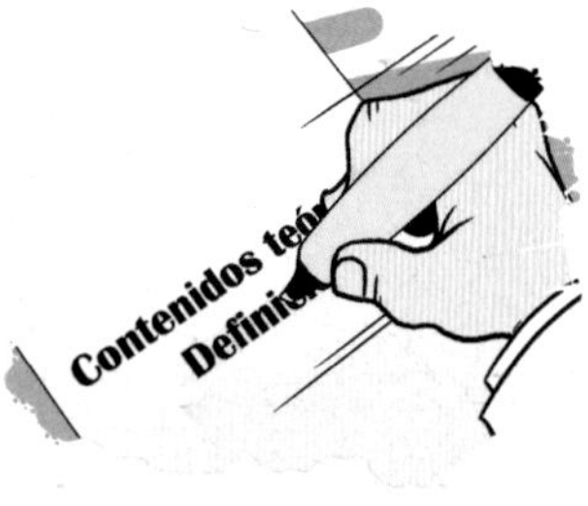
marca

completa

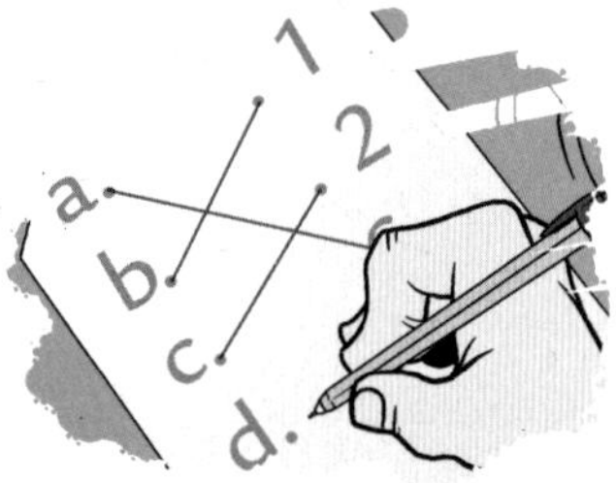

relaciona

habla

pregunta

fíjate

2 Indicate what word from the list above is most likely associated with each of the images below.

a. ....

b. ....

c. ....

d. ....

e. ....

f. ....

g. ....

3 7 **Look at the drawing of the classroom and listen to the words for the people and objects you see.**

1. profesora	6. lápiz	11. cuaderno	16. mochila
2. estudiante	7. marcador	12. diccionario	17. carpeta
3. papelera	8. borrador	13. goma de borrar	18. mp4
4. mesa	9. libro	14. tableta	19. tablero de anuncios
5. silla	10. pizarrón	15. bolígrafo	

4 **Identify the items in the following backpacks.**

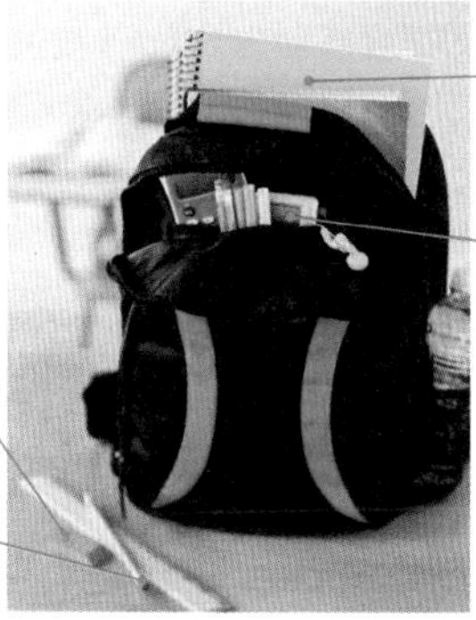

5 8 **Listen to some examples of questions you might use in Spanish in class with your teacher.**

Para comunicarte con tu profesor/profesora:

» **¿Cómo se dice** *blackboard* **en español?** ***How do you say*** *blackboard* ***in Spanish****?*
» Pizarrón.

» Estos son mis amigos, Luis y Pablo. *These are my friends, Luis and Pablo.*
» No entiendo. **¿Puede repetir,** por favor? *I don't understand.* ***Can you please repeat****?*
» Estos son mis amigos, Luis y Pablo.

» **¿Qué significa "pizarrón"?** ***What does*** *"pizarrón"* ***mean****?*
» *Blackboard.*

» ¿Cómo se escribe "cuaderno" en español? ***How do you spell*** *"cuaderno"* ***in Spanish****?*
» Ce - u - a - de - erre - ene - o.

» ¿Puede escribirlo en el pizarrón? ***Can you write it on the board****?*
» Sí, claro. *Yes, of course.*

» ¿Está bien así? ***Is this right****?*
» Sí, está bien. *Yes, it's fine.*

- In Spanish, question marks and exclamation points are placed before and after the sentence. Notice that at the beginning they are written upside down.

  » ***¿****Está bien así****?***
  » ***¡****Perfecto****!***

6 **Fill in the blanks to complete the following conversations. Then practice them aloud with a partner.**

a. » ¿Qué ...significa... "carpeta"?
» "Carpeta" es *folder* en inglés.
» ¿Cómo se ...escribe...?
» Ce - a - erre - pe - e - te - a.
» ¿ ...Esta... bien así?
» Sí, está bien.

b. » ¿Cómo ...es... "papelera" en español?
» Pe - a - pe - e - ele - e - erre - a.
» ¿Puede ...escribe..., por favor?
» Pe - a - pe - e - ele - e - erre - a.

c. » ¿Cómo ...se dice... *backpack* en español?
» Mochila.
» ¿ ...escribir... en el pizarrón?
» Sí, claro.

d. » ¿Qué ...significa... "libro"?
» "Libro" es *book* en inglés.
» ¿Cómo se ...escribe...?
» Ele - i - be - erre - o.

7 **With a partner, create your own conversations using the expressions above and the vocabulary from in activity 3.**

In this section of every unit, you will practice one or two of the four communication skills: reading, writing, speaking, and listening. Specific strategies are presented to guide you as you complete the activities. The skills practice and strategies in **Destrezas** will help you become a better learner.

COMPRENSIÓN DE VOCABULARIO

In the beginning, learning Spanish is all about learning vocabulary and expressions. Learning vocabulary is the first step to begin communicating in Spanish. Review the learning strategies in **Destrezas** and follow the suggestions to help you learn new vocabulary.

Destrezas

Making visual flashcards

In addition to making traditional flashcards with Spanish on one side and English on the other, try creating visual flashcards. Draw a picture of a word or action on one side of a card and the Spanish word on the other. You don't have to be a great artist, as you are the only one that needs to know what the drawing represents. Use them to quiz yourself or have others use the cards to quiz you.

1 **Create visual flashcards for the following words from the unit.**

bolígrafo	marcador
borrador	mesa
carpeta	mochila
cuaderno	papelera
diccionario	silla
goma de borrar	tablero de anuncios
lápiz	tableta

2 **Exchange flashcards with a partner and quiz each other on the new vocabulary words. *¡Atención!* Each of you should be responding to your own cards.**

PRONUNCIACIÓN The Spanish vowels

In Spanish, each vowel has only one sound and is pronounced the same way in almost every case.

Vowel	Sounds like	Examples
a	***a*** in f**a**ther, but shorter	*marca, carpeta, habla*
e	***e*** in th**ey**, but shorter	*mesa, estudiante, clase*
i	***i*** in mach**i**ne, but shorter	*sí, escribe, amigo*
o	***o*** in z**o**ne, but shorter	*nombre, profesora, goma*
u	***u*** in r**u**le, but shorter	*anuncio, pregunta, escucha*

1 9 **Listen and repeat after the speaker.**

2 10 **List the words you hear in the appropriate column according to the their vowel sound.**

a	e	i	o	u

YO HABLO ESPAÑOL, ¿Y TÚ?

El español es la segunda lengua má
hablada en el mundo. Se habla en c
toda América Latina y España. Se
habla en Filipinas y en algunas part
de África. ¡Apréndelo!

Catedral Metropolitana en el Zócalo de la capital mexicana, México D.F.

Playa Flamenco en la Isla de Culebra, Puerto Rico.

Machu Picchu en Perú.

Bosque tropical en Costa Rica.

Barrio de La Boca en Buenos Aires, Argentina.

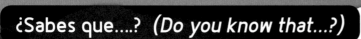

¿Sabes que....? *(Do you know that...?)*

- ✓ Spanish is the second most widely spoken language in the world. (Mandarin is first and English is third).
- ✓ Spanish is the third language with the highest number of Internet users (8% of the total number of users).
- ✓ Another name for Spanish is Castilian *(castellano)*, named after the region in Spain where it originated.
- ✓ The letter *ñ* only exists in Spanish.

Select the correct option to complete each sentence.

1. Spanish is the **first / second** most widely spoken language in the world.
2. The letter **q / ñ** is unique to Spanish.
3. The majority of students in the United States study **Spanish / Japanese**.
4. **Many / Not many** people speak Spanish.
5. Another name for Spanish is **Castilian / European Spanish**.
6. Spanish is the **second / third** language with the highest number of Internet users.

Molinos de viento en Castilla, España.

11 Underline the cognates and other words you recognize in the following text.

«Hola, mi nombre es Sofía y soy estudiante. Estudio inglés en la escuela. Mi escuela es grande y tengo muchos amigos. Mis amigos son de Ecuador, México y Perú. Uso la computadora para comunicarme con mis amigos. También uso la computadora para estudiar y escuchar música. Y tú, ¿estudias español en clase?».

Quick facts!

✓ In the United States, Spanish is the second most widely spoken language.

✓ Spanish is the second most studied language among students in the United States.

✓ According to a study from the University of Lyon, France, Spanish speakers can pronounce 7.8 syllables per second. (Only Japanese has a higher number of syllables per second).

tes: Universidad de Lyon, *anguages in Global Information uction Study*, Academia de la ua Española, Informe 2012 uto Cervantes.

EN RESUMEN: Vocabulario

INSTRUCCIONES EN LA CLASE *Instructions for class* (See page 26)

completa *complete*

escribe *write*

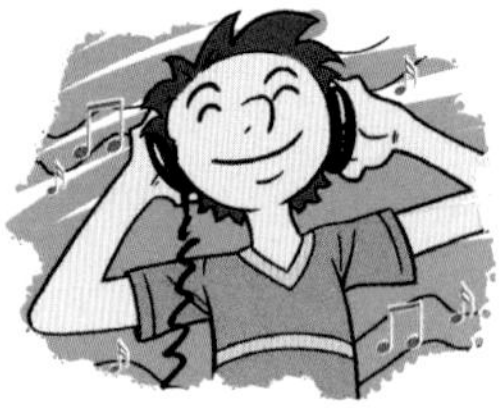
escucha *listen*

fíjate *look at*

habla *speak*

lee *read*

marca *mark*

pregunta *ask*

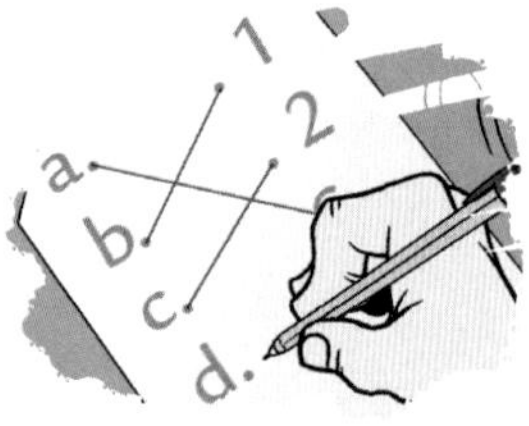

relaciona *match*

EN LA CLASE DE ESPAÑOL *In Spanish class* (See page 27)

el bolígrafo *pen*

el borrador *eraser*

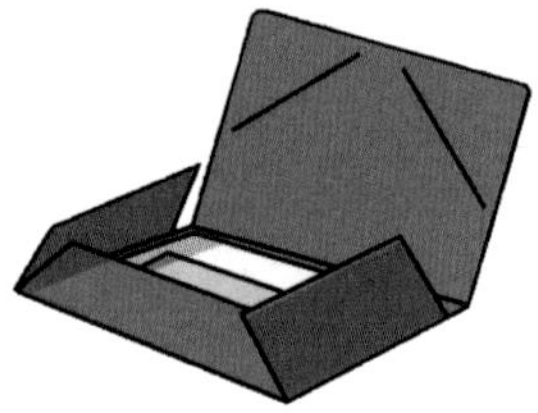
la carpeta *folder*

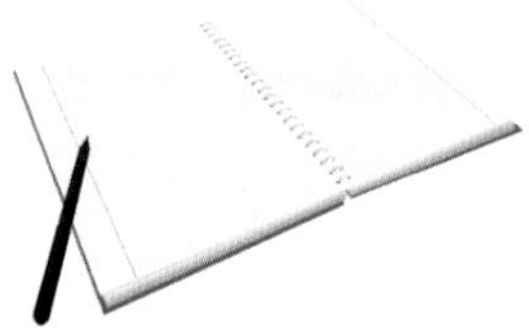
el cuaderno *notebook*

el diccionario *dictionary*

el estudiante *student (male)*

la estudiante *student (female)*

la goma de borrar *pencil eraser*

el lápiz *pencil*

el marcador *marker*

la mesa *table, desk*

la mochila *backpack*

el mp4 *mp4*

la papelera *wastepaper basket*

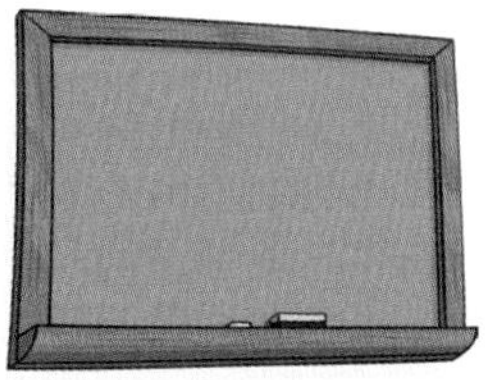

el pizarrón *blackboard*

el profesor *teacher (male)*

la profesora *teacher (female)*

la silla *chair*

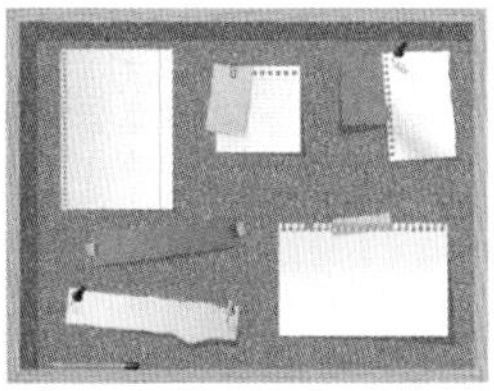

el tablero de anuncios *bulletin board*

la tableta *tablet*

PARA COMUNICARTE CON TU PROFESOR/PROFESORA *To communicate with your teacher* (See page 28)

¿Cómo se dice… en español? *How do you say... in Spanish?*
¿Cómo se escribe… en español? *How do you spell... in Spanish?*
¿Está bien así? *Is this right?*
Hola, mi nombre es… *Hi, my name is…*
No entiendo. *I don't understand.*
¿Puede escribirlo en el pizarrón? *Can you write it on the blackboard?*
¿Puede repetir, por favor? *Can you please repeat?*
¿Qué significa…? *What does... mean?*
Sí, claro. *Yes, of course.*
Sí, está bien. *Yes, it's fine.*

OTRAS PALABRAS Y EXPRESIONES ÚTILES *Other useful words and expressions*

bienvenidos *welcome*
está/están *is/are located*
mundo hispano *Hispanic world*
países *countries*

UNIDAD 1

HOLA, ¿QUÉ TAL?

- ¿Son profesores o estudiantes?
- ¿Están en clase o en el parque?
- ¿Cómo se dice "friends" en español?

Carlos saluda a sus amigos.

In this unit, you will learn to:

- Say hello, good-bye, and make introductions
- Give your age and say where you are from
- Ask others about themselves
- Identify some common professions
- Express dates and phone numbers

Using

- Subject pronouns and the verb *ser*
- Verbs *tener* and *llamar(se)*
- Definite and indefinite articles

Cultural Connections

- Share information about the Spanish language and Hispanic communities in the United States, and compare cultural similarities

SABOR HISPANO

Hispanos en Estados Unidos

- Estados Unidos

¡ACCIÓN!

1 **Look at the image below of students studying together in the library. Then choose the correct answer to complete the sentences.**

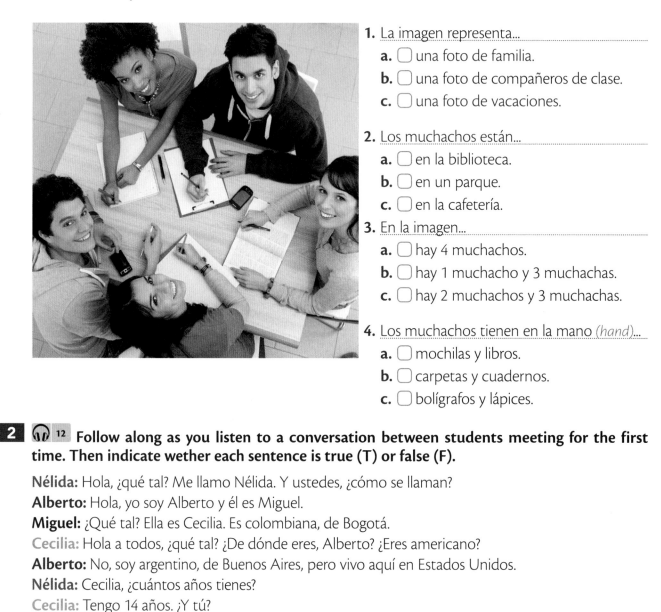

1. La imagen representa...
   - a. ▢ una foto de familia.
   - b. ▢ una foto de compañeros de clase.
   - c. ▢ una foto de vacaciones.
2. Los muchachos están...
   - a. ▢ en la biblioteca.
   - b. ▢ en un parque.
   - c. ▢ en la cafetería.
3. En la imagen...
   - a. ▢ hay 4 muchachos.
   - b. ▢ hay 1 muchacho y 3 muchachas.
   - c. ▢ hay 2 muchachos y 3 muchachas.
4. Los muchachos tienen en la mano *(hand)*...
   - a. ▢ mochilas y libros.
   - b. ▢ carpetas y cuadernos.
   - c. ▢ bolígrafos y lápices.

2 12 **Follow along as you listen to a conversation between students meeting for the first time. Then indicate wether each sentence is true (T) or false (F).**

Nélida: Hola, ¿qué tal? Me llamo Nélida. Y ustedes, ¿cómo se llaman?
Alberto: Hola, yo soy Alberto y él es Miguel.
Miguel: ¿Qué tal? Ella es Cecilia. Es colombiana, de Bogotá.
Cecilia: Hola a todos, ¿qué tal? ¿De dónde eres, Alberto? ¿Eres americano?
Alberto: No, soy argentino, de Buenos Aires, pero vivo aquí en Estados Unidos.
Nélida: Cecilia, ¿cuántos años tienes?
Cecilia: Tengo 14 años. ¿Y tú?
Nélida: Tengo 15 años.
Miguel: Bueno, muchachos, vamos a clase. ¡Hasta luego!
Alberto: Sí, es verdad, ¡hasta luego!
Nélida y Cecilia: ¡Adiós!

	T	F
a. Alberto es español.	▢	▢
b. Cecilia tiene 14 años.	▢	▢
c. Cecilia es colombiana.	▢	▢
d. Miguel es de Bogotá.	▢	▢
e. Nélida y Cecilia tienen 14 años.	▢	▢

3 12 **Listen again to the conversation and repeat after the speaker.**

4 13 **Listen to Miguel, Nélida, Cecilia, and Alberto talk about where they are from. Then fill in the missing words in the sentences below.**

a. Miguel es de Los Ángeles, él es ....
b. Alberto es de Buenos Aires, él es ....
c. Nélida es de Madrid, ella es ....
d. Cecilia es de Bogotá, ella es ....

5 14 **Follow along as you listen to the conversations below. What is the difference between them? Then, in groups of three, practice the conversations aloud with each of you taking a part.**

a.

Víctor: ¡Hola, Susana! ¿Qué tal estás?
Susana: Bien. Mira, este es Antonio, un amigo de clase.
Víctor: Hola, Antonio.
Antonio: ¡Hola! ¿Qué tal?

b.

Jesús: Buenos días, Leonor. ¿Cómo está usted?
Leonor: Muy bien, gracias. Mire, le presento al señor Fernández.
Sr. Fernández: Encantado.
Jesús: Encantado.

! ■ The following abbreviations are used for a person's title:
señor → Sr. señora → Sra. señorita → Srta.

6 **Read the following expressions and decide wether they would most likely be used in formal (F) or informal (I) situations. Then write what you think the expressions mean. Compare your answers with a partner.**

	F	I	What do you think it means?
a. Hola, ¿qué tal?	▢	▢	
b. Buenos días, ¿cómo está?	▢	▢	
c. Encantado.	▢	▢	

7 **In groups of three, take turns introducing each other in formal and informal situations using the conversations above as a model. *¡Atención!* Be sure to substitute your own information.**

COMUNICA

GREETINGS, INTRODUCTIONS, AND SAYING GOOD-BYE

Informal	Formal
■ **Para saludar** *To say hello*	
Hola, ¿qué tal? *Hi, what's up?*	**Buenos días/tardes.** *Good morning/afternoon.*
Hola, ¿qué tal estás? *Hi, how are you doing?*	**Buenas noches.** *Good evening, Good night.*
■ **Para presentarse** *To introduce yourself*	
Hola, soy... *Hi, I'm...*	**Buenos días, / Buenas tardes/noches, | soy...**
Hola, me llamo... *Hi, my name is...*	
■ **Para presentar a alguien** *To introduce someone*	
Mira, este es Dan. *Hey, this is...* **Mira, esta es Jenny.** *Hey, this is...*	**Mire, le presento al Sr. Pérez.** *Look, I'd like to introduce you to Mr. Pérez.*
Mira, estos son Dan y Bill. *Hey, these are...* **Mira, estas son Jenny y Ana.** *Hey, these are...*	**Mire, le presento a la Sra. Díaz.** *Look, I'd like to introduce you to Mrs. Díaz.*
■ **Para responder a una presentación** *To respond to an introdution*	
Hola, ¿qué tal? *Hi, what's up?*	**Encantado.** *Delighted (said by a male).*
	Encantada. *Delighted (said by a female).*
	¿Cómo está? *How do you do?*
■ **Para despedirse** *To say good-bye*	
Adiós. *Good-bye.*	
Hasta luego / mañana / pronto. *See you later/tomorrow/soon.*	

1 **Look at the drawings below. Then read the conversations and match them to the appropriate drawing.**

a. ▢

b. ▢

c. ▢

d. ▢

1. » Buenos días, Sra. Gómez, ¿cómo está?
   » Bien, Carlitos. a

2. » Hola, ¿cómo te llamas?
   » Yo me llamo Marta. ¿Y tú?
   » Yo soy Daniel. ¿Qué tal? d

3. » Hola, papá, este es mi amigo Alberto.
   » Encantado. c
   » Hola.

4. » ¡Adiós, chicos! b
   » ¡Hasta mañana, profesor!

2 **Walk around the classroom and introduce yourself informally to three classmates. Then introduce yourself to three different classmates using formal expressions.**

ASKING AND GIVING INFORMATION ABOUT YOURSELF

» **¿Cómo te llamas?** *What's your name?*
» **Me llamo Francisca García Mejías.** *My name is Francisca García Mejías.*

» **¿De dónde eres?** *Where are you from?*
» **Soy de México. / Soy mexicana.** *I'm from Mexico. / I'm Mexican.*

» **¿Cuántos años tienes?** *How old are you?*
» **Tengo 15 años.** *I'm 15 years old.*

» **¿Dónde vives?** *Where do you live?*
» **Vivo en Puebla. / Vivo en la calle Reina.** *I live in Puebla. / I live on Reina Street.*

» **¿Qué haces?** *What do you do?*
» **Soy estudiante.** *I'm a student.*

■ People in Spanish-speaking countries often use two last names. In the case of Francisca García Mejías, García is Francisca's father's last name and Mejías is her mother's. In this way, both sides of the family are represented.

■ Other jobs or professions

For males	For females		For males	For females	
profesor	profesora	*teacher*	cantante	cantante	*singer*
médico	médica	*doctor*	futbolista	futbolista	*soccer player*
enfermero	enfermera	*nurse*	tenista	tenista	*tennis player*
bibliotecario	bibliotecaria	*librarian*	actor	actriz	*actor/actress*

3 15 **Listen to the following conversations and fill in the missing words. Then practice the conversation with a partner.**

1. En el médico

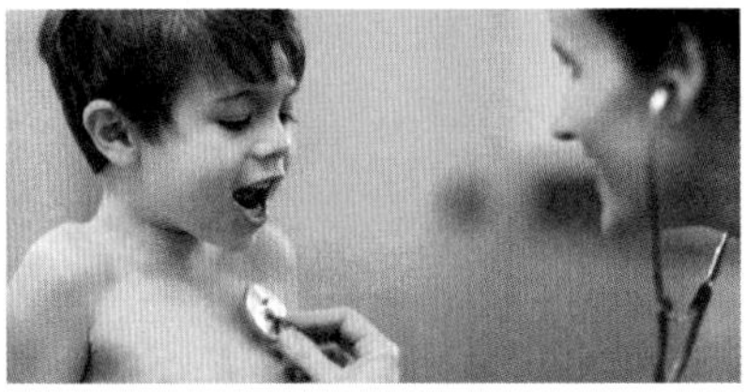

Médica: ¿Cómo te llamas?
Carlos: Me llamo Carlos.
Médica: ¿Cuántos años ....?
Carlos: Tengo 5 ....

2. En la biblioteca

Sra. Díaz: ¿Cómo te llamas?
Rosalía: Me .... Rosalía Castro Gómez.
Sra. Díaz: ¿........ vives?
Rosalía: Vivo en la calle Molina.

3. En la calle

Miguel: ¿De dónde ....?
Beatriz: Soy puertorriqueña.
Miguel: ¿Y .... haces?
Beatriz: ....profesora.

4 **With a partner, take turns introducing yourself as one of the people in the images. Give your name, age, where you are from, and what you do. Use your imagination and the cues in the images to help you create your profile.**

EXTENSIÓN DIGITAL **Practice what you have learned with additional materials online.**

¡ACCIÓN!

ANTES DEL VIDEO

1 **Match the situation to the expression you would most likely use with it.**

1. Por la mañana.	**a.** ¡Felicidades!
2. Por la tarde.	**b.** Hasta luego.
3. Por la noche.	**c.** Buenas noches.
4. Para responder a una presentación.	**d.** Buenas tardes.
5. Para saludar.	**e.** Hola, ¿qué tal?
6. Para despedirnos.	**f.** Buenos días.
7. Cuando es el cumpleaños de alguien.	**g.** Encantado/a.

2 **With a partner, discuss who you typically greet in the following ways.**

Dar un beso

Dar la mano

Dar un abrazo

Saludar con la mano

DURANTE EL VIDEO

3 **As you watch the video, listen for the names, nationalities, and ages of the following people and fill in the missing information on the cards.**

Nombre: ....

Nacionalidad: ....

Edad: .... años.

Nombre: ....
Nacionalidad: ....
Edad: .... años.

Nombre: ....
Nacionalidad: ....
Edad: .... años.

Nombre: ....
Nacionalidad: ....
Edad: .... años.

DESPUÉS DEL VIDEO

4 **Write the questions Ana would ask Rigoberto in order to complete the information on his card below.**

Nombre: ¿Cómo te... ....
Nacionalidad: ....
Edad: ....

5 **Answer the following questions according to the video.**

a. ¿Dónde viven los chicos? ....
b. ¿Por qué Alejandro y María dicen ¡Felicidades!? ....
c. ¿Quién es Emilio? ....
d. ¿Quién no es español? ....

6 **In groups of three or four, prepare a similar situation to present in class.**

EXTENSIÓN DIGITAL **Practice what you have learned with additional materials online.**

1 16 Listen and repeat the numbers in Spanish.

0	cero	8	ocho	16	dieciséis	24	veinticuatro
1	uno	9	nueve	17	diecisiete	25	veinticinco
2	dos	10	diez	18	dieciocho	26	veintiséis
3	tres	11	once	19	diecinueve	27	veintisiete
4	cuatro	12	doce	20	veinte	28	veintiocho
5	cinco	13	trece	21	veintiuno	29	veintinueve
6	seis	14	catorce	22	veintidós	30	treinta
7	siete	15	quince	23	veintitrés	31	treinta y uno

2 17 Listen to the numbers and select the ones you hear.

☐ 3 ☐ 2 ☐ 16 ☐ 7 ☐ 12 ☐ 11 ☐ 25

☐ 15 ☐ 9 ☐ 14 ☐ 28 ☐ 18 ☐ 13 ☐ 20

3 Write out the numbers for the following math problems.

a. 6 x 5 = ...

b. 3 + 4 = ...

c. 15 – 7 = ...

d. 20 ÷ 2 = ...

e. 7 + 15 + 4 = ...

f. 11 x 2 = ...

4 Write the numbers to the following math problems to complete the puzzle and uncover the secret number. Check your answers with a partner.

1. Cinco más cinco.
2. Veintiuno entre tres.
3. Tres por cinco.
4. Dos más dos.
5. Diecinueve más uno.
6. Quince entre tres.
7. Siete por dos.
8. Doce menos cuatro.
9. Diez más uno.

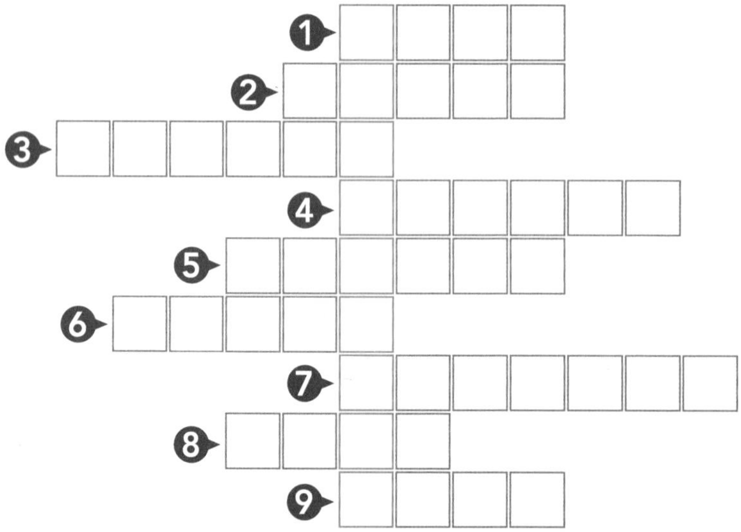

!
- más → +
- menos → –
- por → x
- entre → ÷

5 **Read the Modelo aloud taking parts with a partner. Then ask and exchange telephone numbers with three other classmates. *¡Atención!* It is not necessary to give your real number.**

Modelo:

¿Cuál es tu número de teléfono?
Es el 659 241 487

6 **Let's play. Think of a number from 1 to 31. Your partner will try to guess that number in Spanish. Use a thumbs up or down signal to indicate a higher or lower number. Then switch roles and play again.**

7 **Look at the following people. Write out the number for the age you think they are. Then, with a partner, take turns asking each other to see if you agree. Use the Modelo provided.**

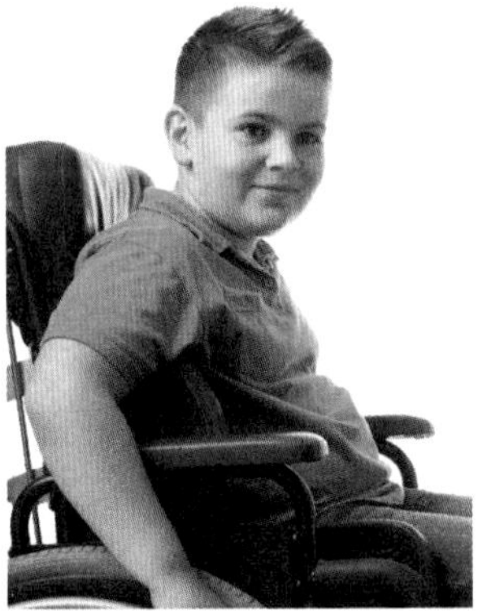

Tomás tiene .... años. Paco tiene .... años. Teresa tiene .... años. Marcos tiene .... años.

Modelo: E1: ¿Cuántos años tiene...?
E2: Tiene... años.
E1: Sí, es verdad. / No, creo que tiene... años.

8 **Introduce yourself to three classmates. Greet them and ask each one's name and age. Then introduce them to the class.**

To ask someone's age
¿Cuántos años tienes?

To introduce someone
Este es Mike./**Esta es** Melissa.

9 18 **Listen to the names of the months in Spanish and repeat.**

- enero
- febrero
- marzo
- abril
- mayo
- junio
- julio
- agosto
- septiembre
- octubre
- noviembre
- diciembre

! ■ The months in Spanish are not capitalized.

» *¿Qué día es hoy? What's today's date?*
» *Es el 4 de junio. It's June 4th.*

» *¿Cuándo es tu cumpleaños? When is your birthday?*
» *Es el 11 de mayo. It's May 11th.*

10 **Answer the following questions by writing out the correct date. Then compare your answers with a partner.**

1. ¿Cuándo es el Día de la Independencia de Estados Unidos?
2. ¿Cuándo es el Día de San Valentín?
3. ¿Cuándo es la Navidad *(Christmas)*?
4. ¿Cuándo es el último *(last)* día del año?
5. ¿Cuándo es el primer *(first)* día del año?
6. ¿Qué día es hoy?

11 **Replay the video segment and listen for the date of everyone's birthday. Write the correct dates for each person below.**

1. El cumpleaños de Rigoberto es el ....
2. El cumpleaños de Alejandro es el ....
3. El cumpleaños de Ana es el ....
4. El cumpleaños de María es el ....

12 **In groups of four, take turns guessing each other's birthday. Start with the month, then the day and see who guesses the complete date first. Use a thumbs up or down signal to indicate a higher or lower month or date.**

Modelo: *¿Es en...?*
¿Es el... de...?

13 **Look at the maps of different parts of the world. Write the names of the countries from the list in the appropriate spots on the maps.**

Cuba ○ España ○ China ○ Francia ○ India ○ Italia
Puerto Rico ○ República Dominicana ○ México ○ Japón

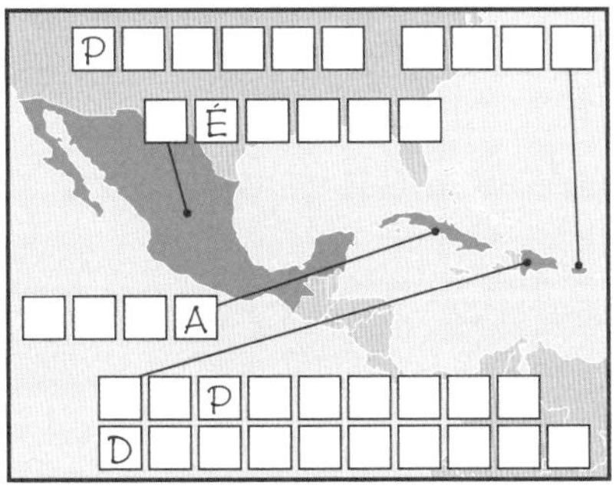

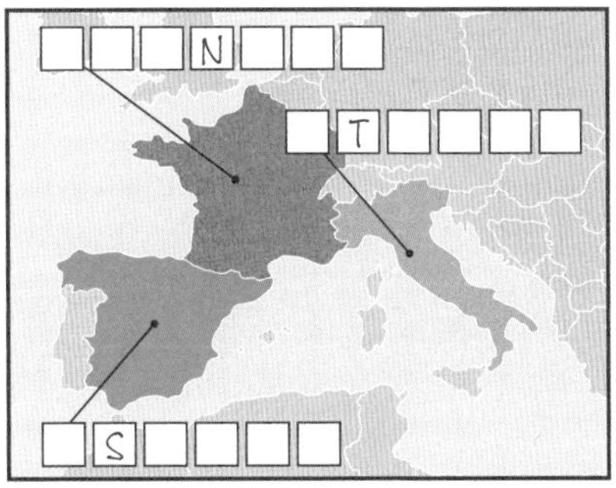

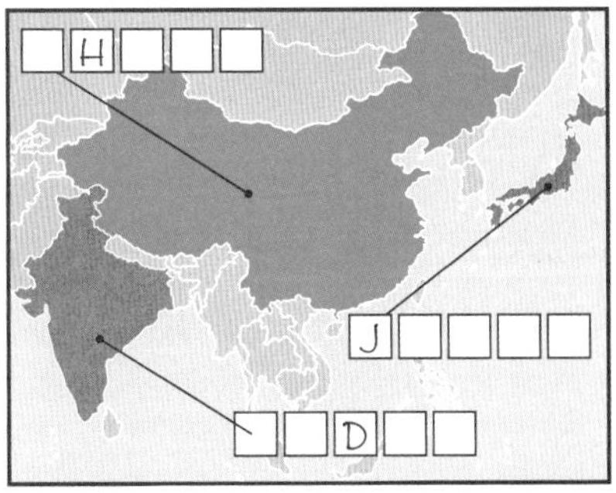

14 **With a partner, fill in the missing nationalities in Spanish. Use the clues already provided in the chart to help you with the forms.**

- Nationalities in Spanish vary in form when referring to a man (*hombre*) or a woman (*mujer*). Do you see a pattern in the way they are formed?

País	Hombre	Mujer
Cuba	cubano	
China		china
México		mexicana
Italia	italiano	
India	indio	india
Puerto Rico	puertorriqueño	
República Dominicana	dominicano	
Francia	francés	
Japón		japonesa
España		española
Ecuador		ecuatoriana
Perú	peruano	
Chile	chileno	

15 19 **Listen to Olga introduce her friends Daniel and Susie. Then choose the correct nationality for each of them.**

a. Daniel es...
- ☐ español.
- ☐ francés.
- ☐ dominicano.

b. Susie es...
- ☐ india.
- ☐ china.
- ☐ japonesa.

c. Olga es...
- ☐ cubana.
- ☐ italiana.
- ☐ puertorriqueña.

EXTENSIÓN DIGITAL **Practice what you have learned with additional materials online.**

GRAMÁTICA

1. DEFINITE AND INDEFINITE ARTICLES

- In Spanish, there are four definite articles that correspond to the English *the.*

	Masculine	Feminine
Singular	**el libro** *the book*	**la silla** *the chair*
Plural	**los libros** *the books*	**las sillas** *the chairs*

- In both Spanish and English, the definite article is used to identify and talk about specific people, places, or things we know.

El pizarrón es negro. The blackboard is black.

La profesora es de Perú. The teacher is from Peru.

Los estudiantes son americanos. The students are American.

- There are four indefinite articles in Spanish that correspond to the English *a, an,* and *some.*

	Masculine	Feminine
Singular	**un cuaderno** *a notebook*	**una mochila** *a backpack*
Plural	**unos cuadernos** *some notebooks*	**unas mochilas** *some backpacks*

- The indefinite article is used to talk about nonspecific people, places, or things.

Eduardo es un amigo. Eduardo is a friend.

San Antonio es una ciudad bonita. San Antonio is a pretty city.

Necesito unos marcadores. I need some markers.

- In Spanish, definite and indefinite articles match nouns in number (singular / plural) and gender (masculine / feminine). Most nouns ending in **–o** are masculine and most ending in **–a** are feminine.

1 Write the indefinite and definite articles for the following people and things.

a.

.... / .... lápiz

b.

.... / .... profesora

c.

.... / .... estudiante

d.

.... / .... carpeta

e.

.... / .... profesor

f.
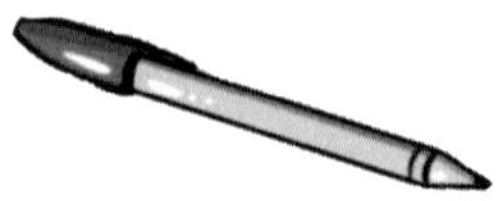
.... / .... bolígrafo

g.

.... / .... estudiante

h.

.... / .... diccionario

2 Write the plural forms of indefinite and definite articles for these objects.

a. .... / .... sillas
b. .... / .... cuadernos
c. .... / .... papeleras
d. .... / .... libros
e. .... / .... mochilas
f. .... / .... teléfonos

2. SUBJECT PRONOUNS AND THE VERB *SER*

- Subject pronouns refer to people and often come before the verb to show who is doing the action or is being described. The chart below lists the subject pronouns in Spanish with their meaning in English.

yo *I*	nosotros/nosotras *we*
tú *you (informal)*	vosotros/vosotras *you (plural, Spain)*
usted *you (formal)*	ustedes *you (plural)*
él *he*	ellos *they (all males or mixed)*
ella *she*	ellas *they (all females)*

- Both **tú** and **usted** are used when speaking directly to someone. Use **tú** when that person is a friend. Use **usted** when speaking to someone in a formal situation or to show respect.
- Use **ustedes** when speaking to a group of people. Your teacher, for example, will address the class as **ustedes**. The English equivalent would be *you all*.
- Use **nosotras** and **ellas** when referring to a group of all females.
- **Vosotros/vosotras** is used in Spain.

- You have already been using the forms of the verb **ser** to make introductions and say where you and others are from. Here are all the forms of **ser** with the subject pronouns and meaning in English.

SER *(to be)*			
yo	soy *I am*	nosotros/as	somos *we are*
tú	eres *you are*	vosotros/as	sois *you are (plural, Spain)*
usted	es *you are (formal)*	ustedes	son *you are (plural)*
él	es *he is*	ellos	son *they (all males or mixed)*
ella	es *she is*	ellas	son *they (all females)*

- Spanish speakers often omit the subject pronouns when using **yo**, **tú**, **nosotros/as**, and **vosotros/as** since the verb ending already carries that information.

  ***Yo soy** de Madrid.* ➡ ***Soy** de Madrid.* (The form **soy** can only apply to **yo**)

  ***Tú eres** de Santiago.* ➡ ***Eres** de Santiago.* (The form **eres** can only apply to **tú**)

- **Usted**, **él** and **ella** use the same form of the verb: **es**.
- **Ustedes**, **ellos** and **ellas** use the same form: **son**.

3 **Choose the subject pronoun from the list below that you would use to talk about the following people.**

él o ella o ellos o ellas o nosotros

Modelo: Carlos ➡ *él*

a. María ➡ ....
b. María y Clara ➡ ....
c. Juan ➡ ....
d. María y Juan ➡ ....
e. María, Juan y yo ➡ ....
f. Tú y yo ➡ ....

4 **Look at the following people and select the correct question you would use to ask where each one is from. *¡Atención!* One question will be used more than once.**

¿De dónde eres? o ¿De dónde es usted? o ¿De dónde son ustedes?

....

....

....

....

5 **Choose the correct form of *ser* from the options.**

a. Penélope Cruz **soy** / **es** / **eres** actriz.
b. Los profesores **son** / **somos** / **soy** interesantes.
c. Yo **eres** / **es** / **soy** estudiante.
d. Mis amigos y yo **son** / **somos**/ **eres** de California.
e. Y tú, ¿**eres**/ **es** / **son** italiano?
f. Shakira **son** / **somos** / **es** cantante.
g. Rafael Nadal y David Ferrer **somos** / **eres** / **son** tenistas.
h. Sr. Ramos, ¿**es** / **son** / **somos** usted bibliotecario?

6 **Complete the sentences with the correct form of *ser* to describe the following people. Then check your answers with a partner.**

Este .... Daniel. .... profesor de inglés en España. .... de Estados Unidos. .... muy inteligente.

¡Hola a todos! Yo .... Claudia. .... estudiante en la escuela secundaria. También .... futbolista, pero ¡no profesional! Y tú, ¿de dónde ....?

Additional vocabulary: también ➡ *also* pero ➡ *but*

¡Hola! Nosotros .... amigos. .... americanos pero .... de todas partes. Diego .... de Colombia. Jennifer .... de Chicago. Tomás y Elena .... de México. Y ustedes, ¿de dónde ....?

Dolores y Pablo no .... estudiantes. Ellos .... enfermeros en un hospital importante. Dolores .... peruana y Pablo .... americano.

7 **Write a similar description about yourself. Then read it aloud to a classmate. What do you have in common?**

Modelo: E1: Nosotros somos...
E2: No somos...

! To say that something is not true for you, use **no** before the verb.
Yo no soy de Bogotá. *I'm not from Bogota.*

3. PRESENT TENSE OF *LLAMAR(SE)* AND *TENER*

- You have been using the expression **me llamo** to tell someone your name. The expression comes from the verb **llamar(se)**.

LLAMAR(SE) *(to be called)*			
yo	me llamo *I am called*	nosotros/as	nos llamamos *we are called*
tú	te llamas *you are called*	vosotros/as	os llamáis *you are (plural, Spain) called*
usted	se llama *you are called (formal)*	ustedes	se llaman *you are (plural) called*
él	se llama *he is called*	ellos	se llaman *they are called*
ella	se llama *she is called*	ellas	se llaman *they are called*

- The verb **llamar(se)** literally means to be called and <u>not</u> *my name is*. Its meaning in English may sound strange to you, but it is absolutely clear to all Spanish speakers.

» *¿Cómo **te llamas**? What's your name? / What are you called?*
» ***Me llamo*** *Alberto. My name is Alberto. / I'm called Alberto.*

» *¿Cómo **se llama** el profesor? What's the teacher's name? / What is the teacher called?*
» ***Se llama*** *Sr. Estévez. His name is Mr. Estévez. / He's called Mr. Estévez.*

- You have also been using the expression **tengo… años** to tell someone your age. This expression comes from the verb **tener**.

TENER… AÑOS *(to be… years old)*			
yo	tengo… años *I am… years old*	nosotros/as	tenemos… años *we are… years old*
tú	tienes… años *you are… years old*	vosotros/as	tenéis… años *you are… years old (plural, Spain)*
usted	tiene… años *you are (for.)… years old*	ustedes	tienen… años *you are… years old (plural)*
él	tiene… años *he is… years old*	ellos	tienen… años *they are… years old*
ella	tiene… años *she is… years old*	ellas	tienen… años *they are… years old*

- Without **años**, the verb **tener** by itself means *to have.*
  *Yo **tengo** una computadora. I have a computer.*
  *Los estudiantes **tienen** mochilas. The students have backpacks.*

8 **Write the correct form of the verb *llamar(se)* in the following sentences. *¡Atención!* Be sure to use the complete expression made up of two words.**

a. Ella .... Paquita.
b. Mi amigo .... Raúl.
c. Nosotras .... Susana y Luisa.
d. Tú .... Nacho, como *(like)* mi amigo.
e. Los cantantes .... Enrique Iglesias y Pitbull.
f. Yo no .... Celia.

9 **Choose the correct form of the question and answer from the options.**

Pregunta *(Question)*	Respuesta *(Answer)*
a. ¿Cómo **te llamas** / **se llaman**?	➡ **Me llamo** / **Se llama** Isabel.
b. ¿Cuántos años **tienen** / **tengo** los estudiantes?	➡ **Tienen** / **Tengo** 15 años.
c. ¿**Tienes** / **Tiene** usted teléfono celular?	➡ Sí, **tengo** / **tenemos** teléfono celular.
d. ¿Cómo **me llamo** / **se llama** la bibliotecaria?	➡ **Te llamas** / **Se llama** Sra. Menéndez.
e. ¿Cuántos años **tengo** / **tiene** Luis?	➡ **Tiene** / **Tienes** 13 años.
f. ¿Cómo **se llaman** / **nos llamamos** ustedes?	➡ **Nos llamamos** / **Se llaman** Ana y Ricardo.

10 **Prepare some questions to interview a classmate about his/her name, age, origin/nationality, what he/she does, and what's in his/her backpack. Use the chart below to help you prepare your questions in Spanish. After the interview, introduce your classmate to the class using all the information you collected about him/her.**

	Pregunta en español
name?	....
age?	....
origin?	....
do?	....
backpack?	....

Modelo: Este/Esta es…

EXTENSIÓN DIGITAL **Practice what you have learned with additional materials online.**

COMPRENSIÓN DE LECTURA

1 **Read about the people in the images. Before reading, review the reading strategy in Destrezas and answer the questions.**

Destrezas

Before you start to read, search for clues in the image to help you understand unfamiliar words.

- *Who appears in the image?*
- *What are they wearing or doing?*

a.

María es chilena. Es enfermera y vive en Madrid.

b.

Manuel tiene 14 años. Vive en Italia, pero es español. Es estudiante.

c.

Carmen es profesora. Es de México y tiene 28 años.

2 **Read the passages again and choose the correct answer below.**

1. María es... y vive en...
   a. profesora ... Francia.
   b. enfermera ... España.
   c. médica ... Portugal.
2. Manuel tiene... y es de...
   a. catorce años ... España.
   b. once años ... México.
   c. catorce años... Italia.
3. Carmen es... y es...
   a. chilena ... policía.
   b. italiana ... estudiante.
   c. mexicana ... profesora.

PRONUNCIACIÓN The sounds of *ch* and *ñ*

1 20 **Listen to the sounds of *ch* and *ñ* in the words below. Then listen again and repeat after the speaker.**

1. mu**ch**acho, mu**ch**acha, co**che**, dieci**ocho**, escu**char**
2. ni**ño**, espa**ñol**, ense**ñar**, ma**ña**na, compa**ñe**ro

- The **ch** sequence in Spanish produce a single sound similar to the *ch* sound in English: ***Ch**ile*, ***ch**urch*.
- The **ñ** exists only in the Spanish alphabet. The sound is similar to the *ny* in *ca**ny**on*.

2 **Underline the *ch* and *ñ* in the sentences below. Then take turns with a partner reading the sentences aloud.**

a.
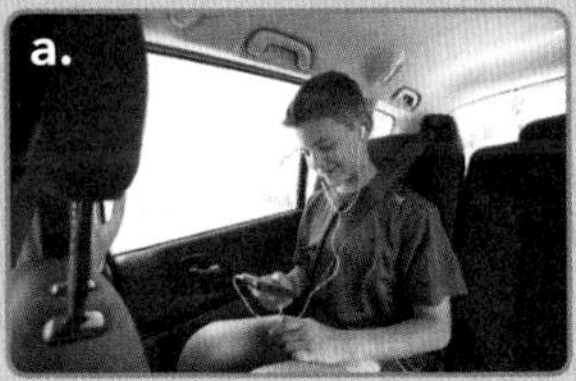
El muchacho escucha música en el coche.

b.

Los niños españoles comen chocolate.

c.

La muchacha española dice: "Hasta mañana".

EXTENSIÓN DIGITAL **Practice what you have learned with additional materials online.**

HISPANOS EN EE.UU.

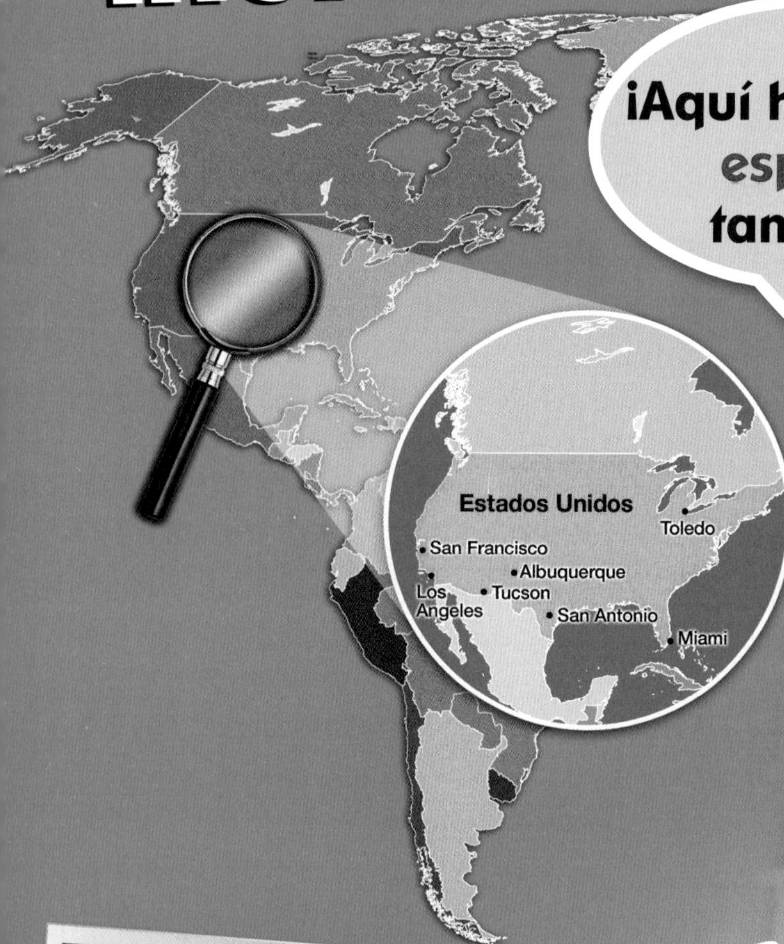

¡Aquí hablamos español también!

Nombres de ciudades en EE. con origen español

- ✓ Florida, New México y Louisianc tienen pasado español.
- ✓ Otros territorios tienen pasado mexicano como Sasabe y Tucsc Arizona.
- ✓ Muchos lugares en EE.UU. tiene nombres en español: California Florida, Arizona, Nevada, Montc Colorado... ¿Qué otros nombres estados tienen origen español?

Una joven familia mexicana prepara Halloween.

Madre e hija celebran la Navidad.

Celebraciones del Cinco de Mayo en las calles de Montpellier, Vermont, EE.UU.

¿Sabes que...?

- ✓ Los hispanos en EE.UU. representan un 16,9*% de la población del país.
- ✓ Los hispanos o latinos vienen de América Latina o España.
- ✓ Los hispanos en EE.UU. son la comunidad hispanohablante más grande del mundo, después de México.
- ✓ Se habla español en EE.UU. desde (*since*) el año 1565.
- ✓ La palabra *hispano* se usa en EE.UU. desde 1970.
- ✓ En 1988, Ronald Reagan proclama el Mes Nacional de la Herencia Hispana, que se celebra todos los años del 15 de septiembre al 15 de octubre.

*In Spanish, the comma is used in place of the decimal point and vice versa, so the number 16,9 is equal to 16.9 in English.

21 ¡Famosos y en español!

uchos famosos que ven en EE. UU. son spanos o de origen spano. ımbién hay muchos mosos que hablan ;pañol: Will Smith, wyneth Paltrow, ggo Mortensen y ros. abes qué famosos ın hispanos o de igen hispano? ᴧarca las casillas!

Demi Lovato tiene ascendencia mexicana y española.

-) Alexis Bledel
-) Nick Jonas
-) Selena Gómez
-) Taylor Lautner
-) Demi Lovato
-) Bruno Mars
- ◯ Justin Bieber
- ◯ Enrique Iglesias
- ◯ Wilmer Valderrama
- ◯ Penélope Cruz
- ◯ Victoria Justice
- ◯ Miley Cyrus

Un día sin hispanos

ıan Martínez trabaja en una fábrica de ɔnservas *(canned food)*. Él habla de un día nportante en su vida.

Son las seis de la mañana. Camino al centro le mi ciudad. Hoy es un día importante. Las personas ilegales de origen hispano protestamos: trabajamos aquí y somos parte de la comunidad. Hay mucha gente. Todos queremos vivir aquí legalmente. Los hispanos sí somos importantes».

Protestas de marzo de 2006.

Univisión, ¿la cadena más popular?

- Univisión es la cadena *(channel)* de televisión más grande de EE. UU.
- Univisión emite desde *(since)* 1962.
- Los programas más populares son las telenovelas.
- Muchos programas y telenovelas son producciones de canales mexicanos como Televisa y El Canal de las Estrellas.
- Univisión tiene una media *(average)* de 1,81* millones de espectadores *(viewers)* de entre 18 y 49 años, más que las cadenas en inglés.
- Fusión es una nueva cadena de Univisión. Es para jóvenes latinos educados en español e inglés.

Un grupo de amigos ven un partido de fútbol.

Here is a list of more U.S. city names in Spanish. Can you match the name in Spanish to its meaning in English?

1. Dos Palos, California
2. Boca Raton, Florida
3. Amarillo, Texas
4. Mesa Vista, California
5. Casa Grande, Arizona
6. Buena Vista, Florida
7. Pueblo, Colorado

a. town
b. two sticks
c. good view
d. rat's mouth
e. big house
f. table view
g. yellow

Complete the sentences using the words listed below.

mexicanas * telenovelas * popular * 16,9% * protestas

1. Los hispanos son un ______________ de la población de EE. UU.
2. Univisión es la cadena más ______________ de EE. UU.
3. Los programas más populares de Univisión son las ______________ .
4. Muchos programas de Univisión son producciones ______________ .
5. En el movimiento 'Un día sin hispanos' hay muchas ______________ .

ıntes: Univisión, Pew Research, lsen, The Associated Press, MayDay, Orbit, American Civil Liberties on, CNN, Census Bureau.

1 **Fill in the missing information in the chart below.**

	Masculino	Femenino	País
a.			República Dominicana
b.		mexicana	
c.			China
d.		india	
e.	colombiano		

2 22 **Guillermo was elected President of the Spanish Club at his school. Read the e-mail he sent to his friend Michael telling him about the other Spanish Club officers.**

Asunto: El club del español

De: Guillermo   Para: Michael

Hola, Michael:

¿Qué tal? Mira, esta es una foto del club de español en la escuela.

El Sr. Pérez es el consejero *(advisor)* del club y también es profesor de español. Es colombiano y habla perfectamente inglés y español. En el comité ejecutivo somos cuatro estudiantes: Bo, Óscar, Asmita y yo.

Bo tiene quince años y es chino. Habla un poco de español pero comprende mucho. Todos los días habla con sus amigos por teléfono. Quiere ser médico y trabajar en un hospital.

Óscar es estudiante. Es dominicano y tiene diecisiete años. Habla mucho en clase y siempre escucha música en su mp4. Tiene un perro, se llama Chato. Tiene muchas fotos de Chato en su teléfono.

Asmita es india. Tiene catorce años y es estudiante. Asmita habla muy bien español, pero a veces dice palabras en inglés.

En el club solo hablamos en español y es un poco difícil comprendernos, pero es muy divertido.

Hasta luego,

Guillermo

3 **With a partner, identify the person matching each description below. *¡Atención!* Guillermo is also included in the descriptions.**

	Bo	Óscar	Asmita	El Sr. Pérez	Guillermo
a. Tiene un perro.	☐	☐	☐	☐	☐
b. Es de China.	☐	☐	☐	☐	☐
c. Tiene 16 años.	☐	☐	☐	☐	☐
d. Es india.	☐	☐	☐	☐	☐
e. Es dominicano.	☐	☐	☐	☐	☐
f. Tiene 15 años.	☐	☐	☐	☐	☐
g. Habla español perfectamente.	☐	☐	☐	☐	☐
h. Es mexicano.	☐	☐	☐	☐	☐
i. Tiene 14 años.	☐	☐	☐	☐	☐
j. Es de Colombia.	☐	☐	☐	☐	☐

4 **Take turns asking each other the following questions about Guillermo's e-mail.**

a. ¿Quién tiene quince años? ....
b. ¿Cómo se llama la chica india? ....
c. ¿Qué hace el Sr. Pérez? ....
d. ¿Cómo se llama el chico que tiene diecisiete años? ....
e. ¿De dónde es Bo? ....
f. ¿Cuántos años tiene Asmita? ....
g. ¿Cómo se llama el perro de Óscar? ....

5 **Put these words in the correct order to make logical sentences. Then, with a partner, write an appropriate question for each response.**

1. llamo / Asmita / me .... ¿ .... ?
2. tengo / años / diecisiete .... ¿ .... ?
3. se / Chato / llama / el perro .... ¿ .... ?
4. el Sr. Pérez / es / colombiano .... ¿ .... ?
5. el profesor / la clase / de / es .... ¿ .... ?

EVALUACIÓN

ASKING AND GIVING INFORMATION

1 Fill in the blanks with a word from the list to form logical questions and answers.

soy o qué o tienes o cómo o dieciocho o tengo o dónde o cuál o soy o llamo

a. » ¿...................... te llamas? » Me .... Emilio.
b. » ¿Cuántos años ....? » Tengo .... años.
c. » ¿De .... eres? » .... argentino.
d. » ¿...................... es tu número de teléfono? » No .... teléfono.
e. » ¿...................... haces? » .... estudiante.

PAÍSES Y NACIONALIDADES

2 Write the correct nationality for the following countries. Include both male and female forms.

a. España .... / ....
b. República Dominicana .... / ....
c. México .... / ....
d. India .... / ....
e. Francia .... / ....
f. Cuba .... / ....

NÚMEROS DE 0 A 31

3 Write out the following numbers.

a. 1 ....
d. 3 ....
g. 5 ....
b. 8 ....
e. 12 ....
h. 9 ....
c. 20 ....
f. 4 ....
i. 18 ....

LOS MESES DEL AÑO Y LA FECHA

4 Rewrite the following dates in Spanish.

a. June 15 ....
b. November 30 ....
c. March 13 ....
d. January 24 ....

5 **Match the image to the corresponding month of the year.**

a. ☐ diciembre
b. ☐ agosto
c. ☐ marzo
d. ☐ febrero

DEFINITE AND INDEFINITE ARTICLES

6 **Write the correct indefinite article.**

a. .... bolígrafo
b. .... consola
c. .... sillas
d. .... enfermeros

7 **Write the correct definite article.**

a. .... números
b. .... país
c. .... mesas
d. .... consola

PRESENT TENSE OF *SER, TENER* AND *LLAMAR(SE)*

8 **Complete each sentence with the correct form of *ser, tener* or *llamar(se)*. *¡Atención!* Use the subject pronouns to help you with the form.**

a. Ella .... María y yo me llamo Adrián.
b. Ellos .... dieciséis años.
c. Nosotros .... españoles.
d. Él .... estudiante de español.
e. ¿ .... ustedes de Puerto Rico?
f. David y yo .... trece años.
g. Ellos .... Juan y Adrián.

CULTURA

9 **Answer the following questions about Hispanics in the United States and in your community.**

a. ¿Cómo se llama el estado donde vives? ¿Es de origen español? ¿Tiene algún significado *(meaning)* especial?
b. ¿Qué es Univisión y por qué es importante? ¿Tienes Univisión en tu región?
c. ¿Qué fiesta mexicana celebran muchos americanos?
d. ¿Qué actor americano habla español?
e. ¿Quién es Demi Lovato? ¿Cuál es su ascendencia *(ancestry)*? ¿Tienes ascendencia hispana?

EXTENSIÓN DIGITAL
Practice what you have learned with additional materials online.

EN RESUMEN: Vocabulario

Saludos *Greetings*

Buenos días. *Good morning.*
Buenas tardes. *Good afternoon.*
Buenas noches. *Good evening/ night.*
¿Qué tal? *What's up?*
¿Qué tal estás? *How are you doing?*

Presentaciones *Introductions*

Mire, le presento a (al)... *Look, I'd like to introduce you to...*
Mira, este/esta es... *Hey, this is...*
Mira, estos/estas son... *Hey, these are...*
Encantado/a. *Delighted.*
¿Cómo está? *How do you do? (formal)* Muy bien

Despedidas *Saying good-bye*

Adiós. *Good-bye.*
Hasta luego. *See you later.*
Hasta pronto. *See you soon.*

Pedir información *Asking questions*

¿Cómo te llamas? *What's your name?* Me llamo Jolie
¿Cuántos años tienes? *How old are you?* Tengo catorce años
¿De dónde eres? *Where are you from?* Soy de otown
¿Dónde vives? *Where do you live?* Yo vivo en otown
¿Qué haces? *What do you do?*

Profesiones *Professions*

actor / actriz *actor / actress*
bibliotecario / bibliotecaria *librarian*
cantante *singer*

enfermero / enfermera *nurse*
futbolista *soccer player*
médico / médica *doctor*
profesor / profesora *teacher*
tenista *tennis player*

Nacionalidades *Nationalities*

chino/a *Chinese*
cubano/a *Cuban*
chileno/a *Chilean* ecuatoriano
dominicano/a *Dominican*
* ecuatoriano *Ecuadorian*
español / española *Spanish*

francés / francesa *French*
indio/a *Indian* japonés japonesa
italiano/a *Italian*
* japonés / japonesa *Japanese*
mexicano/a *Mexican*
* peruano/a *Peruvian* peruano
* puertorriqueño/a *Puerto Rican* - puertorriqueño

Artículos *Articles*

el / la / los / las *the*
un / una *a, an*
unos / unas *some, a few*

Pronombres de sujeto *Subject pronouns*

yo *I*
tú *you (informal)*
usted *you (formal)*
él *he*
ella *she*
nosotros/as *we*
vosotros/as *you (plural, Spain)*
ustedes *you, you all (plural)*
ellos *they (males or mixed)*
ellas *they (females)*

Verbos *Verbs*

llamar(se) *to be called*
ser *to be*
tener *to have*
tener... años *to be... years old*

Palabras y expresiones útiles *Useful words and expressions*

amigo/a *friend* Mi
¿Cuándo es tu cumpleaños? *When is your birthday?* - es de noviembre

pero *but*
perro *dog*

¿Qué día es hoy? *What's today's date?*
Señor (Sr.) *Mr.*
Señora (Sra.) *Mrs.*
Señorita (Srta.) *Miss./Ms.*
también *also*

NUMBERS 0-31

(See page 42)

0	cero	8	ocho	16	dieciséis	24	veinticuatro
1	uno	9	nueve	17	diecisiete	25	veinticinco
2	dos	10	diez	18	dieciocho	26	veintiséis
3	tres	11	once	19	diecinueve	27	veintisiete
4	cuatro	12	doce	20	veinte	28	veintiocho
5	cinco	13	trece	21	veintiuno	29	veintinueve
6	seis	14	catorce	22	veintidós	30	treinta
7	siete	15	quince	23	veintitrés	31	treinta y uno

ARTICLES

(See page 46)

	Indefinite articles		Definite articles	
	Masculine	Feminine	Masculine	Feminine
Singular	**un**	**una**	**el**	**la**
Plural	**unos**	**unas**	**los**	**las**

SUBJECT PRONOUNS

(See page 47)

Singular	Plural
yo	**nosotros/nosotras**
tú	**vosotros/vosotras**
usted/él/ella	**ustedes/ellos/ellas**

PRESENT TENSE

(See page 49)

	LLAMAR(SE)	SER	TENER
yo	**me llamo**	**soy**	**tengo**
tú	**te llamas**	**eres**	**tienes**
usted/él/ella	**se llama**	**es**	**tiene**
nosotros/as	**nos llamamos**	**somos**	tenemos
vosotros/as	**os llamáis**	**sois**	tenéis
ustedes/ellos/ellas	**se llaman**	**son**	**tienen**

UNIDAD 2

ESTÁS EN TU CASA

- ¿Cuántos años tiene el muchacho?
- ¿Está en casa o en clase?
- Y tú, ¿estás en casa o en clase?

El muchacho estudia en la cocina.

In this unit, you will learn to:

- Express opinions and preferences
- Describe people, places, and things
- Talk about your home
- Talk about activities
- Say where you and others are

Using

- Descriptive adjectives
- *-ar* verbs
- Verb *estar*
- Numbers to 101

Cultural Connections

- Share information about homes in Hispanic countries, and compare cultural similarities

¡ACCIÓN!

SABOR HISPANO

Vivir en España

- España

1 **Look at the image below of Juan and his family in Barcelona. Then choose the correct answer to complete the sentences.**

1. ¿Quién es Juan?
- **a.** ▢ Un cantante.
- **b.** ▢ Un profesor.
- **c.** ▢ Un turista.

2. ¿Qué tiene la mujer en las manos?
- **a.** ▢ Una mochila.
- **b.** ▢ Una tableta.
- **c.** ▢ Una cámara.

3. ¿En qué país está la familia?
- **a.** ▢ Argentina.
- **b.** ▢ España.
- **c.** ▢ Estados Unidos.

4. ¿Qué aparece en la foto?
- **a.** ▢ Un monumento.
- **b.** ▢ Un parque.
- **c.** ▢ Una escuela.

2 **Read more about Juan. Find out the name of the structure in the photo above and who designed it.**

Hola, me llamo Juan. Tengo 14 años y soy de Málaga, una ciudad que está en el sur de España. Estoy en Barcelona, mi ciudad *(city)* favorita. Tengo muchas fotos de la ciudad. Esta es de la Sagrada Familia, un monumento del arquitecto Gaudí, muy famoso en España. También tengo fotos del Parque Güell, otra de sus obras *(works)* más originales.

1. ¿Cómo se llama el edificio *(building)*?
2. ¿Quién es el arquitecto?
3. ¿Qué otra obra es del mismo *(same)* arquitecto?

3 23 **Listen to the conversation between Juan and his friend María after his trip. Then decide whether the statements are true (T) or false (F) based on the conversation.**

María: Hola, Juan. ¿Tienes las fotos de Barcelona?
Juan: Sí, aquí tienes mis fotos.
María: En esta foto, estás en la Sagrada Familia, ¿verdad?
Juan: Sí, es un lugar *(place)* muy bonito y conocido.
María: Para mí, esta foto es bellísima. ¿Dónde es?
Juan: Es en el Parque Güell, otro lugar importante de la ciudad.
María: ¿Y cuál es tu foto favorita?
Juan: Esta. Estoy con dos amigos en la Casa Milà, otro edificio conocido de Gaudí.
María: ¿Quiénes son estos chicos?
Juan: Se llaman Karen y Mateo, son mexicanos, pero viven en Barcelona.
María: Para ti, ¿cómo es la gente *(people)* en Barcelona?
Juan: Es muy simpática y amable.
María: Para mí, también.
Juan: Aquí tienes más fotos.

Parque Güell

Casa Milà

	T	F
a. Juan solo tiene tres fotos de Barcelona.	☐	☐
b. En una foto, Juan está en la Casa Milà.	☐	☐
c. Para María, la Sagrada Familia es un lugar muy bonito.	☐	☐
d. Karen es una amiga mexicana.	☐	☐
e. Para María, la gente de Barcelona no es simpática.	☐	☐

Mateo y Karen

4 23 **Listen again to the conversation and repeat after the speaker.**

5 **Here are some more of Juan's photos of Barcelona. Choose the one you like best. With a partner, use the information in the photo and the Modelo to talk about your preference. Then switch roles.**

Modelo:
E1: Mira estas fotos de Barcelona.
E2: ¡Qué bonitas!
E1: ¿Cuál es tu favorita?
E2: Para mí, es esta de...
E1: ¿Qué es?
E2: Es...

La Torre Agbar.
Edificio símbolo de Barcelona.

La Rambla.
Avenida muy importante en España.

Camp Nou.
Estadio de fútbol del Barcelona FC.

TALKING ABOUT PREFERENCES

Para preguntar	Para responder
¿Cuál es tu deporte favorito?	(Mi deporte favorito es) el tenis.
¿Cuál es tu animal favorito?	(Mi animal favorito es) el gato *(cat)*.
¿Cuál es tu comida *(food)* favorita?	(Mi comida favorita es) el queso.

1 Look at María's favorite things and fill in the blanks with the appropriate word from the list.

país o animal o deporte o asignatura o número o comida

a. Mi ....
favorito es el perro.

b. Mi ....
favorita es Matemáticas.

c. Mi ....
favorito es el baloncesto.

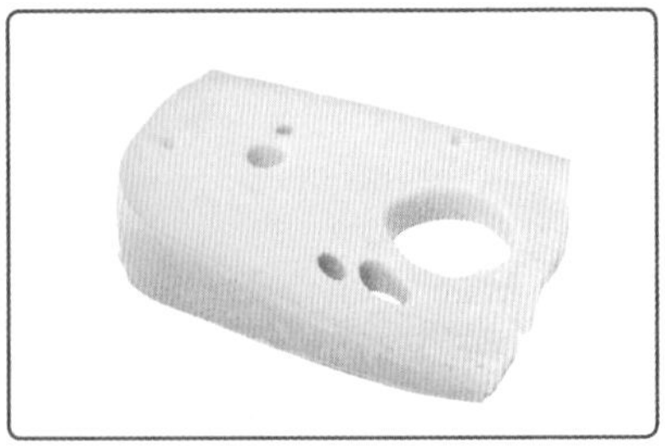

d. Mi ....
favorita es el queso.

e. Mi ....
favorito es el quince.

f. Mi ....
favorito es México.

2 With a partner, take turns asking each other about your favorite things.

Modelo: ¿Cuál es tu... favorito/a?

- Here are some of the **subjects** you study in school. Can you tell what they are?
  - Arte
  - Biología
  - Ciencias
  - Español
  - Historia
  - Matemáticas
  - Música
  - Educación Física
  - Geografía
- Otras asignaturas *(other subjects)*:
  - Artes y letras *(arts and humanities)*
  - Informática *(computer science)*

- **Deportes** *(sports)*
  - el baloncesto / el básquetbol
  - el béisbol
  - el fútbol
  - el fútbol americano
  - el golf
  - el tenis
  - el vóleibol

Encuesta sobre gustos

- **número** ....
- **comida** ....
- **asignatura** ....
- **deporte** ....
- **animal** ....
- **país** ....

EXPRESSING OPINIONS

Para mí,	el español es	fantástico.	*For me, Spanish is fantastic.*
Para ti,		genial.	*For you, Spanish is great.*
Para usted,		fácil.	*For you (formal), Spanish is easy.*
Para él/ella,		divertido.	*For him/her, Spanish is fun.*
Para nosotros/as,		interesante.	*For us, Spanish is interesting.*
Para vosotros/as,		importante.	*For you (pl., Spain), Spanish is important.*
Para ustedes,		aburrido.	*For you (all), Spanish is boring.*
Para ellos/ellas,		difícil.	*For them, Spanish is difficult.*

En mi opinión, *In my opinion,...*

Pienso / Creo / Opino que... *I think / I believe / My opinion is that...*

Showing agreement and disagreement with someone's opinion

?	✓		✗	
¿Y para ti?	Para mí, también.	*For me too.*	Para mí, no.	*Not for me.*
¿Verdad?	Sí, es verdad.	*Yes, that's true.*	No, no es verdad.	*No, that's not true.*
¿Qué crees?	Creo que sí.	*I believe so.*	Creo que no.	*I don't believe so.*

3 24 **Listen to the following conversations. Then take turns role-playing with a partner.**

a. **Mateo:** Para mí, Colombia es un país muy bonito. ¿Y para ti?
Belén: Para mí, también.

b. **Jesús:** Para mí, el fútbol americano es fantástico. ¿Y para ustedes?
María y Daniel: Para nosotros, no.

c. **Pedro:** Para ti, el español es un idioma muy fácil, ¿verdad?
Jorge: Sí, es verdad.

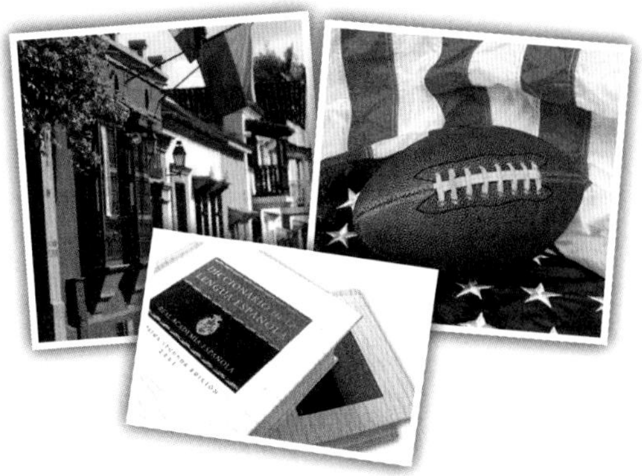

4 25 **Listen to María and Juan as they are interviewed about their preferences. Decide if they agree or disagree about the following.**

	✓	✗
a. La gente de Barcelona es abierta.		
b. El fútbol es un deporte divertido.		
c. El inglés es una lengua difícil.		
d. Una ciudad pequeña es aburrida.		
e. Es interesante leer *(to read)* todos los días.		

5 **Take turns expressing your preferences and asking your partner for his/her opinion about the following topics: *el fútbol, la comida china, la música rap, la clase de Ciencias.***

Modelo: El: Para mí / Creo que / En mi opinión, el fútbol es...

EXTENSIÓN DIGITAL **Practice what you have learned with additional materials online.**

¡ACCIÓN!

ANTES DEL VIDEO

1 **Answer the following questions.**

a. ¿Cuál es tu cantante favorito?
b. ¿Cuál es tu comida favorita?

2 **Use the images to fill in the blanks with the information requested.**

Nombre: ....
Nacionalidad: ....
Edad: ....
¿Más información? ....
....
....

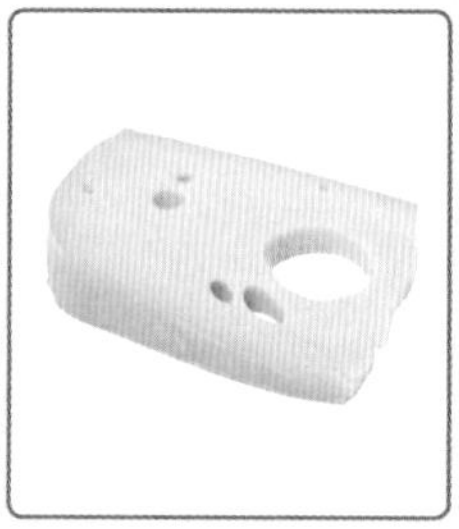

Nombre: ....
Es típico de: ....
Color: ....
¿Más información? ....
....
....

3 **Look at the images from the video and choose the correct response to the questions.**

1. ¿Por qué escribe el nombre de Shakira en un papel?

a. Para comprobar *(check)* la respuesta al final del juego.
b. Porque no puede hablar.
c. Porque tiene que escribir quién es su cantante favorito.

2. ¿Qué hacen los amigos?

a. Descansar después de clase.
b. Escuchar música de Shakira.
c. Adivinar *(guess)* el personaje secreto.

DURANTE EL VIDEO

4 **Choose the correct responses to complete the sentences.**

1. Shakira tiene...
   - **a.** ☑ más de veinte años.
   - **b.** ☐ 50 años aproximadamente.
   - **c.** ☐ menos de veinte años.

2. Shakira es de...
   - **a.** ☐ Italia.
   - **b.** ☐ México.
   - **c.** ☑ Colombia.

3. El queso es una comida típica de...
   - **a.** ☐ España.
   - **b.** ☑ Francia.
   - **c.** ☐ Colombia.

4. Es de color...
   - **a.** ☑ amarillo.
   - **b.** ☐ verde.
   - **c.** ☐ azul.

DESPUÉS DEL VIDEO

5 **Complete the chart with examples of your favorite things. Then, with a partner, take turns asking each other.**

Modelo: E1: ¿Cuál es tu cantante favorito?
E2: Es Shakira.

CANTANTE
Sam Hunt

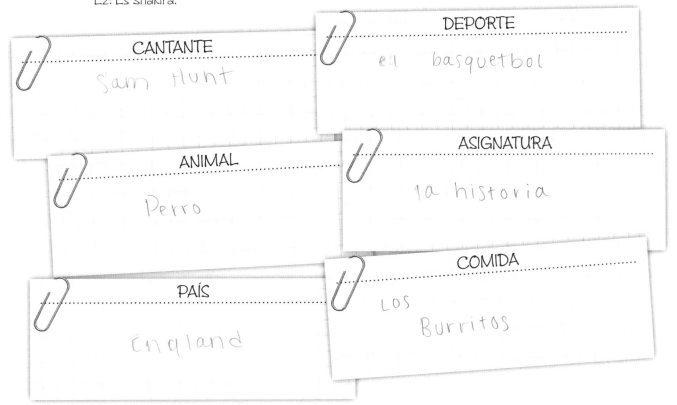

DEPORTE
el basquetbol

ANIMAL
Perro

ASIGNATURA
la historia

PAÍS
England

COMIDA
Los Burritos

EXTENSIÓN DIGITAL **Practice what you have learned with additional materials online.**

1 (26) **Listen to the names for the colors in Spanish.**

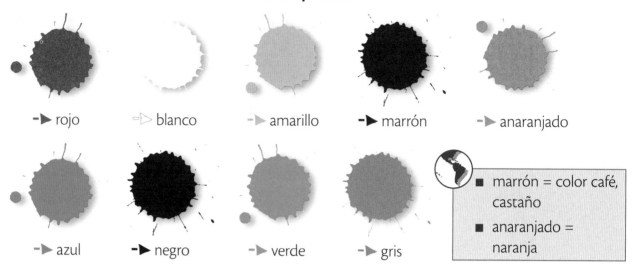

rojo | blanco | amarillo | marrón | anaranjado

azul | negro | verde | gris

- marrón = color café, castaño
- anaranjado = naranja

2 **Write the colors for each of the flags on the right. Can you name any of the countries they represent?**

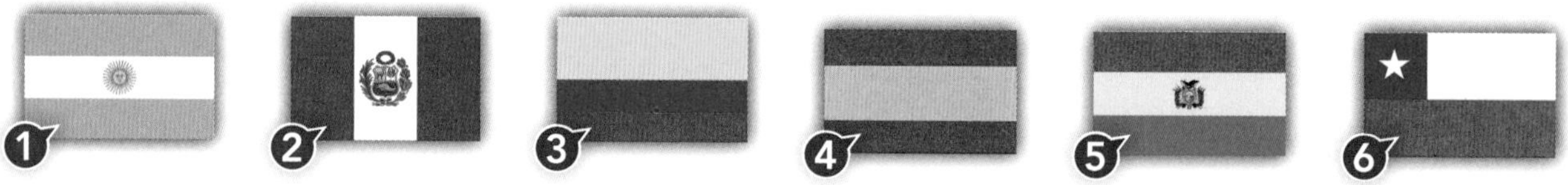

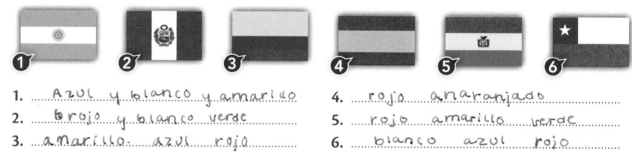

1. Azul y blanco y amarillo
2. rojo y blanco verde
3. amarillo. azul rojo
4. rojo anaranjado
5. rojo amarillo verde
6. blanco azul rojo

3 **Take turns asking each other about the images. Use the question cues provided. *¡Atención!* Remember to use the correct form of the adjectives.**

1. ¿De qué color es el gato? ¿Es grande o pequeño?
   ¿De qué color es el perro? ¿Es grande o pequeño?
   ....
2. ¿De qué color es la catedral de Granada en Nicaragua?
   ¿Es moderna o antigua? ¿Es grande o pequeña?
   ....
3. ¿De qué color son las sillas? ¿Son grandes o pequeñas?
   ¿De qué color es la mesa?
   ....
4. ¿De qué color es/son...?
   ....

1.

2.

3.

4.

- Colors in Spanish agree in number and gender with the noun.
  *La mes**a** es amarill**a**.*
  *Los cuadern**os** son amarill**os**.*

4 **Look at the names of the rooms in a house and practice saying them aloud with a partner. Then take turns asking each other about the color of each room.**

Modelo:
E1: ¿De qué color es...?
E2: Es...

a. ¿De qué color es el dormitorio?

b. ¿De qué color es el salón?

c. ¿De qué color es la cocina?

d. ¿De qué color es el cuarto de baño?

España	Hispanoamérica
■ el dormitorio = el cuarto	
■ el salón = la sala de estar	

5 27 **Listen to Elena talk about her favorite rooms and colors. Then match the room to the correct color.**

1. el salón .... •	• **a.** verde
2. la clase .... •	• **b.** amarillo
3. la cocina .... •	• **c.** blanco
4. el dormitorio .... •	• **d.** anaranjada

6 **With a partner, take turns asking and talking about the rooms in your house. Ask about colors and his/her preferences. Use the questions and expressions you learned in Comunica.**

Modelo:

¿Cuál es tu habitación favorita en casa?
Para mí, es la cocina.
¿De qué color es?
Es blanca.

7 Look at the list of words for furniture in Spanish and practice saying them aloud with a partner. Can you guess their meaning?

- el armario
- la estufa
- la cama
- el horno
- la bañera
- el lavabo
- la ducha
- la mesa
- el espejo
- la mesilla
- la estantería
- el sofá

8 28 Listen and write the words you hear under each image. Use the list above.

la ....

la ....

el armario

la ....

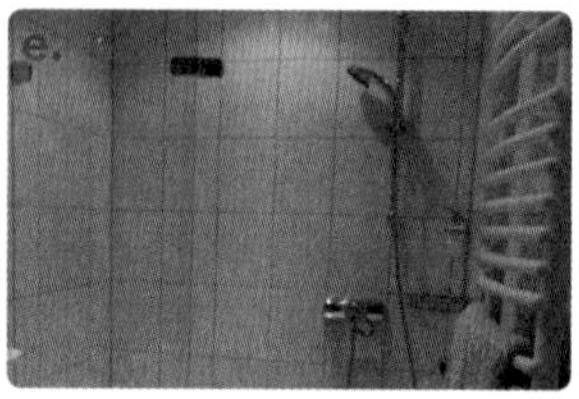

la ....

el horno

el ....

la mesa

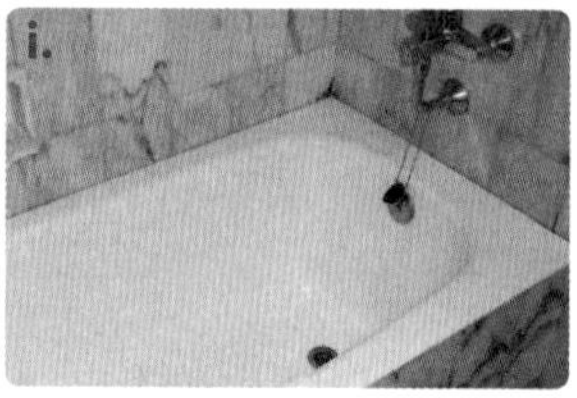

la bañera

el ....

el ....

la estantería

9 Write the names of the furniture and household items in the appropriate column below.

La cocina	El dormitorio	El cuarto de baño	El salón
....	....	....	....
....	....	....	....
....	....	....	....

10 Describe your room and the furniture in it to your partner. Include the color and size of the items. Your partner will try to recreate it on a separate piece of paper. If you don't have colored pencils, write the color of the item instead.

Modelo: Tengo un dormitorio muy bonito.
Tengo una cama azul.
Tengo mesillas y una silla anaranjada.
Tengo un armario muy grande.

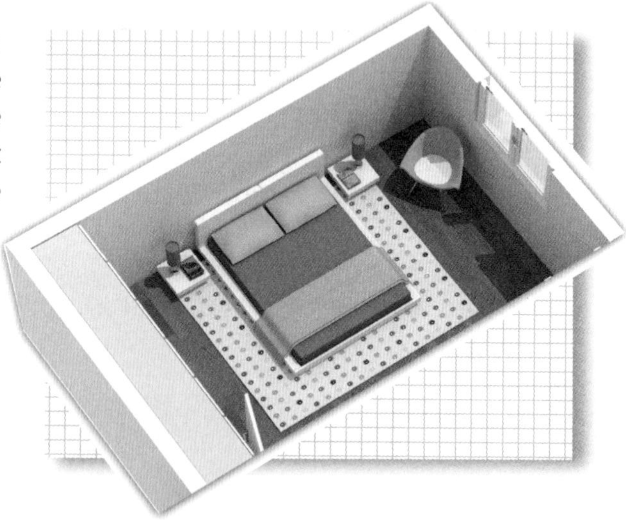

11 29 **Listen and repeat the numbers after the speaker.**

32	treinta y dos	65	sesenta y cinco	98	noventa y ocho
40	cuarenta	70	setenta	99	noventa y nueve
43	cuarenta y tres	76	setenta y seis	100	cien
50	cincuenta	80	ochenta	101	ciento uno
54	cincuenta y cuatro	87	ochenta y siete		
60	sesenta	90	noventa		

- Use **y** after the number 30. *Veintinueve, treinta, treinta* ***y*** *uno...*
- Use **cien** for one hundred (100) and **ciento** for numbers higher than one hundred. *Cien, ciento uno, ciento dos...*

12 30 **Write out the numbers you hear. Use the list above to help you.**

a. .... c. .... e. ....
b. .... d. .... f. ....

13 **Take turns with a partner asking and giving prices for the furniture and items at the yard sale below.**

Estudiante 1:
1. el armario azul
2. la silla blanca
3. el espejo pequeño

Estudiante 2:
1. la silla anaranjada
2. la mesilla blanca
3. el armario amarillo

- To talk about prices, use the following expressions:
  - **¿Cuánto cuesta** la mochila? *How much is the backpack?*
  - **Cuesta** treinta dólares. *It's costs thirty dollars.*

14 **You are looking for some inexpensive furniture for your room. With a budget of $100 to spend, ask your partner how much two items would cost at the yard sale. Negotiate to get the price you want.**

Modelo: E1: ¿Cuánto cuestan la silla blanca y el armario azul?
E2: Cuestan ciento cuarenta y tres dólares.
E1: Solo tengo cien dolares.
E2: Lo siento *(Sorry)*. / Está bien. Trato hecho *(It's a deal)*.

EXTENSIÓN DIGITAL **Practice what you have learned with additional materials online.**

GRAMÁTICA

1. GENDER, NUMBER, AND AGREEMENT OF NOUNS AND ADJECTIVES

NOUNS

- In Spanish, words that name a person, place or thing (nouns) are grouped into two genders: masculine and feminine. All nouns (both persons and objects) fall into one of these groups. Most nouns that end in **–o** are masculine, and most nouns that end in **–a** are feminine.

El** bolígraf**o *(masc.) the pen*
La** cámar**a *(fem.) the camera*

> Exceptions
> ***el*** problema, ***el*** día, ***el*** mapa, ***el*** diploma el sofá
> ***la*** mano, ***la*** radio, la foto, el agua

1 Indicate whether the following nouns are masculine or feminine.

	M	F		M	F		M	F		M	F
a. familia	▢	▢	c. chica	▢	▢	e. niño	▢	▢	g. bolígrafo	▢	▢
b. libro	▢	▢	d. queso	▢	▢	f. pizarra	▢	▢	h. mapa	▢	▢

ADJECTIVES

- Adjectives are words that describe nouns. The adjective must agree in gender (masculine or feminine) and number (singular or plural) with the noun it modifies. Look at the chart below to see how to adjectives change to show agreement with feminine nouns.

	Masculine	Feminine
Adjectives that end in **–o** change to **–a**	bonit**o**	bonit**a**
Adjectives that end in **–e**, no change	grande	grande
Adjectives that end in a consonant, no change	azul	azul
Nationalites that end in a consonant, add **–a**	español	español**a**

2 Write the feminine forms of the following adjectives.

a. horrible ➜ ....
b. divertido ➜ ....
c. pequeño ➜ ....
d. bueno ➜ ....
e. interesante ➜ ....
f. genial ➜ ....

PLURALS OF NOUNS AND ADJECTIVES

- Look at the chart below to see how plurals are formed for both nouns and adjectives.

	Nouns	Adjectives
Words that end in a vowel, add **–s**	mesa / mesa**s**	grande / grande**s**
Words that end in a consonant, add **–es**[1]	actor / actor**es**	azul / azul**es**

[1] Words that end in a **–z**, change **–z** to **–ces**: *lápiz/lápi**ces***.

3 **Write the plural forms of the following nouns.**

a. hombre ➜ ....
b. borrador ➜ ....
c. marcador ➜ ....
d. carpeta ➜ ....
e. libro ➜ ....
f. pez ➜ ....

Los lápices de colores.

AGREEMENT

- In Spanish, articles and adjectives must agree in number and gender with the nouns they modify.

Masculine	Feminine
El **carro bonito** y **azul.**	**La silla bonita** y **azul.**
Lo**s** carr**os** bonit**os** y azul**es.**	La**s** silla**s** bonit**as** y azul**es.**

4 **Complete the following sentences to show agreement with the noun.**

a. El chico es guapo. / La chica es guap........
b. La gata es bonita. / El gato es bonit........
c. Los carros son grandes. / El carro es grand........
d. La mochila es azul. / Las mochilas son azul........

2. PRESENT TENSE OF –*AR* VERBS

- Spanish has three groups of verbs which are characterized by the ending of the infinitive. The largest group of Spanish infinitives end in **–ar**. You will learn about the other two groups in Unidad 3. First look at the following infinitives in Spanish and their meaning in English.

Spanish Infinitive	English Infinitive	Spanish Infinitive	English Infinitive
amar	*to love*	escuchar	*to listen to*
bailar	*to dance*	estudiar	*to study*
caminar	*to walk*	hablar	*to speak*
cantar	*to sing*	pasear	*to go for a walk*
comprar	*to buy*	trabajar	*to work*
descansar	*to rest*	viajar	*to travel*

- In Spanish, we use a formula to conjugate verbs, that is, to show who is doing the action. To form the present tense of verbs ending in **–ar**, drop the **–ar** ending from the infinitive, and add the appropriate ending as shown in the chart below.

Subject pronouns	Infinitive HABLAR	Endings for *–ar* verbs		
yo	habl	**–o**	**hablo**	*I speak*
tú	habl	**–as**	**hablas**	*you (informal) speak*
usted				*you (formal) speak*
él	habl	**–a**	**habla**	*he speaks*
ella				*she speaks*
nosotros/as	habl	**–amos**	**hablamos**	*we speak*
vosotros/as	habl	**–áis**	**habláis**	*you (plural, Spain) speak*
ustedes				*you (plural) speak*
ellos	habl	**–an**	**hablan**	
ellas				*they speak*

5 31 **Listen to the verb forms and choose the correct subject pronoun for each verb.**

1. nosotros .... 3. .... 5. .... 7. ....
2. .... 4. .... 6. .... 8. ....

6 **Write the correct form of the infinitive in parenthesis.**

a. Yo (hablar) .... perfectamente el inglés.
b. ¿Tú (escuchar) .... música española?
c. Marta (bailar) .... flamenco.
d. Carlos y yo (caminar) .... por el parque.
e. Ustedes (cantar) .... muy bien.
f. Ellos (estudiar) .... en el instituto.

7 **Read the following text about Juan and underline all the *–ar* verbs. Then identify the infinitive the form comes from.**

Este muchacho se llama Juan, no es de aquí. Es español y estudia francés. Habla inglés muy bien. Toca la guitarra en un grupo y canta. También escucha todo tipo de música en su mp4. Su mejor amiga se llama María. Estudia en Madrid, pero viaja mucho. Ahora está en Italia. Ellos siempre pasean por el parque del Retiro los fines de semana y visitan otras ciudades.

8 **Complete the following sentences to describe what you and others do. Use the correct form of the verb. You can choose an option in parenthesis or use one of your own. Then share your answers with a partner. What do you have in common?**

1. En casa, yo (hablar) .... (mucho / español / inglés /...).
2. Yo (escuchar) .... música (en mi mp4 / mi computadora / mi teléfono celular /...).
3. Mi amigo (llamarse) .... (Bart / Paco / Jack /...).
4. Él (estudiar) .... (Matemáticas / Español / Biología /...).
5. Mi amigo y yo (pasear) .... por (el parque / la ciudad / la calle /...).

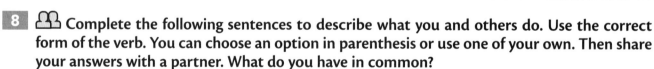

3. THE VERB *ESTAR*

- The verb **estar** also ends in **–ar**, but it is considered irregular because it does not follow the same formula as regular **–ar** verbs. Look at the forms below.

ESTAR			
yo	**estoy**	nosotros/as	**estamos**
tú	**estás**	vosotros/as	**estáis**
usted/él/ella	**está**	ustedes/ellos/ellas	**están**

- The verb **estar** is used to express where someone or something is located.
  *Yo **estoy en** clase. I'm in class.* *Juan **está en** Barcelona. Juan is in Barcelona.*

- It is also used to express how you and others are feeling.
  ¿Cómo estás? How are you? *Estoy bien. I'm fine.* *Estoy contento. I'm happy.*

- Here are some adjectives that describe how someone is feeling.

  bien *well* **contento/a** *happy* **enfermo/a** *sick* **triste** *sad*

  *Hoy estoy muy **contento** porque empiezan las vacaciones.*
  I'm very happy today because it's the start of vacation.
  *María está **enferma**. Tiene gripe. María is sick. She has the flu.*

9 **Match the people to the correct form of the verb *estar* to complete the sentences.**

1. Alberto ....e.... • • a. estás contenta.
2. Me llamo Dani y ....d.... • • b. están en España.
3. Los estudiantes ....c.... • • c. están tristes.
4. Luisa y tú ....b.... • • d. estoy en Internet.
5. Tú ....a.... • • e. está en la biblioteca.

10 **With a partner, take turns asking each other where the people in the photos are and how they are feeling. Use *Dónde está(n)* and *Cómo está(n)* in your questions. *¡Atención!* Be sure to use the correct form of the adjective when describing these people.**

COMPRENSIÓN DE VOCABULARIO

1 **Look at the drawing of Miguel's room. Then review the strategy in Destrezas and following the suggestion.**

Destrezas

Label and practice words

Label the words you know in Spanish for the furniture and objects in the drawing. Then practice saying them aloud. This will help you prepare for the questions that follow.

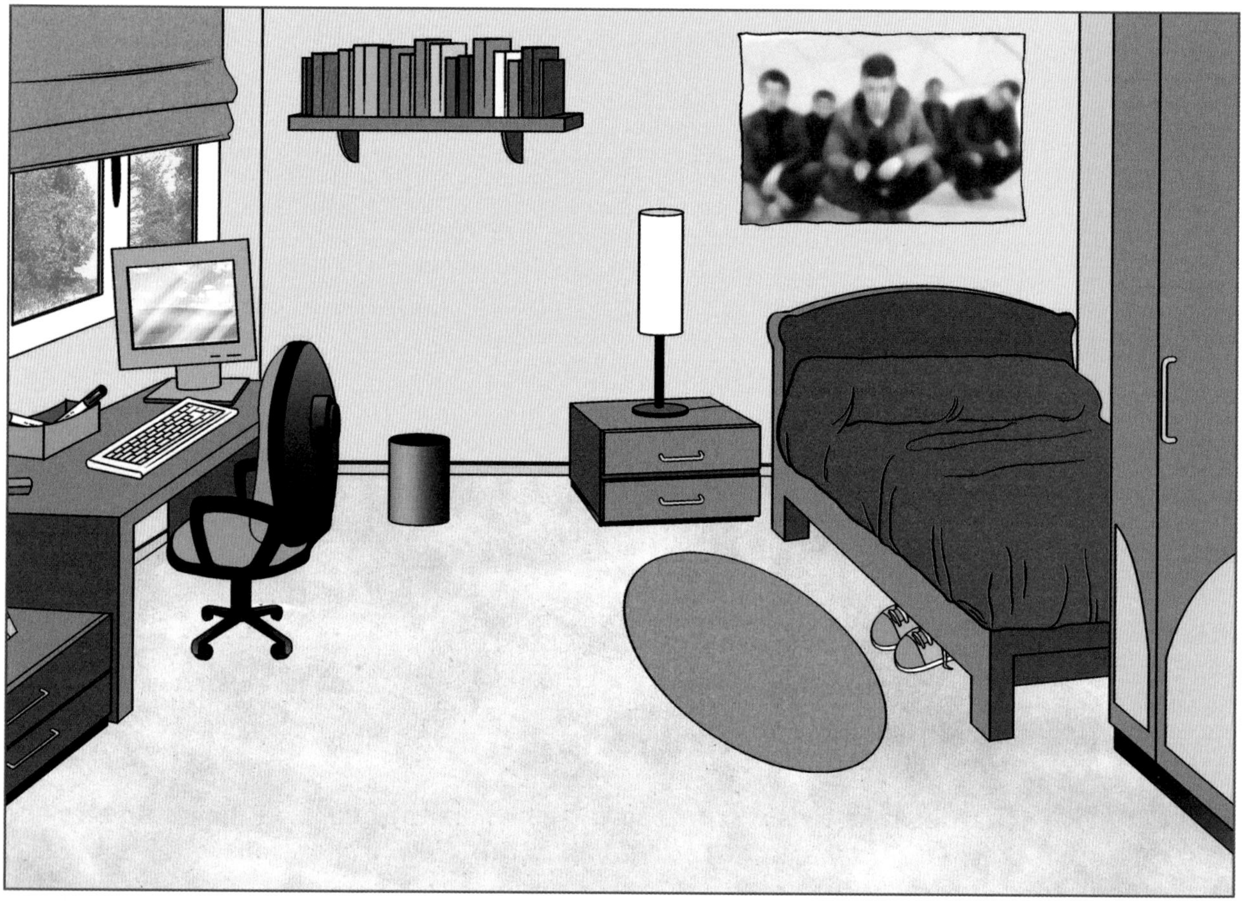

2 **Look at the items you have labeled in the drawing and write a description for each one as in the Modelo.**

Modelo: La silla es azul y negra.

....

....

....

....

....

....

....

3 **Choose the correct answer to complete each sentence.**

1. El dormitorio es...
   a. una habitación.
   b. un mueble.
   c. un sofá.
2. .... música en la computadora.
   a. Estoy
   b. Hablo
   c. Escucho
3. La cama es...
   a. rojo.
   b. roja.
   c. rojas.
4. La ... es marrón.
   a. estantería
   b. lámpara
   c. silla
5. Los bolígrafos están en...
   a. la mesa.
   b. la mesilla.
   c. la estantería.
6. Los libros .... son cuatro.
   a. verdes
   b. verdos
   c. verdas
7. .... mí, el dormitorio es grande.
   a. Por
   b. Para
   c. A
8. En el dormitorio, nosotros .... bien.
   a. estudio
   b. estudiáis
   c. estudiamos

PRONUNCIACIÓN The sounds of *h, ll, y*

1 **Read about the sounds these letter make. Then, with a partner, practice reading aloud the sentences that follow.**

Vowel	Sounds like	Examples
h	The letter **h** in Spanish is silent.	• ***H**ablo inglés.* • ***H**ola amigos.* • *A**h**ora son las tres de la tarde.* • *La enfermera está en el **h**ospital.*
ll	When used together **ll** makes the sound of the **y** in *canyon.*	• *¿Cómo te **ll**amas?* • *¿Cómo se **ll**ama usted?* • *Tengo una mesi**ll**a amari**ll**a.* • *Vivo en la ca**ll**e Vi**ll**anueva.*
y	The letter **y** in Spanish is similar to the sound of **ll** or the English *y* in *yet.* When it stands alone to mean *and* or when it comes at the end of a word, **y** is pronounced like *ee* in the English *see.*	• ***Y**olanda tiene treinta **y** dos años.* • *Ho**y** es el treinta **y** uno de ma**y**o.* • *Ma**y**a **y** **y**o somos amigos.* • *Esto**y** bien, ¿**y** tú?*

EXTENSIÓN DIGITAL

Practice what you have learned with additional materials online.

VIVIR EN ESPAÑA

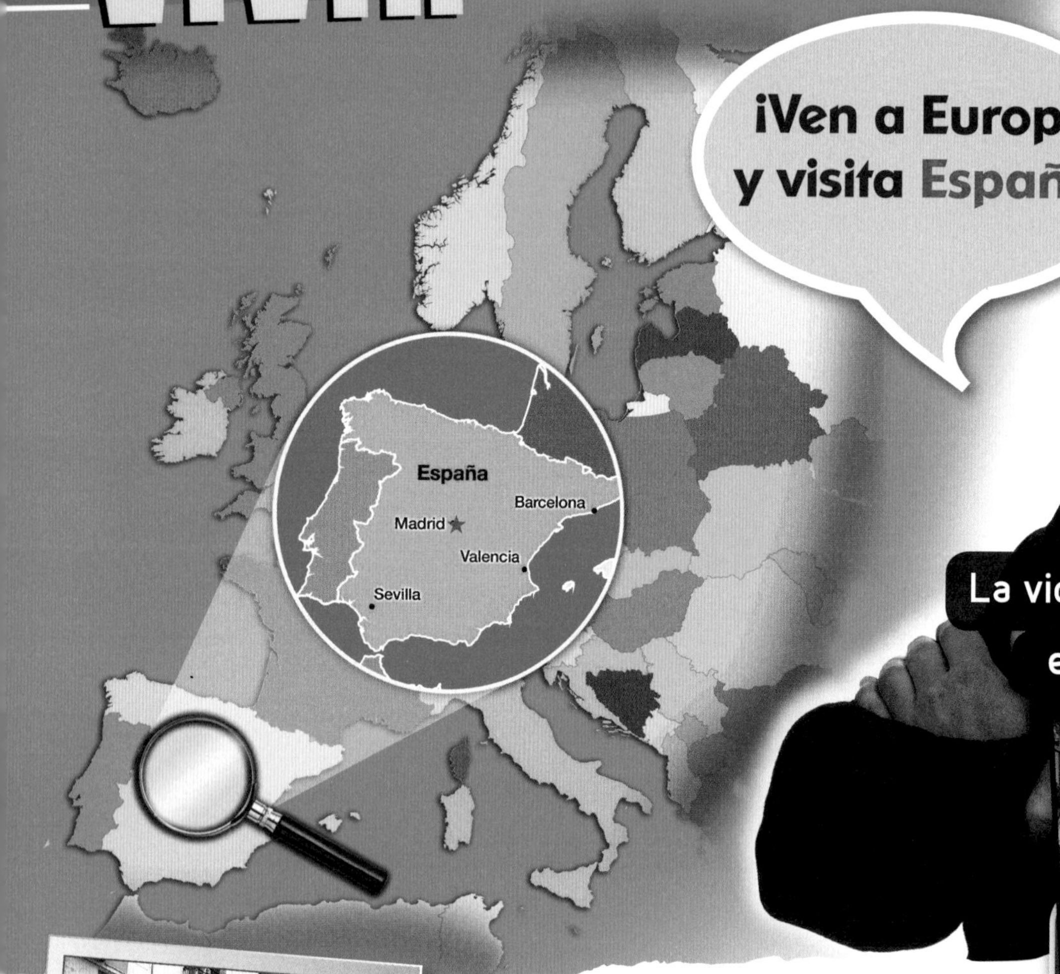

La vida en este país europec
es muy interesante...

El patio de una casa españolc

- En España hay muchos tipos dɛ viviendas *(housing)*. Por ejemplc pisos o apartamentos, chalets (con jardín) y casas tradicionale: un gran patio.
- El 78% de la gente española vi en ciudades. El 22% vive en zor rurales.

Para los españoles, es importar ser el propietario *(owner)* de su El 80% de ellos prefiere compro casa antes que alquilar *(rent)*.

Pisos tradicionales en el centro de Madrid.

Un chalet en Marbella.

Apartamentos modernos en Barcelona.

¿Sabes que...?

- En España viven más de 47 millones de personas.
- Las dos ciudades españolas más importantes son Madrid, la capital, y Barcelona.
- España es el lugar más popular del mundo para ir de vacaciones: ¡58 millones de turistas la visitan cada año!
- Además del cumpleaños, los españoles celebran el día de su santo *(saint's day)*, según la tradición católica. Por ejemplo, si te llamas Juan, celebras tu santo el 24 de junio.
- España es uno de los países con más energía renovable *(renewable)* de Europa. ¡Es un país «verde»!

32 Una casa famosa

Hola! Mi nombre es Lidia y soy de Barcelona. Me ıcanta vivir en mi ciudad: es bonita, cosmopolita moderna. Yo vivo en un piso en el centro: es viejo, ero la decoración y los muebles son modernos.

ıi edificio favorito en Barcelona es la Casa ıilà, o La Pedrera. Está en el Paseo de Gracia, úmero 92. Es un famoso edificio del arquitecto ntonio Gaudí, inspirado en la naturaleza *(nature)*. e gustan mucho los balcones de la casa porque son originales. También me encanta la azotea *(roof terrace)*: allí hay muchas columnas y una vista *(view)* bonita de la ciudad. En La Pedrera viven varias familias... ¡Qué suerte tienen!».

La Pedrera, en Barcelona, y su azotea.

El pueblo más bonito

pueblo *(town)* de Priego de Córdoba está ı Andalucía, una región en el sur de España. egún *(According to)* una encuesta del periódico BC, es el pueblo más bonito de España.

s un lugar con mucha historia y sitios ıteresantes. Por ejemplo, la calle Real es una alle pequeña, de piedra *(cobblestones)*, con asas de color blanco. En primavera *(spring)*, la gente decora sus casas con plantas y flores.

Una calle con plantas en Priego de Córdoba.

Fuentes: abc.es, Banco Mundial, fotocasa.es, *El País*, Ministerio de Industria, Energía y Turismo, Europapress, INJUVE.

Vivir en familia

- En España, muchos jóvenes españoles menores de *(younger than)* 30 años viven con sus padres *(parents)*. Solo el 20% es independiente.
- Los motivos son una combinación de tradición y economía. La familia es muy importante en la cultura española, pero, además, muchos jóvenes no tienen trabajo y no pueden alquilar una casa.
- Los jóvenes españoles dicen *(say)* que la familia y los amigos son las cosas más importantes en su vida.
- Vivir con los padres hasta los 30 años también es normal en muchos países latinoamericanos.

La familia es muy importante para los jóvenes españoles.

Decide if the information in the sentence is true (T), false (F) or the information was not presented (N/P).

1. La azotea está en la parte de arriba de un edificio. T ◯ F ◯ N/P ◯
2. Es normal vivir con la familia a los 40 años. T ◯ F ◯ N/P ◯
3. Lidia vive en un piso viejo. T ◯ F ◯ N/P ◯
4. La Pedrera está en Barcelona. T ◯ F ◯ N/P ◯
5. La calle Real de Priego es una calle principal muy larga. T ◯ F ◯ N/P ◯

Match each question with the correct answer.

1. ¿Qué tipo de viviendas hay en España?
2. ¿Cuántos turistas visitan España cada año?
3. ¿Por qué muchos jóvenes viven con sus padres?
4. ¿Dónde está La Pedrera?
5. ¿De qué color son las casas de la calle Real de Priego?

a. Porque es una tradición y por motivos económicos.
b. De color blanco.
c. Hay pisos o apartamentos, casas y chalets.
d. Más de 58 millones.
e. En el Paseo de Gracia, en Barcelona.

RELATO Los problemas de Raquel

1 **Write the infinitive in Spanish for the verbs below.**

a. bailo ➡ ....
b. habla ➡ ....
c. amas ➡ ....
d. escuchan ➡ ....
e. pregunta ➡ ....
f. descansas ➡ ....
g. cantáis ➡ ....
h. estamos ➡ ....
i. compran ➡ ....
j. tengo ➡ ....

2 🎧 33 **Read the text below about Raquel and the problems she is having at home and at school. As you read, fill in the blanks with the word for one of the images below that fits the context. *¡Atención!* The images are not in the order in which they will appear in the reading.**

Los problemas de Raquel

Yo (1) .... todos los días en la terraza de mi casa. Para mí, Shakira es la mejor cantante y me gusta bailar con su música. Quiero ser cantante y bailarina. Compro todos los discos nuevos de mis cantantes favoritos y bailo y canto cuando vuelvo *(return)* de la escuela.

Mi vecino *(neighbor)*, que es muy antipático, habla con mi madre: "¡Señora, Raquel hace mucho ruido *(noise)*! ¡Baila todo el día y es imposible descansar!". Mi madre escucha atentamente y luego habla conmigo: "¡Raquel, prohibido bailar en la terraza!". Para mí, mi vecino es horrible. ¡Ya tengo (2) .... años! ¡Soy de Sevilla y amo la música!

Mis colores favoritos son el azul y el rojo. Seguro que el color preferido de mi vecino es el negro.

La (3) .... me pregunta: "Raquel, ¿de dónde es Cristobal Colón?", pero yo escucho mi mp4 y no respondo a la pregunta. La profesora habla con mi madre: "Raquel escucha todo el día el mp4 en clase". Seguro que el color preferido de mi profesora es el (4) ....

No puedo *(can't)* escuchar el (5) .... en clase porque la profesora habla con mi madre.

No puedo bailar en el salón porque el (6) .... es amarillo y hay una lámpara.

No puedo bailar en el (7) .... porque es blanco.

No puedo bailar en la (8) .... porque mi vecino habla con mi madre.

¡Tengo muchos problemas!

3 **Indicate whether each sentence is true (T) or false (F).**

	T	F
a. Raquel es española.	☐	☐
b. Raquel tiene 15 años.	☐	☐
c. El color preferido de la profesora de Raquel es el rojo.	☐	☐
d. El salón de Raquel es blanco.	☐	☐
e. El sofá de Raquel es amarillo.	☐	☐
f. Raquel escucha a la profesora.	☐	☐

4 **Select the questions for Estudiante 1 or Estudiante 2 and answer write out your answers. Then ask your partner the same questions to check your answers. Your partner will do the same with his/her questions.**

Question words

- **cómo** → ¿***Cómo*** *te llamas?*
- **cuál** → ¿***Cuál*** *es tu color favorito?*
- **cuánto** → ¿***Cuánto*** *cuesta?*
- **cuántos** → ¿***Cuántos*** *años tienes?*
- **de dónde** → ¿***De dónde*** *eres?*
- **dónde** → ¿***Dónde*** *vives?*
- **por qué** → ¿***Por qué*** *estás triste?* (why)
- **qué** → ¿***Qué*** *haces?*

Estudiante 1

a. ¿De dónde es Raquel?
b. ¿Cuántos años tiene?
c. ¿Qué quiere ser de mayor?

Estudiante 2

a. ¿Qué hace Raquel cuando vuelve de la escuela?
b. ¿Por qué cree que su vecino es antipático?
c. ¿Por qué la profesora habla con su madre?

5 **Read the following conversations and write the names of the person who probably said them. Then take turns role-playing.**

» .... ¡Prohibido bailar en la terraza!
» ....pero mamá... Amo bailar.
» .... ¡Basta de ruidos! ¡Esto es horrible!
» ....pero señor García. Usted no es moderno...
» .... ¡Voy ahora mismo a hablar con tu madre!

6 **Make a list of the things you can't do at home or in class. Use the expression *No puedo* + infinitive.**

No puedo ver la televisión porque mis padres protestan..............................
....
....
....
....
....

EVALUACIÓN

EXPRESSING PREFERENCES AND OPINIONS

1 Match the first two columns to express preferences. Then choose a statement from the last column to express an opinion about the preference.

1. Para mí, el sofá...........
2. Shakira ....
3. Creo que la cocina....
4. Para mí, el rojo...........

- a. es mi cantante favorita.
- b. es mi color favorito.
- c. es el lugar importante en la casa.
- d. es un mueble fantástico.

- No es verdad. El dormitorio es mi favorito.
- Para mí, también.
- Creo que Julieta Venegas canta mejor.
- Para mí, el color azul.

LA CASA, LOS MUEBLES Y LOS COLORES

2 Look at the images below and write the name in Spanish of the room it represents.

a.

b.

c.

d.

....

3 Use the images above to answer the following questions.

a. ¿De qué color es la cama? ➔ ....
b. ¿De qué color es la mesa del salón? ➔ ....
c. ¿Cómo se llama la habitación donde está la cama? ➔ ....
d. ¿Cómo se llama la habitación donde está la ducha? ➔ ....

4 Select the word that does not belong in the series.

a. dormitorio / salón / lavabo / cocina / terraza ➔ ....
b. estufa / ducha / bañera / lavabo / espejo ➔ ....
c. negro / amarillo / verde / grande / azul ➔ ....

LOS NÚMEROS

5 Fill in the missing words to complete the numbers in Spanish.

a. **32** ➔ treinta y ....
b. **25** ➔ .... cinco.
c. **58** ➔ .... y ocho.
d. **48** ➔ cuarenta y ....
e. **89** ➔ ochenta y ....
f. **91** ➔ .... y uno.

GENDER, NUMBER, AND AGREEMENT OF NOUNS AND ADJECTIVES

6 Choose the correct response from the options.

a. El armario es **blanca / blanco**.
b. **El / Los** espejo es muy grande.
c. El dormitorio de Carmen es **rojo / roja**.
d. **La / El sofá** está en el salón.
e. La cocina es **verde / verdes**.
f. El cuarto de baño es **pequeño / pequeños**.
g. **El / La** salón tiene muebles **modernos / modernas**.
h. ¿Cuál es tu color **favorito / favorita**?
i. El baño es **grande / grandes**.

PRESENT TENSE OF –*AR* VERBS AND *ESTAR*

7 List the verbs under the correct subject pronoun according to the form.

hablas o escucho o camina o compran o visitas o terminamos o bailo o me llamo

yo	tú	usted/él/ella	nosotros/as	ustedes/ellos/ellas

8 Fill in the blanks with the correct form of the verb in parenthesis.

a. Pedro (bailar) ...a... muy bien.
b. Paola y Marta (comprar) ...án... mochilas rojas.
c. Yo (escuchar) ...o... la radio por la noche.
d. Valencia (estar) ...a... en España.
e. Ustedes (visitar) ...an... a su antiguo profesor.
f. Tú (hablar) ...as... mucho.
g. Lucía (estar) ...a... en la escuela.
h. Nosotros (estar) ...amos... contentos.

CULTURA

9 Answer the following questions about Spain and compare similarities with your own country or region.

a. ¿Qúe es La Pedrera? ¿De quién es? ¿Cuál es el edificio más *(most)* espectacular de tu ciudad o región?
b. ¿Qué dicen *(say)* los jóvenes españoles de su familia y amigos? ¿Es verdad para ti también?
c. ¿Qué tipo de viviendas hay en España? ¿En qué tipo de casa vives tú?
d. ¿Qué celebran los españoles además de *(in addition to)* su cumpleaños? ¿Qué celebras tú?
e. ¿Por qué es España un país "verde"? ¿Piensas que tu país o región es "verde"?

EXTENSIÓN DIGITAL Practice what you have learned with additional materials online.

EN RESUMEN: Vocabulario

Los lugares *Places*

la ciudad *city*

la escuela *school*
el parque *park*

Los deportes *Sports*

el baloncesto / el básquetbol *basketball*
el béisbol *baseball*
el fútbol *soccer*
el fútbol americano *football*
el golf *golf*
el tenis *tennis*
el vóleibol *volleyball*

Las asignaturas *School subjects*

Arte *art*
Artes y letras *arts and humanities*
Biología *biology*
Ciencias *science*
Educación Física *physical education*
Español *Spanish*
Geografía *geography*
Historia *history*
Informática *computer science*
Matemáticas *math*
Música *music*

Descripciones *Descriptions*

aburrido/a *boring*
bonito/a *beautiful, pretty*
difícil *difficult*
divertido/a *funny*
fácil *easy*
fantástico/a *fantastic*
favorito/a *favorite*
genial *great*
grande *big*
guapo/a *handsome / pretty*
importante *important*
interesante *interesting*
pequeño/a *small*

Los colores *Colors*

amarillo *yellow*

anaranjado / naranja *orange*
azul *blue*
blanco *white*
gris *grey*
marrón *brown*
negro *black*
rojo *red*
verde *green*

La casa y los muebles

el armario *closet*
la bañera *bathtub*
la cama *bed*
el cuarto de baño *bathroom*
el dormitorio *bedroom*

la ducha *shower*
el espejo *mirror*
la estantería *shelf*
la estufa *stove*
la habitación *room*
el horno *oven*
el lavabo *sink*
la mesa *table*
la mesilla *bedside table*
el sofá *sofa*
el salón *living room*

Verbos *Verbs*

amar *to love*
bailar *to dance*
caminar *to walk*
cantar *to sing*
comprar *to buy*
descansar *to rest*
escuchar *to listen*
estar *to be*
estar bien *to be fine*
estar contento/a *to be happy*

estar enfermo/a *to be sick*
estar triste *to be sad*
estudiar *to study*
hablar *to speak*
pasear *to stroll*
trabajar *to work*
viajar *to travel*

Interrogativos *Questions words*

cómo *how*
cuál *which one*
cuánto *how much*
cuántos *how many*
de dónde *from where*
dónde *where*
por qué *why*
qué *what*

Palabras y expresiones útiles *Useful words and expressions*

Creo que... *I believe that...*
¿Cuánto cuesta? *How much does it cost?*
En mi opinion... *In my opinion...*
Para mí, ti, él... *For me, you, him,...*
Pienso que... *I think that...*
el animal *animal*
la cámara *camera*
la comida *food, meal*
el gato *cat*

GENDER, NUMBER, AND AGREEMENT OF NOUNS AND ADJECTIVES

(See page 72)

Singular	
Masculine	**Feminine**
–o	**–a**
el bolígraf**o**	**la** cámar**a**

Plural		
Masculine/Feminine		
Termina en vocal: **+s** *Ends in a vowel: +s*	Termina en consonante: **+es** *Ends in a consonant: +es*	Termina en z: **+ces** *End in a z: -ces*
mesa / mesas	actor / actor**es**	lápiz / lápi**ces**

Feminine forms of adjectives

- Adjectives that end in **–o** change to **–a**: *blanc**o** / blanc**a***.
- Adjectives that end in **–e**, no change: *elegante*.
- Adjectives that end in a consonant, no change: *fácil*.
- Nationalites that end in a consonant, add **–a**: *franc**és** / franc**esa***.

Plural forms of nouns and adjectives

- Words that end in a vowel, add **–s**: *moren**o** / moreno**s***.
- Words that end in a consonant, add **–es**: *jove**n** / jóven**es***.

AGREEMENT

(See page 73)

Singular			
Masculine	**Feminine**	**Masculine/Feminine**	
–o	**–a**	**–e**	**–consonante**
el carro bonito	**la silla** bonita	**el carro** grande	**el carro** azul
		la silla grande	**la silla** azul
Plural			
los carros bonitos	**las sillas** bonitas	**los carros** grandes	**los carros** azules
		las sillas grandes	**las sillas** azules

PRESENT TENSE OF *-AR* VERBS AND *ESTAR*

(See pages 73-75)

	HABLAR	ESTAR (irregular)
yo	habl**o**	**estoy**
tú	habl**as**	**estás**
usted/él/ella	habl**a**	**está**
nosotros/as	habl**amos**	**estamos**
vosotros/as	habl**áis**	**estáis**
ustedes/ellos/ellas	habl**an**	**están**

AHORA COMPRUEBA

1 **José Sol is a "famous" singer. Fill in the blanks with words from the list to learn more about him.**

divertidas ○ para ○ cantante ○ tengo ○ soy ○ negra ○ es ○ llamo ○ tengo ○ favorita

Me .... José Sol. Soy ...., canto canciones románticas y .... Pienso que mis canciones son fantásticas. .... mí, cantar .... genial. .... español, de Toledo. .... veinte años. .... dos guitarras, una .... y una azul. La guitarra azul es mi ....

2 34 **Listen to an interview with José Sol on the radio. Then answer the questions.**

a. ¿Cuál es su canción favorita?
b. ¿Cuál es su ciudad favorita?
c. ¿Dónde vive ahora José?
d. ¿Cómo es su casa?
e. ¿Cuántas habitaciones tiene?
f. ¿Dónde escribe sus canciones?

a. ....
b. ....
c. ....
d. ....
e. ....
f. ....

3 **Read José Sol's answers to the reporter's questions and decide where the answers should go in the interview on the next page. Write the correct numbers on the blanks.**

Respuestas de José Sol

1. No, no, ahora vivo en Madrid, en una casa muy grande, con cuatro dormitorios, dos cocinas, tres cuartos de baño y un salón.
2. Mi canción favorita es *La canción de los colores*. Es mi nueva canción.
3. Pienso que Madrid es genial, pero para mí, Toledo es mi ciudad favorita. Yo soy de Toledo y me gusta cantar allí.
4. Creo que el salón. En el salón escribo mis canciones.
5. Igualmente.
6. Gracias a vosotros, adiós.
7. Hola, buenos días.

Periodista: Tenemos con nosotros al famoso cantante José Sol. Buenos días, José.
José Sol: ....7..........
Periodista: Encantado de conocerte, es un placer para mí.
José Sol: ....☐..........
Periodista: De todas tus canciones, ¿cuál es tu canción favorita?
José Sol: ....☐..........
Periodista: Has cantado en muchas ciudades. Pero, ¿cuál es tu ciudad favorita?
José Sol: ....☐..........
Periodista: ¿Dónde vives? ¿En Toledo?
José Sol: ....☐..........
Periodista: Increíble. ¿Cuál es tu habitación favorita?
José Sol: ....☐..........
Periodista: Muchas gracias por la entrevista y hasta pronto.
José Sol: ....☐..........

4 **With a partner, prepare a similar interview between a "famous" singer and a reporter. Use the interview with José Sol as a model.**

5 **José Sol sings in all these countries, represented here with their flags. Write the colors of each flag.**

....

....

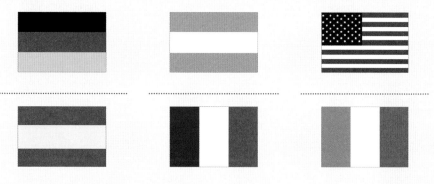

6 **Here is an excerpt from one of José Sol's songs, *La canción de los colores*. Fill in the missing words using the images to complete the song.**

La .... es verde, el .... es verde
Oh, oh, oh
La .... es roja, el .... es rojo
Oh, oh, oh
El .... es azul, la .... es azul
Oh, oh, oh.

UNIDAD 3

¡MI FAMILIA ES MUY SIMPÁTICA!

- ¿Cómo celebras tu cumpleaños?
- ¿Tienes una fiesta de cumpleaños en casa?
- ¿Invitas a tus amigos y familia?

La familia celebra la fiesta de los quince años en San Miguel de Allende, México.

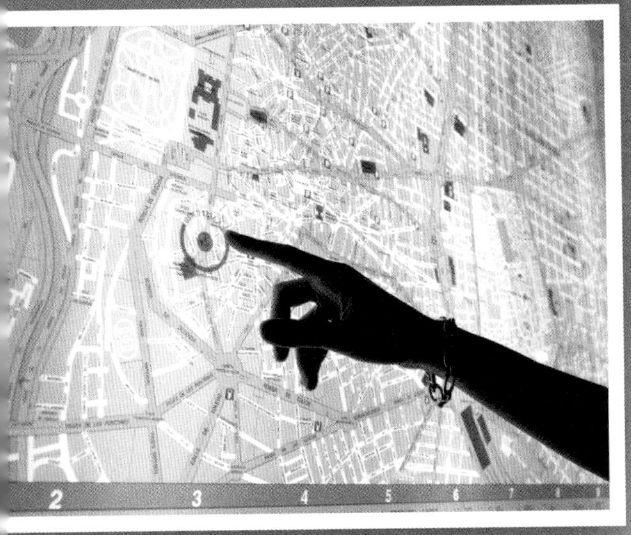

In this unit, you will learn to:

- Describe family members
- Describe physical characteristics
- Describe personality traits and physical conditions
- Ask and say what people are like
- Express possession
- Talk about clothes

Using

- *-er* and *-ir* verbs
- Possessive adjectives
- Demonstrative adjectives

Cultural Connections

- Connect information about Hispanic families and celebrations, and compare cultural similarities

SABOR HISPANO

La familia mexicana

- México

¡ACCIÓN!

HABLAMOS DE... La familia de Nicolás

1 **Look at the image of Nicolás and his family and select the sentences that are true.**

a. ☐ Esta es la familia de Nicolás.
b. ☐ Aparecen cuatro personas.
c. ☐ Puedes ver una chica joven y un chico joven.
d. ☐ Puedes ver un chico joven y un niño.
e. ☐ El niño tiene más de catorce años.
f. ☐ El niño tiene menos de catorce años.
g. ☐ El señor y la señora son los padres de Nicolás.
h. ☐ El señor y la señora son los abuelos de Nicolás.

2 35 **Listen to the following conversation and indicate if the statements are true (T) or false (F).**

Nicolás: Mira, María, mi familia.
María: ¿Quién es ese hombre?
Nicolás: Es mi padre. Y ella es mi madre. Es morena, igual que todos nosotros.
María: Sí, es verdad. Tu padre es muy alto, ¿no?
Nicolás: Sí, y es calvo…
María: ¿Tu hermano es este que lleva pantalón marrón? Es muy guapo.
Nicolás: Sí, y también es muy simpático.
María: ¿Cuántos años tiene?
Nicolás: Es mi hermano pequeño. Tiene 8 años.
María: Tiene el pelo rizado como tú. Ustedes son muy parecidos.
Nicolás: Sí, es cierto. Y tú, ¿cuántos hermanos tienes?
María: No tengo hermanos. Soy hija única.

	T	F
a. La madre de Nicolás es rubia.	☐	☐
b. El padre de Nicolás es bajo.	☐	☐
c. El hermano de Nicolás es muy guapo y simpático.	☐	☐
d. El hermano de Nicolás es pequeño y tiene el pelo rizado.	☐	☐
e. María tiene un hermano mayor.	☐	☐

3 35 **Listen to the conversation again and repeat.**

4 **Look at the pictures and read the information.**

Es rubia, tiene los ojos azules y el pelo largo y liso. Es antipática.

Es morena, delgada y tiene los ojos negros.

Es pelirroja y tiene el pelo largo y rizado. Es joven.

Es moreno y simpático. Tiene el pelo corto.

Es mayor, es gordo y tiene el pelo blanco. Lleva una camisa verde.

Es calvo. Tiene los ojos verdes. No lleva barba.

5 **Select the correct option in these sentences.**

a. Mi hermano **lleva** / **es** una camisa azul.
b. Mi hermana es **rubia** / **azules** y tiene el pelo **liso** / **joven**.
c. Mi padre no tiene pelo. **Es calvo** / **Tiene el pelo liso**.
d. Ese señor tiene setenta años. Es **mayor** / **joven**.
e. Mi madre **tiene** / **es** los ojos negros.

6 **Work with a partner. Take turns describing each other.**

Modelo: Mi compañera es alta. Tiene el pelo largo. Es morena. Lleva jeans.

Trés personas en
ellos familia.
Los padres de él.
la familia es
simpatica.

DESCRIBING PHYSICAL CHARACTERISTICS

¿Cómo es?

Es...	Tiene los ojos...	Tiene / Lleva el pelo *(hair)*...
fuerte *strong*	oscuros *dark*	rubio/a *blond*
delgado/a-gordo/a *thin/overweight*	claros *light*	moreno/a *dark brown*
alto/a-bajo/a *tall/short*	grandes *big*	castaño/a *light brown*
feo/a *unattractive*	pequeños *little*	pelirrojo/a *red*
guapo/a *attractive*	azules *blue*	liso *straight*
joven *young*	verdes *green*	rizado *curly*
mayor *old*	negros *black*	largo *long*
calvo *bald*	marrones *brown*	corto *short*

Tiene la boca/la nariz...
grande *big*
pequeña *small*

Lleva	
bigote *mustache*	gafas *glasses*
barba *beard*	una camisa blanca *a white shirt*

- If you are describing a characteristic that may be perceived as negative, use **un poco** before the adjective.
  Es guapo pero es ***un poco*** *bajo. He's very attractive but he's a little short.*

1 **In pairs, describe a mutual friend or another student in class. Use the following expressions to talk about his/her characteristics: *Es..., Tiene el pelo..., Tiene los ojos...***

Modelo: E1: ¿Cómo es Mary?
E2: Tiene el pelo negro, los ojos...

2 36 **Listen to the descriptions and identify the person being described.**

a.

b.

c.
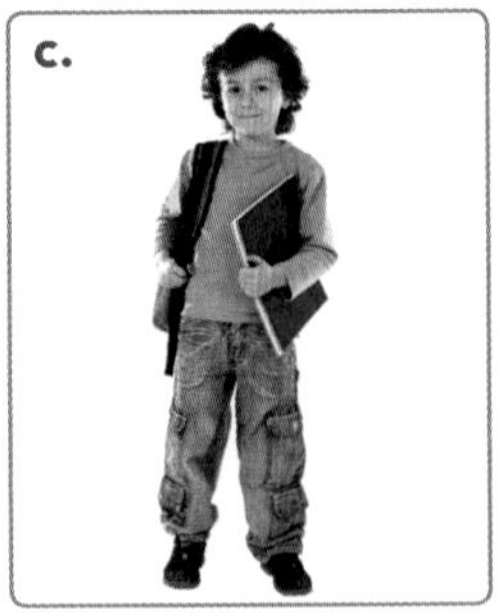
d.
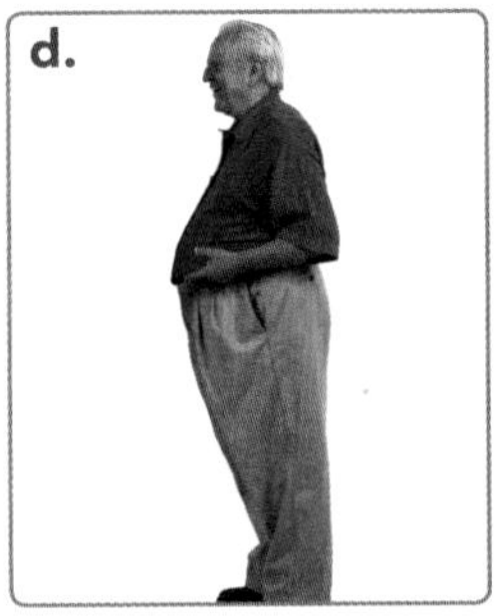

3 **Let's play. In groups of three, take turns describing one of the people below to see which of you guesses correctly in the shortest amount of time.**

a.

b.

c.

d.

DESCRIBING PERSONALITY TRAITS AND PHYSICAL CONDITIONS

- Use the verb **ser** to describe a person's characteristics.
  *Nuria **es** inteligente. Nuria is intelligent.*
  *Marta **es** una chica muy amable. Marta is a very nice girl.*

> ! Remember, if you are describing a personality trait that may be perceived as negative, use **un poco** before the adjective.
> *Jaime es **un poco** vago. Jaime is a little lazy.*

SER	TENER
soy	tengo
eres	tienes
es	tiene
somos	tenemos
sois	tenéis
son	tienen

- Use **tener** to describe a person's physical condition.
  *Nicolás **tiene** calor. Nicolás is warm.*

- Here is a list of adjectives and expressions that describe personality traits and physical conditions:

SER
simpático/a ≠ antipático/a *likeable ≠ disagreeable*
divertido/a ≠ aburrido/a *fun ≠ boring*
trabajador/a ≠ vago/a *hard-working ≠ lazy*
abierto/a ≠ tímido/a *outgoing ≠ shy*
amable ≠ maleducado/a *polite ≠ rude*
hablador/a *talkative*
inteligente *intelligent*

TENER
Tener hambre *to be hungry*
Tener sed *to be thirsty*
Tener calor *to be warm*
Tener frío *to be cold*
Tener sueño *to be sleepy*

4 37 **Listen to the conversations and fill in the missing words. Then practice the conversations with a partner.**

a. **Nuria:** Mi amiga Marta tiene ....
   Luis: ¿Por qué?
   Nuria: Porque no lleva ....

b. **Alberto:** El profesor de Lengua es muy ....
   Luis: Sí, es verdad, y también es muy .... en clase.

c. **Juanjo:** Mi novia es divertida, ..., inteligente...
   Carlos: ¿No tiene defectos?
   Juanjo: Bueno, sí, es un poco ....

Marta

5 **With a partner, take turns describing what your friend is like.**

Modelo: E1: ¿Cómo es tu amigo?
E2: Es...

EXTENSIÓN DIGITAL **Practice what you have learned with additional materials online.**

¡ACCIÓN!

ANTES DEL VIDEO

1 **With a partner, take turns asking each other the following questions.**

a. ¿Cómo es tu familia?

b. ¿Cuántas personas hay en tu familia?

c. ¿Cómo se llaman?

d. ¿Se reúnen con frecuencia?

2 **Look at the images and answer the questions.**

a. ¿Qué crees que hace Rigo? ¿Por qué?

b. ¿De qué hablan Rigo y María? ¿Crees que hablan de la tarea, de un programa de televisión o de otra cosa?

c. ¿Cómo son los dos chicos? ¿Qué relación tienen? ¿Son amigos? ¿Son hermanos?

DURANTE EL VIDEO

3 **As you watch the video, find out who the following people are and match them to the correct person.**

a. ☐ su tío Marcos
b. ☐ su madre
c. ☐ su padre
d. ☐ su prima Lucía
e. ☐ su primo Antonio
f. ☐ su hermano Jorge
g. ☐ su primo pequeño Diego
h. ☐ su tía Ana

DESPUÉS DEL VIDEO

4 **Indicate if the following sentences are true (T) or false (F).**

	T	F
a. Rigo busca datos en una web sobre el número de hijos más frecuente en China.	☐	☐
b. En España ahora las familias tienen cuatro hijos.	☐	☐
c. María le muestra las fotos en su Twitter.	☐	☐
d. La madre de María tiene tres hermanos.	☐	☐
e. El padre de María es alto y no lleva gafas.	☐	☐
f. Su tía es morena, tiene el pelo largo y es un poco gordita.	☐	☐
g. Su tía Marta tiene una hija.	☐	☐

5 **Place the names of the following people in María's family in the correct spots to create a family tree on her mother's side.**

su hermano Jorge • su prima Lucía • su tío Nacho • su primo pequeño Diego
su tía Ana • su primo Antonio • su tío Marcos

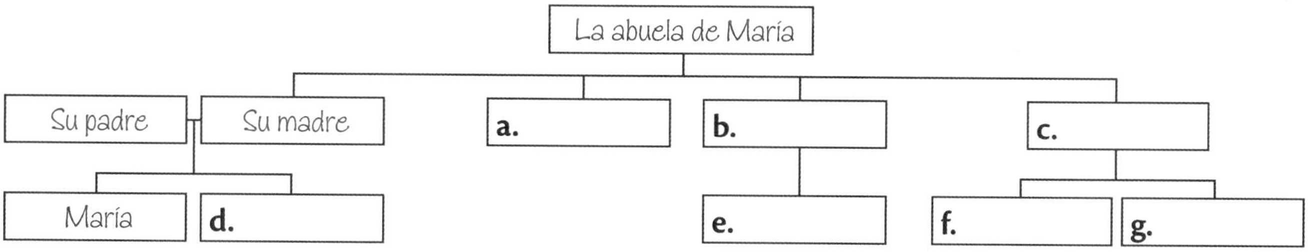

Practice what you have learned with additional materials online.

1 38 **Look at the drawing of Jaime's family. Follow along as you listen to the description of who everyone is.**

- España:
  - papá = padre
  - mamá = madre
  - esposo = marido
  - esposa = mujer

La familia de Jaime no es muy grande. Su papá se llama Francisco Arnal y su mamá, Rosa Sabater. Francisco y Rosa son esposo y esposa. Tienen tres hijos: la mayor es Carmen que tiene 16 años, Jaime, su hermano, tiene 12 años, y Daniela, la hermana pequeña tiene 8 años. El padre de Francisco se llama Juan, y su madre, Ester. Juan y Ester son los abuelos de Carmen, Jaime y Daniela. Jaime y sus hermanos son los nietos de Juan y Ester y los sobrinos de Pilar, su tía, la hermana de Francisco. Pilar está casada con Pablo y tienen dos hijos: María y Luis. María y Luis son los primos de Jaime y de sus hermanas.

2 Complete the sentences using the information from the reading.

a. Francisco es el .... de Rosa.
b. El .... de Jaime se llama Francisco.
c. Daniela es la .... de Jaime.
d. Francisco y Rosa tienen tres ....
e. Los .... de Jaime se llaman Juan y Ester.
f. Rosa es la .... de Francisco.
g. Pilar es la .... de Carmen.
h. María y Luis son .... de Daniela.
i. Juan y Ester tienen cinco ....
j. Pilar tiene tres ....

3 39 **Listen to Paula talk about her family and identify Paula's relationship to the following people.**

a. Julia ➡ ....
b. Sara ➡ ....
c. Pepe ➡ ....
d. Antonio ➡ ....

4 **Choose the correct option to complete the sentences so that they apply to you.**

1. Yo soy .... de mis abuelos.
a. el nieto   b. la nieta.

2. Yo soy .... de mi hermana.
a. la hermana   b. el hermano

3. Yo soy .... de mis tíos.
a. el sobrino   b. la sobrina

4. Yo soy .... de mis padres.
a. el hijo   b. la hija

5. Yo soy .... de mis primos.
a. la prima   b. el primo

5 **Take turns asking your partner about the following members of his/her family.**

tíos ○ hermanos menores ○ abuelos ○ un primo favorito

Modelo: E1: ¿Tienes hermanos?
E2: Sí, tengo un hermano.
E1: ¿Cómo se llama?
E2: Mi hermano se llama Jeff.

6 **Let's play. Give a definition in Spanish describing family relationships. Your partners will identify the relative you are referring to.**

7 40 **Follow along as you listen to the words for different articles of clothing.**

■ Los jeans en España se llaman *vaqueros*.

8 **Complete the sentences to describe what Santiago and Noelia are wearing according to the drawings.**

Santiago lleva una .... amarilla, una .... negra, una .... de rayas y un .... verde. Su .... es marrón y sus .... son naranjas.

Noelia lleva unas .... y un .... de color marrón. Lleva también una .... de flores y una .... de color rosa.

9 **Describe to your partner what he/she is wearing today.**

10 **Tell your partners what you usually wear in the following situations.**

a. Cuando hace frío...
b. Cuando voy a una fiesta elegante...
c. Cuando estoy con mis amigos...
d. Cuando voy a una fiesta de cumpleaños...

11 **Answer the following questions and then share your responses with a partner.**

a. ¿Qué tres prendas de vestir usas a diario?
....
....

b. ¿Cuáles son las tres prendas de vestir que te gusta comprar? ....
....

c. Describe alguna ropa nueva que tienes.
....
....

EXTENSIÓN DIGITAL **Practice what you have learned with additional materials online.**

1. PRESENT TENSE OF –*ER* AND –*IR* VERBS

- You have already learned the forms of verbs in Spanish end in **–ar**. There are two other groups of regular verbs, whose infinitives end in **–er** and **–ir**. To create the present tense forms of **–er** and **–ir** verbs, drop the endings from the infinitives, then add the verb endings as shown in the chart. Do **–er** and **–ir** verbs share the same endings?

	COMER *(to eat)*	**VIVIR** *(to live)*
yo	com**o**	viv**o**
tú	com**es**	viv**es**
usted/él/ella	com**e**	viv**e**
nosotros/as	com**emos**	viv**imos**
vosotros/as	com**éis**	viv**ís**
ustedes/ellos/ellas	com**en**	viv**en**

*Yo **como** con mi familia. I eat with my family.*

*Mi familia **vive** en Buenos Aires. My family lives in Buenos Aires.*

- Here are some useful **–er** and **–ir** verbs:

–ER	–IR
aprender *to learn*	abrir *to open*
beber *to drink*	asistir *to attend*
leer *to read*	discutir *to argue*
ver *to see*	escribir *to write*

! **Ver** is irregular in the ***yo*** form only:

VER
veo
ves
ve
vemos
veis
ven

1 **Read the following text and fill in the blanks with the correct form of the verbs.**

Enrique y Marta son hermanos, (vivir) ....viven.... juntos, pero son muy diferentes. Él siempre (comer) .....come.... pasta y ella ensaladas. Él (beber) ....bebe....... café y ella té. Los dos (leer) ...leen....... novelas, pero él (leer) ......lee........ novelas de aventuras y ella novelas de amor. Marta (aprender) ..aprende.... italiano y Enrique, inglés. Los amigos de Enrique y Marta siempre (escribir) ..escriben correos electrónicos para comunicarse con ellos. Marta (abrir) .....abre.... los correos todos los días, pero Enrique no. Son diferentes, pero nunca (discutir) .....discuten

2 **Complete the following sentences with the correct form of the verbs and add a logical ending.**

a. Mi familia y yo (vivir) ....vivimos .... en mi casa.
b. Normalmente yo (comer) ....como el pello ....
c. Mi prima Julia (vivir) ....vive en Georgetown. ....
d. En un restaurante, nosotros (comer) ....comemos la pizza.

3 **Take turns asking each other when you do the following activities.**

Modelo: cuándo / comer / en restaurante

¿Cuándo comes en un restaurante?
Como en un restaurante los domingos.

a. cuándo / **comer** / con tus padres
b. a qué hora / **asistir** / a clase
c. cuándo / **ver** / la televisión
d. cuándo / **leer** / libros
e. a qué hora / **abrir** / los correos electrónicos

2. POSSESSIVE ADJECTIVES

- Possessive adjectives tell you *whose* object or person is being referred to (*my car, his book, her mother,* etc.). In Spanish, possessive adjectives agree in number with the nouns that follow them. Here are the possessive adjectives in Spanish:

	Singular		Plural	
	Masculine	Feminine	Masculine	Feminine
my	**mi** carro	**mi** casa	**mis** carros	**mis** casas
your	**tu** carro	**tu** casa	**tus** carros	**tus** casas
his/her/your (for.)	**su** carro	**su** casa	**sus** carros	**sus** casas
our	**nuestro** carro	**nuestra** casa	**nuestros** carros	**nuestras** casas
your (pl., Spain)	**vuestro** carro	**vuestra** casa	**vuestros** carros	**vuestras** casas
their/your (pl.)	**su** carro	**su** casa	**sus** carros	**sus** casas

Mi *carro es grande. My car is big.*
Marisa tiene dos gatos. ***Sus*** *gatos son negros. Marisa has two cats. Her cats are black.*

- Possesive adjectives must agree in number (singular/plural) with the noun they modify. In addition to agreeing in number, **nuestro** and **vuestro** must also agree in gender.
Nuestro *tío es divertido. Our uncle is fun.*   ***Nuestra*** *tía es rubia. Our aunt is blond.*

4 **Choose the correct option in each sentence. Then, with a partner, say who the people or objects belong to.**

a. **Mi** / **Nuestros** / **Mis** hermanas son altas.
b. **Su** / **Sus** / **Nuestro** padres están alegres.
c. **Mi** / **Tu** / **Tus** abuelos son muy mayores.
d. **Tus** / **Sus** / **Su** habitación es pequeña.
e. **Mis** / **Nuestros** / **Tu** amigas son muy simpáticas.
f. **Mi** / **Nuestro** / **Sus** hijas estudian en Francia.

5 **Complete each sentence with an appropriate possessive adjective.**

a. (yo) .... amigo aprende portugués.
b. (ellos) .... perro se llama Lupo.
c. (nosotros) .... padres son médicos.
d. (tú) .... camisa es muy bonita.
e. (ustedes) .... casa es muy grande.
f. (ella) .... primos viven cerca.

6 **Underline the possessive adjectives in the following text.**

Tengo dos hermanos: Dani y Ana. Nuestros padres se llaman Javier y Marisa. Vivimos en Sevilla. Nuestro padre es alto y delgado y nuestra madre es rubia. Mi hermano Dani tiene 11 años y mi hermana Ana tiene casi seis. Ana es muy inteligente y alegre. Dani es muy divertido y un poco vago en el colegio. La hermana de mi padre tiene dos hijos gemelos. Está muy cansada porque sus hijos son un poco traviesos. ¿Cómo es tu familia?

3. DEMONSTRATIVE ADJECTIVES

- Demonstrative adjectives point out people and objects and indicate how far away these people or objects are from the speaker. For example, for people or objects that are:

  1. close to the speaker, use: **este**;
  2. at an intermediate distance or between the speaker and the listener, use: **ese**;
  3. far away from both, use: **aquel**.

Location of speaker	Singular		Plural		
	Masculine	Feminine	Masculine	Feminine	
aquí *here*	**este**	**esta**	**estos**	**estas**	*this, these*
ahí *there*	**ese**	**esa**	**esos**	**esas**	*that, those*
allí *over there*	**aquel**	**aquella**	**aquellos**	**aquellas**	*that (over there), those (over there)*

- As with other adjectives, demonstratives agree in gender and number with the nouns that follow.
  ***este** zapato this shoe* / ***estos** zapatos these shoes*

- These forms can also be used as pronouns, but must still agree in number and gender with the noun(s) they are replacing . Read the examples below.

***This** is my friend Manuel.*
He is very nice.

- ***That's** my mom.*
- *She is very pretty.*

*- **Those** are my friends.*
- They are very tall.

7 **Change the sentences from singular to plural or vice versa.**

a. Esa mujer está muy nerviosa. ......Esas mujeres están muy nerviosas......
b. Estos muchachos son un poco habladores. ......Este muchacho es un poco hablador......
c. Aquel hombre tiene los ojos azules. ......Aquellos hombres tienen los ojos azules......
d. Aquellas señoras son muy mayores. ......Aquella señora es muy mayor......

8 **Complete the following sentences using a demonstrative adjective.**

a. ......Estas...... camisetas de aquí son muy baratas, pero ......esas...... camisas de allí son más bonitas.
b. ......Esos...... zapatos que tienes en la mano son muy bonitos, ¿verdad?
c. ¡Qué horror! ......Esta...... música que ponen aquí es muy mala.
d. Y ......Aquellas...... muchachas de allí, ¿de qué clase son?
e. ......Ese...... muchacho de ahí, el que está sentado en la mesa, es mi compañero.

9 **With a partner, take turns creating sentences for what the people in the images might say. Use demonstrative adjectives.**

Modelo: E1: *Pienso que este suéter es muy bonito para ti.*

EXTENSIÓN DIGITAL Practice what you have learned with additional materials online.

DESTREZAS

COMPRENSIÓN DE LECTURA

1 **David has written an e-mail to his friend Marie. Before reading the e-mail, review the strategy in Destrezas and complete the list.**

Asunto: ¡Qué día he tenido!

De: David Martínez Para: Marie123@hotmail.com

Hola, Marie:

Ya sabes que tengo una nueva amiga. Se llama Claudia.

Como no tengo foto, te describo cómo es. Claudia es alta y delgada, tiene los ojos azules y el pelo largo y rizado. Es morena. Normalmente lleva pantalones vaqueros y camisetas de diferentes colores. Le gusta llevar zapatos de tacón. Mi hermana dice que es muy simpática. La verdad es que es alegre y muy habladora. Sus hermanos también estudian en el colegio.

¿Y tú? ¿Qué tal las clases?

Un beso, David.

Destrezas

List and identify descriptive words

While reading, list the words used to describe David's friend. Then identify those that refer to personality traits and those that refer to a physical aspect.

.... (personality/physical)

.... (personality/physical)

.... (personality/physical)

.... (personality/physical)

.... (personality/physical)

.... (personality/physical)

2 **Read the e-mail again and select the correct completion for the sentences below.**

1. David escribe un correo sobre...

a. su nueva amiga.
b. la amiga nueva de su hermana.
c. su nuevo amigo de colegio.
d. su nuevo amigo.

2. Claudia es...

a. alta y guapa.
b. baja y delgada.
c. alta y delgada.
d. baja y guapa.

3. Claudia tiene el pelo...

a. rubio y largo.
b. moreno y rizado.
c. moreno y corto.
d. rubio y corto.

4. Claudia lleva...

a. vestido y zapatos de tacón.
b. falda y zapatillas deportivas.
c. pantalón y camisa.
d. pantalón y camiseta.

5. Claudia es...

a. triste, habladora y simpática.
b. simpática, alegre y habladora.
c. simpática, inteligente y alegre.
d. habladora, amable y simpática.

6. Claudia tiene...

a. una hermana.
b. dos hermanos.
c. hermanos.
d. un hermano.

EXPRESIÓN E INTERACCIÓN ESCRITAS

3 **Look at the following images. Select one and imagine that the person is a member of your family. Before you begin to write about this person, read the strategy in Destrezas and complete the chart.**

Destrezas

Make a chart showing information about the family member. This will help you write your description.

a.

b.

c.

d.

Categoría	Detalles
relación	
descripción física	
personalidad	
ropa que lleva	
estado físico	

4 **Write a description of this person using the notes you prepared.**

Modelo: Este/Esta es mi...

....

....

PRONUNCIACIÓN The sounds of *k* and *s*

1 41 **Listen to the pronunciation of the following words.**

El sonido /k/	El sonido /s/
c + a → **calvo**	c + e → **cero**
c + o → **corto**	c + i → **cinco**
c + u → **curso**	z + a → **rizado**
qu + e → **pequeño**	z + o → **zorro**
qu + i → **tranquilo**	z + u → **zurdo**

2 **Read the following syllables aloud to your partner.**

za-	co-	que-
ce-	cu-	zo-
qui-	ci-	ca-
zu-		

3 42 **Write the words you hear under the corresponding image.**

a.

b.

c.

d.

e.

f.

EXTENSIÓN DIGITAL

Practice what you have learned with additional materials online.

LA FAMILIA MEXICANA

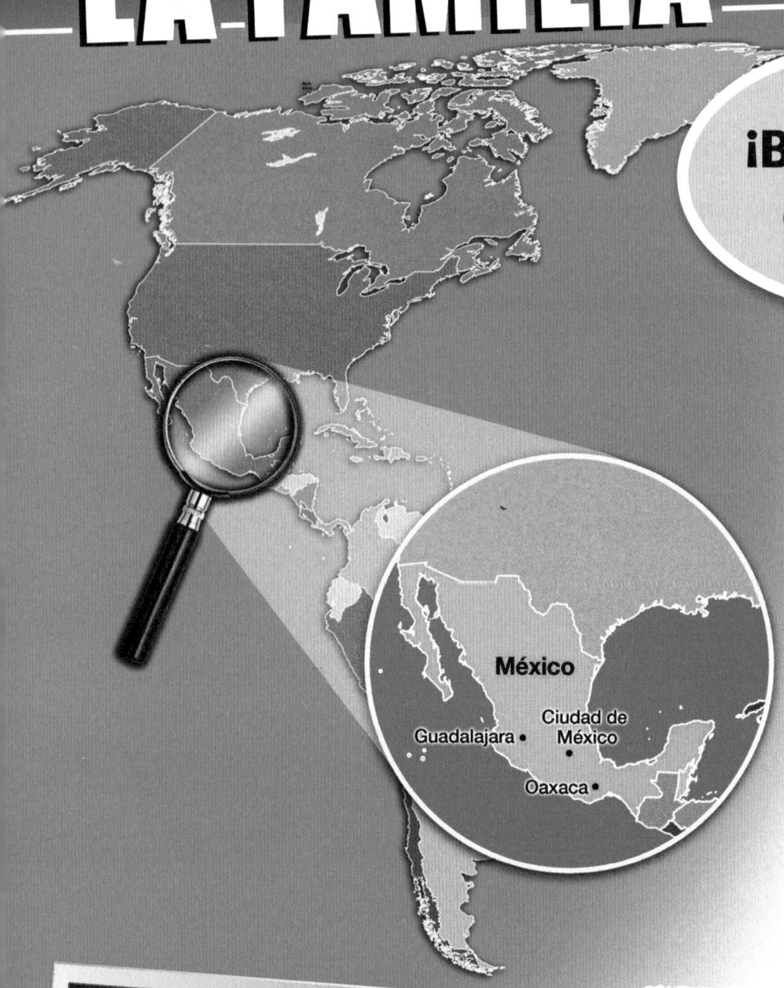

¡Bienvenidos a México!

La familia es importante en la cultura mexicana

- En una comida familiar es norr ver a mucha gente: los abuelo tíos, los papás, los primos, los los nietos...
- En México, muchos hogares *(homes)* son familiares (90,5%) 97,3% vive en familia.
- El 70,9% del núcleo de una far mexicana moderna está forma por los papás y los hijos.

Palenque, antigua ciudad maya en Chiapas.

Danza tradicional mexicana.

Totopos con salsa, un plato típico.

¿Sabes que...?

- México D.F., la capital del país, es la ciudad más poblada de América del Norte: tiene casi 9 millones de personas... ¡Aquí hay más personas que en Nueva York!
- La palabra México es azteca. Significa «el ombligo *(bellybutton)* de la luna».
- México es el país con más taxis del mundo: solo en la capital hay más de... ¡250.000!
- México es el país que consume más productos de cola del mundo.
- También es el país con más museos: tiene 1.168... ¡Ándale!

Fuentes: INEGI, México, CIA Wo Embajada de México en los EE. U

Un domingo en el bosque Chapultepec

43

bosque Chapultepec es un parque muy ande. Está en México D. F. En él hay muchas entes, árboles y lagos. Muchas familias visitan parque los domingos. Allí comen, pasean, actican deporte hablan. «iMe scina el parque. i actividad vorita es ir allí n mi familia», ce Camila, una ica de 15 años e vive en la pital.

Bosque Chapultepec.

Marina, en su Quinceañera.

La Quinceañera

- La Quinceañera es un evento importante en México. En el resto de América Latina también se celebra: en algunos países, como Argentina, se llama la Fiesta de Quince.
- Se celebra cuando una joven cumple quince años.
- Es una fiesta enorme: las familias ahorran *(save)* dinero durante muchos años.
- Las cosas más importantes en una fiesta de Quinceañera son: la familia, el vestido, la misa y el pastel.
- Según la tradición, solo las chicas celebran la Quinceañera. Pero hoy en día, muchos chicos tienen una fiesta especial cuando cumplen quince años... ¡con muchos regalos especiales!

El Día de Muertos

«¡Hola! ¿Qué onda? Me llamo René y soy del D. F. Mi fiesta favorita es el Día de Muertos. El Día de Muertos es un día muy importante en mi país. Se celebra el 2 de noviembre. Es una celebración de origen prehispano. La fiesta recuerda a los muertos. La familia se reúne y se disfraza, prepara un altar con fotografías de antepasados, visita los cementerios y toma comida especial... ¡como las calaveritas *(skulls)* de azúcar! Este día también se celebra en otras partes de América Latina como Guatemala, Venezuela, Perú y Nicaragua. Y tú, ¿cuál es tu celebración favorita?».

Las calaveritas de azúcar.

Select the correct answer to complete each sentence.

1. **México es una palabra de origen...**
   - ○ a. español.
   - ○ b. hispano.
   - ○ c. azteca.
2. **La Quinceañera se celebra...**
   - ○ a. en México.
   - ○ b. en varios países latinoamericanos.
   - ○ c. en España y México.
3. **El Día de Muertos...**
   - ○ a. recuerda a los muertos.
   - ○ b. felicita a los muertos y a los abuelos.
   - ○ c. celebra el «cumpleaños» de los muertos.

Complete the sentences with a word from the list below.

calaveritas de azúcar * familias * Argentina * cumpleaños * altar

1. En el Día de Muertos los mexicanos preparan un ______________.
2. Durante esta celebración, las familias comen ______________.
3. La Quinceañera es un fiesta de ______________.
4. La Fiesta de Quince se celebra en ______________.
5. Los domingos, las ______________ se reúnen en el bosque Chapultepec.

1 **Complete the following family tree with the correct vocabulary words to show family relationships.**

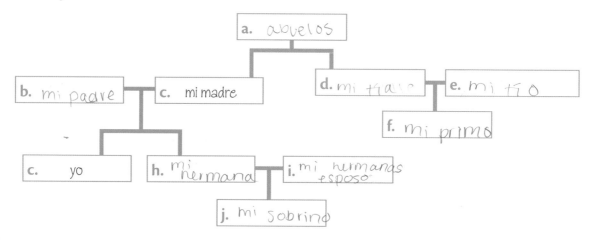

- a. abuelos
- b. mi padre
- c. mi madre
- d. mi [illegible]
- e. mi tío
- f. mi primo
- c. yo
- h. mi hermana
- i. mi hermanas esposo
- j. mi sobrino

2 44 **Read the following text about a Spanish family getting together to celebrate a traditional Christmas Eve.**

La cena de Nochebuena

Todos los años el mismo problema. Mi madre no sabe cómo organizar a la familia en la mesa. En total, somos nueve. Siempre es un desastre porque todos somos muy diferentes.

La abuela Julia, muy nerviosa y habladora, lleva siempre una falda y una camisa amarillas. Odia los teléfonos móviles, los vaqueros y el pelo largo en los hombres.

El tío Pepe, con corbata y traje negros, es muy pesimista y habla muy poco. Su mujer, Carmen, siempre habla por el móvil.

La prima Maribel es muy alegre pero bastante supersticiosa. Es actriz y no soporta el color amarillo. Lleva pantalones y vestidos de colores excepto el amarillo, claro...

Mi hermana Sara es muy tranquila e inteligente pero un poco tímida, siempre con sus vaqueros viejos y una camiseta donde está escrito: "Prohibido hablar por el móvil, gracias". Óscar, el novio de Sara, lleva el pelo largo y rizado. No habla mucho.

Mi padre es muy hablador, optimista y sociable, pero sus ojos no soportan los colores claros ni los muy oscuros.

La pobre mamá, que es muy buena, no sabe qué hacer ni dónde sentarnos para evitar conflictos.

■ En España, el color amarillo da mala suerte entre la gente del teatro. ¿Y en tu país?

3 **With a partner, complete the descriptions with the information presented about the people in the reading.**

a. La abuela Julia ➡ ....
b. El tío Pepe ➡ ....
c. La tía Carmen ➡ ....
d. La prima Maribel ➡ ....
e. Sara ➡ ....
f. Óscar ➡ ....
g. Papá ➡ ....
h. Mamá ➡ ....

4 **Underline the words in the text that describe people. List them according to the categories below.**

Descripción física	Descripción de carácter

5 **The verbs *ser, tener,* and *llevar* are generally used to describe. Indicate the descriptive words in the list below that go with the verbs in the chart. *¡Atención!* Some words can be used with both *tener* and *llevar*.**

tíos ○ pelo largo ○ camisa ○ ojos marrones ○ delgado ○ nervioso ○ vaqueros ○ pesimista ○ jersey ○ alegre ○ piernas largas ○ tímida ○ camiseta ○ sociable ○ pelo rizado

ser	tener	llevar

6 **With a partner, arrange the seating chart below for this family's dinner.**

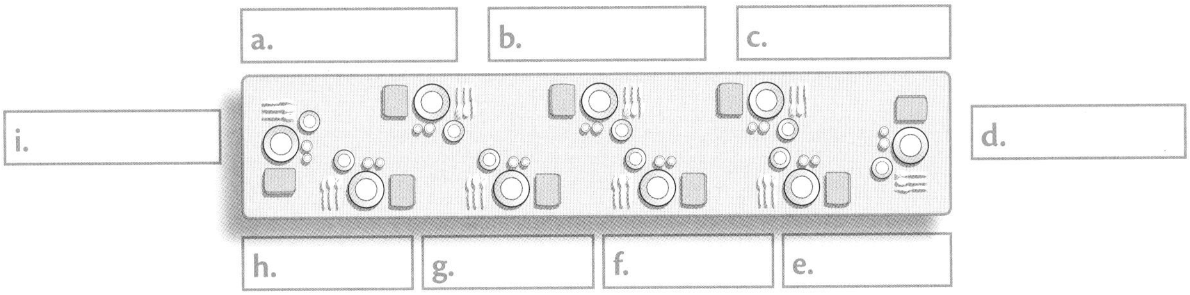

7 **Tell the class about your own family celebration or tradition.**

Modelo: En mi familia, nosotros...

DESCRIBING PHYSICAL CHARACTERISTICS AND PERSONALITY TRAITS

1 **David has written an e-mail to his friend Marie to tell her about his new friend. Read the e-mail and fill in the blanks with the correct word from the list below.**

habladora ○ alegre ○ liso ○ guapa ○ pequeña ○ divertida ○ azules ○ rubio
grande ○ simpáticos ○ grandes ○ castaño ○ largo ○ maleducado

Mi amiga María es muy ...guapa..... Lleva el pelo ....largo..... y ....liso..... de color ....rubio....... Lleva gafas. Tiene la nariz ...pequeña..... y los ojos ....azules..... y ....grandes.... Su hermano no se parece a ella porque es ....castaño...., tiene la nariz ....grande...., los ojos oscuros y no lleva gafas. Los dos son muy ....alegre..... María es muy ....habladora.... y ....divertida.... pero también es tímida. Su hermano es abierto y muy ....simpáticos.... A veces es un poco irresponsable y ....maleducado....

LA FAMILIA

2 **Look at Guillermo's family and complete the sentences below to identify the family relationships.**

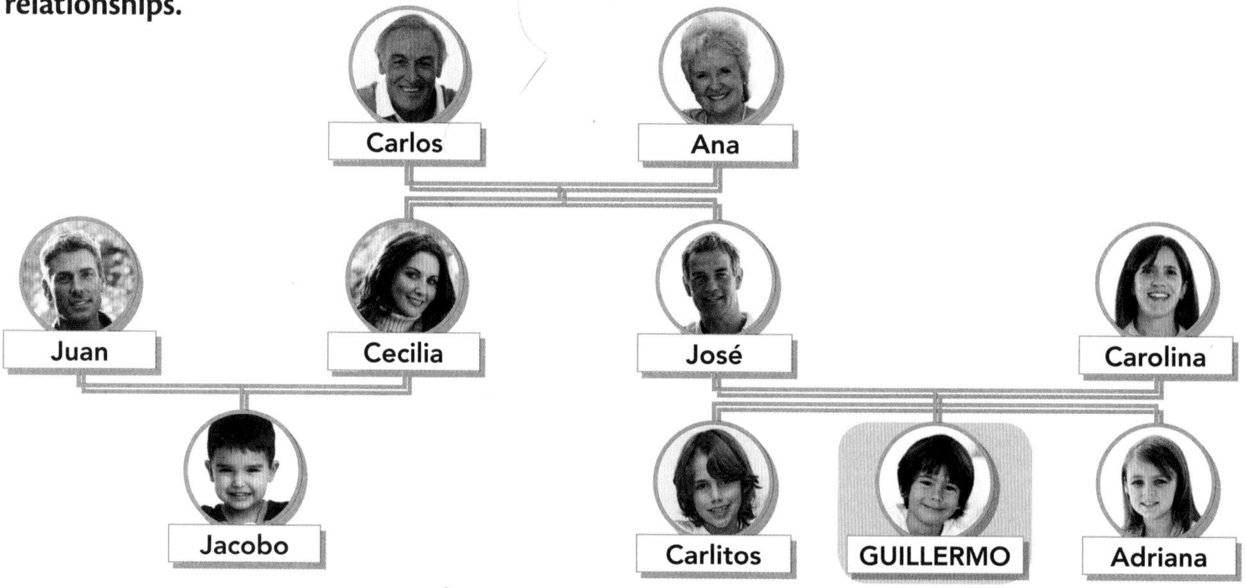

a. Jacobo tiene 3 años. Es su ....primo.......
b. Carlos y Ana son sus ....abuelos....
c. José y Carolina son sus ....padres....
d. Adriana tiene 9 años. Es su ....hermana....
e. Carlitos tiene 13 años. Es su ....hermano.... mayor.
f. La madre de Jacobo, es su ....tía........
g. El padre de Jacobo se llama Juan. Es su ....tío........

LA ROPA

3 **Complete the sentences with the correct word according to the images on the left.**

a. ¿Esta ....bufanda.... es de lana?
b. La ....falda.... de tu amiga es un poco corta.
c. Esas ....zapatos.... son muy cómodas.
d. No tenemos ....camiseta.... para hacer deporte.

PRESENT TENSE OF -*ER* AND -*IR* VERBS

4 Match the verbs to their subjects.

1. escribes ....d....
2. viven ....b....
3. comemos ....a....
4. tengo ....c....
5. aprende ....e....

- a. nosotros
- b. ustedes
- c. yo
- d. tú
- e. ella

DEMONSTRATIVE ADJECTIVES

5 Complete the sentences with the correct demonstrative adjective.

a. ....Esa.... camisa de ahí es como la camisa de mi padre.
b. ....aquel.... profesor de allí que lleva barba es americano.
c. ....aquellos.... chicos de la última fila son de mi clase.
d. Tiene una falda azul como ....esa.... chaqueta que tú llevas.

POSSESSIVE ADJECTIVES

6 Select the correct option in each sentence.

a. **Mi** / **Nuestros** / **Mis** amigas son muy divertidas.
b. **Tu** / **Tus** / **Sus** casa está cerca del instituto.
c. **Mi** / **Nuestros** / **Tu** profesores son muy amables.
d. **Su** / **Sus** / **Nuestro** padres son altos.
e. **Su** / **Mis** / **Nuestras** amigas son muy simpáticas.
f. **Tu** / **Mis** / **Nuestras** compañeros están de excursión.

CULTURA

7 Answer the following questions about Mexico and compare similaties with your own country or region.

a. ¿Cómo es el bosque Chapultepec? ¿Qué tiene? ¿Cómo se llama un lugar similar en tu país o región? large park Mexico D.C Washington D.C
b. ¿Qué hace la gente en México el Día de Muertos? ¿Celebras algo similar por esas fechas? celebrate the people before Día de muertos
c. Nombra cinco cosas importantes de la fiesta de la Quinceañera. ¿Hay una fiesta similar en tu cultura? Sweet 16
d. ¿En qué otros lugares se celebra la fiesta de la Quinceañera? Latin America
e. ¿Cuántos miembros tiene una familia mexicana hoy en día? ¿Cuántas personas hay en tu familia? parents & kids Cuatro

EXTENSIÓN DIGITAL Practice what you have learned with additional materials online.

EN RESUMEN: Vocabulario

La familia *Family*

la abuela *grandmother*
el abuelo *grandfather*
los abuelos *grandparents*

el esposo *husband*
la esposa *wife*
la hermana *sister*
el hermano *brother*
los hermanos *siblings*
la hija *daughter*
el hijo *son*
los hijos *children*
la madre *mother*
la nieta *granddaughter*
el nieto *grandson*
los nietos *grandchildren*
el padre *father*
los padres *parents*
el primo/a *cousin*
la sobrina *niece*
el sobrino *nephew*
la tía *aunt*
el tío *uncle*

La ropa *Clothes*

el abrigo *coat*
la bota *boot*
la bufanda *scarf*
el calcetín *sock*
la camisa *shirt*
la camiseta *t-shirt*
la chaqueta *jacket*
el cinturón *belt*
la corbata *tie*
la falda *skirt*

la gorra *baseball cap*
el jersey *sweater*
el pantalón de vestir *dress pants*
las sandalias *sandals*
el traje *suit*
los jeans *jeans*
el vestido *dress*
las zapatillas de deporte *sneakers*
los zapatos de tacón *high-heeled shoes*

Las descripciones *Descriptions*

abierto/a *outgoing*
aburrido/a *boring*
amable *polite*
antipático/a *disagreeable*
alto/a *tall*
azules *blue*
bajo/a *short*
barba *beard*
bigote *mustache*
calvo *bald*
castaño/a *light brown*
claros *light*
corto *short*
delgado/a *thin*
divertido/a *fun*
feo/a *unattractive*
fuerte *strong*
gafas *glasses*
gordo/a *overweight*
grandes *big*
guapo/a *attractive*
hablador/a *talkative*
inteligente *intelligent*
joven *young*
largo *long*
liso *straight*
maleducado/a *rude*
mayor *old*
marrones *brown*
moreno/a *dark brown*
negros *black*
oscuros *dark*
pelirrojo/a *red hair*
pequeña *small*
pequeños *little*
rizado *curly*
rubio/a *blonde*
simpático/a *likeable*

tímido/a *shy*
trabajador/a *hard-working*
una camisa blanca *a white shirt*
vago/a *lazy*
verdes *green*

Verbos *Verbs*

abrir *to open*
aprender *to learn*
asistir *to attend*
beber *to drink*
comer *to eat*
discutir *to argue*
escribir *to write*
leer *to read*
llevar *to wear*
tener… años *to be… years old*
tener calor *to be warm*
tener frío *to be cold*
tener hambre *to be hungry*
tener sed *to be thirsty*
tener sueño *to be sleepy*
tener *to have*
ver *to see*
vivir *to live*

Palabras y expresiones útiles *Useful words and expressions*

ahí *there*
allí *over there*
aquí *here*
la boca *mouth*
la nariz *nose*
los ojos *eyes*
un poco *a little*

PRESENT TENSE OF *-ER* AND *-IR* VERBS

(See page 100)

	COMER *(to eat)*	**VIVIR** *(to live)*
yo	como	vivo
tú	comes	vives
usted/él/ella	come	vive
nosotros/as	comemos	vivimos
vosotros/as	coméis	vivís
ustedes/ellos/ellas	comen	viven

POSSESSIVE ADJECTIVES

(See page 101)

Singular		Plural	
Masculine	Feminine	Masculine	Feminine
mi carro	**mi** casa	**mis** carros	**mis** casas
tu carro	**tu** casa	**tus** carros	**tus** casas
su carro	**su** casa	**sus** carros	**sus** casas
nuestro carro	**nuestra** casa	**nuestros** carros	**nuestras** casas
vuestro carro	**vuestra** casa	**vuestros** carros	**vuestras** casas
su carro	**su** casa	**sus** carros	**sus** casas

DEMONSTRATIVE ADJECTIVES

(See page 102)

Location of speaker	Singular		Plural	
	Masculine	Feminine	Masculine	Feminine
aquí	**este**	**esta**	**estos**	**estas**
ahí	**ese**	**esa**	**esos**	**esas**
allí	**aquel**	**aquella**	**aquellos**	**aquellas**

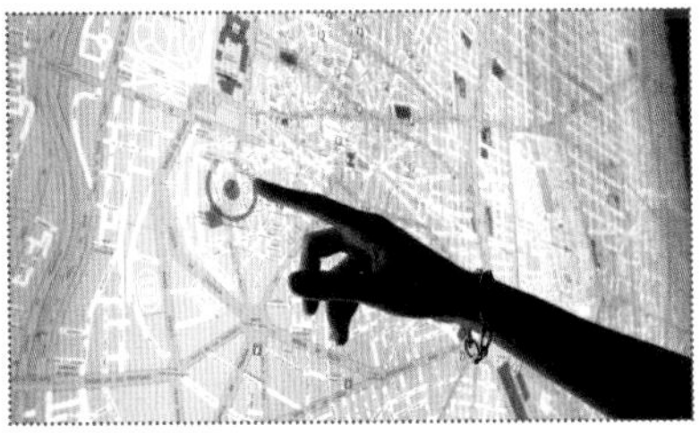

aquí

ahí

allí

UNIDAD 4

TODOS LOS DÍAS LO MISMO

Este muchacho tiene hambre por la mañana.

- ¿Cómo es el muchacho? ¿Dónde está? ¿Qué hace?
- Y tú, ¿tienes hambre por la mañana?

In this unit, you will learn to:

- Ask and give the day and time
- Describe daily routines and everyday activities
- Talk about professions
- Make plans

Using

- Stem-changing verbs ***e>ie***, ***o>ue***, and ***e>i***
- Present tense of *hacer* and *salir*
- Reflexive verbs

Cultural Connections

- Share information about daily life in Hispanic countries, and compare cultural similarities

SABOR HISPANO

El puente entre las Américas

- El Salvador, Guatemala, Honduras, Nicaragua y Costa Rica

¡ACCIÓN!

1 **Look at the image below of getting together to make plans. Then choose the text that best describes the image.**

Texto 1
En la fotografía puedes ver a dos muchachos y a una muchacha que lleva gafas. La muchacha de gafas lleva una camiseta verde. En la imagen aparece una muchacha rubia, una morena y dos muchachos morenos.

Texto 2
En la fotografía aparecen dos muchachas, una rubia y una morena. Los dos muchachos son castaños. Las dos muchachas y los dos muchachos llevan chaquetas y el muchacho de gafas lleva una camiseta verde.

Texto 3
La fotografía representa a unos amigos. Las dos muchachas llevan bufanda. Aparecen dos muchachas morenas y dos muchachos rubios. El muchacho de gafas lleva barba.

2 45 **Listen to the conversation. Then write the name of the person described in each of the statements below.**

Daniel: ¿Qué les parece si hacemos un poco de deporte?
Lucía: Yo tengo mucho sueño. Me levanto todos los días a las 7 de la mañana.
Andrés: Yo no puedo ir. Los miércoles salgo a cenar con mis padres y me acuesto muy tarde.
Candela: ¿Y a qué hora estudias?
Andrés: Por las mañanas, me visto muy rápido y estudio un poco.
Daniel: Yo, en cambio, me despierto a las 9 y llego siempre tarde a la escuela.
Lucía: Chicos… Parecemos cuatro abuelos. Mi padre, que es médico, trabaja todo el día y siempre hace alguna actividad con nosotros.
Candela: Es verdad. Mi madre es profesora y siempre hace mucho deporte.
Daniel: Entonces, ¿por qué no quedamos mañana?
Lucía: Perfecto. ¿Quedamos a las 4?
Daniel: Vale. ¿Dónde quedamos?
Candela: Podemos quedar en la puerta de la escuela.
Andrés: Estupendo. Entonces… quedamos a las 4 en la puerta.

a. Es médico. El padre de Lucía
b. Se despierta siempre muy temprano. Lucía
c. Sale a cenar con su padres todos los miércoles. Andrés
d. Estudia por la mañana. Andrés
e. Es profesora. la madre de Candela
f. Llega tarde a la escuela. Daniel

3 45 **Listen again to the conversation and repeat after the speaker.**

- The verb **quedar** is used to set up a time or place for meeting up with friends.

  *¿A qué hora **quedamos**?* At what time should we meet?

  ***Quedamos** a las cuatro.* Let's meet at four.

  *¿Dónde **quedamos**?* Where should we meet?

  *Podemos **quedar** en el parque.* We can meet at the park.

4 **Match the image to the correct description.**

a. 

b. 

c. 

d. 

e. 

f. 

1. ☐ Se levanta a las siete y veinticinco.
2. ☐ Estudia en la escuela hasta las dos.
3. ☐ Come a las dos y media de la tarde.
4. ☐ Hace deporte a las cinco.
5. ☐ Ve la televisión a las ocho.
6. ☐ Se acuesta a las diez y media.

5 **Look at the times below and write what the person in activity 4 does at that time.**

a. 8:00 de la noche.....................
b. 7:25 de la mañana..................
c. 5:00 de la tarde........................
d. Desde las 2:00 de la tarde......
e. 2:30 de la tarde........................
f. 10:30 de la noche....................

6 **With a partner, take turns asking each other what you do at the following times.**

Modelo:

¿Qué haces a las 10 de la mañana?
Estudio en la biblioteca.

1. 9:00 de la mañana
2. 12:00 de la tarde
3. 4:00 de la tarde
4. 9:00 de la noche

Unas actividades:

- caminar a
- comer
- descansar
- escuchar
- estudiar
- hablar con
- pasear por
- ver

COMUNICA

TALKING ABOUT EVERYDAY ACTIVITIES

■ **Todos los días...** *Everyday...*

...**me levanto** a las ocho. *...I get up at eight o'clock.*
...**desayuno**. *...I have breakfast.*
...**como** en casa. *...I eat (lunch) at home.*
...**ceno** con mis padres. *...I have dinner with my parents.*

■ **Por la mañana...** *In the morning...*

...**me ducho** antes de desayunar. *...I shower before having breakfast.*
...**desayuno** en casa. *...I have breakfast at home.*
...**hago** la cama. *...I make my bed.*
...**estudio** en la escuela. *...I study at school.*

■ **Por la tarde...** *In the afternoon...*

...**hago** deporte. *...I play sports.*
...**hago** la tarea. *...I do my homework.*

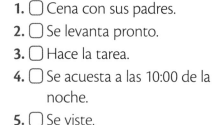

■ **Por la noche...** *At night...*

...**ceno**. *...I have dinner.*
...**me acuesto** tarde. *...I go to bed late.*

■ Use **por** to give an approximate time.
***Por** la mañana. (Sometime) In the morning.*

■ Hago la tarea = hago los deberes (España).

1 **Look at what Carmen does every day. Then, match the actions listed below to the correct images.**

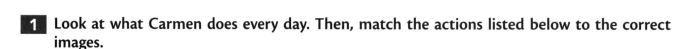

1. ☐ Cena con sus padres.
2. ☐ Se levanta pronto.
3. ☐ Hace la tarea.
4. ☐ Se acuesta a las 10:00 de la noche.
5. ☐ Se viste.
6. ☐ Estudia en la escuela.

2 **Answer the following questions. Then, with a partner, take turns asking each other.**

a. ¿Haces la tarea todos los días? ....
b. ¿Dónde estudias: en casa, en la biblioteca…? ....
c. ¿Dónde comes: en casa, en la escuela…? ....
d. ¿Con quién cenas: con tus padres, con tus amigos…? ....

ASKING AND GIVING THE TIME

Es

la una.

la una **y** cinco.

la una **menos** veinte.

Son

las tres **(en punto)**.

After the hour

las dos **y** cinco.

las dos **y cuarto**.

las dos **y media**.

Before the next hour

las tres **menos** veinticinco.

las tres **menos cuarto**.

las tres **menos** cinco.

- To ask the time, use:
  - » *¿**Qué hora es**?*
  - » ***Es la** una y cuarto. / **Son las** cinco.*
- To ask at what time an activity takes place, use:
  - » *¿**A qué hora** cenas?*
  - » ***A las** siete.*

3 **Write the times shown on the digital clocks below.**

4 46 **Listen to the conversations and fill in the missing words.**

a. **Sara:** ¿A qué .... te levantas?
Javier: Me levanto a las siete ....
Sara: Es muy pronto, ¿no?

b. **Jesús:** ¿Quieres ir al cine Patio esta ....?
Marta: Sí, genial. ¿A qué hora quedamos?
Jorge: Quedamos a las ocho y .... en la puerta del cine.

c. **Cristina:** ¿A qué hora quedamos?
Begoña: A .... una .... veinte.
Cristina: Vale.

5 **With a partner, make plans to go to a concert. Prepare a conversation similar to the ones above and present it to the class. *¡Atención!* You must agree on a place and time to meet.**

Modelo: E1: ¿Quieres ir al concierto de José Sol?
E2: Vale. ¿A qué hora quedamos?

EXTENSIÓN DIGITAL **Practice what you have learned with additional materials online.**

ANTES DEL VIDEO

1 **When do you do the following activities? During the week or on weekends? List the activities under the part of the week you would most likely do them.**

hago la tarea o ceno con mi familia o me acuesto tarde
hago deporte o veo una película o descanso

Entre semana *(During the week)*	**El fin de semana** *(On the weekend)*

2 **With a partner, take turns asking and responding to the following questions.**

- ¿Hablas con tus amigos por teléfono o prefieres mandar textos?
- ¿De qué hablas con tus amigos por teléfono? ¿Hablan ustedes de la escuela? ¿De otros amigos? ¿De planes para salir *(go out)*?

3 **Look at the images from the video and use the questions to make your best guesses about what is taking place.**

a. ¿Crees que es el fin de semana o entre semana? ¿Por qué?
¿Dónde están los muchachos?
¿Qué hacen?

b. ¿Está Ana con ellos?
¿En qué ciudad crees que está Ana?

c. ¿Con quién crees que habla?

DURANTE EL VIDEO

4 **What do each of the following students do in their free time?**

- El sábado... fútbol
- El domingo... ↓ math HW

- El fin de semana... historia

- Los fines de semana ... Quedos la amigas

DESPUÉS DEL VIDEO

5 **Indicate the time Ana does the following activities on a typical day.**

	8:00	9:00	12:00	4:00	6:00	A partir de las 7:00
a. Desayuna.	☑	☐	☐	☐	☐	☐
b. Empiezan las clases.	☐	☑	☐	☐	☐	☐
c. Come.	☐	☐	☑	☐	☐	☐
d. Terminan las clases.	☐	☐	☐	☑	☐	☐
e. Cena.	☐	☐	☐	☐	☑	☐
f. Hace los deberes.	☐	☐	☐	☑	☐	☐
g. Hace deporte.	☐	☐	☐	☑	☐	☐
h. Escucha música.	☐	☐	☐	☑	☐	☐
i. Lee.	☐	☐	☐	☑	☐	☐

6 **List Ana's activities under the appropriate part of the week she does them.**

hago deberes ○ voy al cine ○ hago deportes ○ tomo algo en un café
escucho música ○ veo una película ○ leo ○ paseo por el parque

De lunes a viernes	El fin de semana

7 **What does Ana say she notices is different in her new city?**

EXTENSIÓN DIGITAL **Practice what you have learned with additional materials online.**

1 47 **Listen to the days of the week and repeat after the speaker.**

marzo

lunes	martes	miércoles	jueves	viernes	sábado	domingo
1	2	3	4	5	6	7
8	9	10	11	12	13	14
15	16	17	18	19	20	21
22	23	24	25	26	27	28
29	30	31				

- Most calendars in Spanish begin with Monday, not Sunday.
- The days of the week, like the months, are written in lower-case.
- Use the definite article, **el**, before the days of the week to say *on Monday, on Tuesday...*
  *Mi cumpleaños es **el lunes**. My birthday is on Monday.*
- In the plural, the days of the week express the idea of doing something regularly.
  *Tengo clase de música **los sábados**. I have music lessons on Saturdays.*
- The definite article, **el**, is not used when stating what day of the week it is.
  *Hoy es **domingo**. Today is Sunday.*
- Use **el fin de semana** to express weekend in Spanish.
  ***Los fines de semana** estudio en casa. On weekends, I study at home.*

2 **Using the calendar above, practice saying a date to your partner. He/She will respond with the day of the week.**

Modelo: E1: ¿Qué día de la semana es el 4 de marzo?
E2: Es jueves.

3 **Write the plural forms of the days of the week.**

a. el lunes los lunes **c.** el miércoles .... **e.** el viernes .... **g.** el domingo ....
b. el martes .... **d.** el jueves .... **f.** el sábado los sábados **h.** el fin de semana..........

4 **With a partner, ask each other where you are at the following days and time during the week.**

Modelo:
E1: ¿Dónde estás los lunes a las 8 de la mañana?
E2: Estoy en casa.

a. los viernes a las 4 de la tarde
b. los sábados a las 10 de la mañana
c. los domingos por la mañana
d. los sábados por la noche
e. los martes a las 12 de la tarde
f. los jueves a las 11 de la mañana

5 **Read the conversation between Anabel and her friend, Olga. Then complete the chart below with Olga's activities.**

Anabel | **Olga**

Anabel: Olga, ¿cuándo estudias español?
Olga: Los martes y los jueves por la mañana.

Anabel: ¿Cuándo ves televisión?
Olga: Normalmente los sábados por la tarde.

Anabel: ¿Cuándo navegas por Internet?
Olga: Por la tarde, todos los días.

Anabel: ¿Cuándo tienes clase de baile?
Olga: Por la tarde, los lunes y miércoles.

navegar por Internet ○ estudiar español ○ tener clase de baile ○ ver televisión

	L	M	X	J	V	S	D
9:00 - 2:00							
3:00 - 11:00							

! ■ In some Spanish calendars, **X** replaces **M** as the abbreviation for **miércoles**. Why do you think this is?

6 **Answer the following questions. Then tell your partner when you do these things.**

Modelo: Estudio español los martes antes de clase, ¿y tú?

a. ¿Cuándo estudias español?
b. ¿Cuándo navegas por Internet?
c. ¿Cuándo ves televisión?
d. ¿Cuándo tienes clase de baile (música, karate, religión…)?

7 48 **Fill in the blanks under each image with the appropriate profession from the list. *¡Atención!* Remember to use the correct form of the noun to show agreement with the person in the image. Then listen to the audio to check your answers.**

bombero/a ○ enfermero/a ○ profesor/profesora ○ cocinero/a ○ mecánico/a ○ veterinario/a

a.

P _ _ _ _ _ _ _ _

b.

M _ _ _ _ _ _ _

c.

E _ _ _ _ _ _ _ _

d.

B _ _ _ _ _ _

e.

V _ _ _ _ _ _ _ _ _ _

f.

C _ _ _ _ _ _ _

8 **Match the following professions to the location where the job mostly takes place. Then with a partner, read your answers aloud.**

¿Dónde trabaja el/la...?

trabaja (*works*) en

1. bombero/a ....e.....
2. médico/a ....c.....
3. mesero/a ....h.....
4. cocinero/a ....b.....
5. veterinario/a ....d.....
6. actor/actriz ....f.....
7. recepcionista ....a.....
8. informático/a ....g.....

- **a.** el hotel
- **b.** la cocina
- **c.** el hospital
- **d.** la clínica veterinaria
- **e.** el parque de bomberos
- **f.** el teatro, en el cine...
- **g.** la oficina
- **h.** el restaurante

9 **Look at the following list of activities that people have to do as part of their jobs. Then take turns with a partner asking each other who has to do each activity.**

- apagar fuegos *to put out fires*
- contestar el teléfono *to answer the phone*
- cuidar a los enfermos, a los animales *to take care of patients, animals*
- crear programas en la computadora *to create programs on the computer*
- hacer películas *to make movies*
- servir cafés, refrescos... *to serve coffee, soft drinks*
- preparar comidas *to prepare food*
- reparar carros *to repair cars*
- dar clases *to teach class*

Modelo: E1: ¿Quién tiene que apagar fuegos?
E2: El bombero o la bombera.

- computadora = ordenador (España)
- carro = coche (España)
- mesero/a = camarero/a (España)

- Use the expression **tener + que + *infinitive*** to talk about the things you and others have to do.

  Tengo que hacer deporte. *I have to play sports.*

  Tienes que trabajar. *You have to work.*

  Tenemos que estudiar. *We have to study.*

  ¡Atención! Note that only the verb **tener** is conjugated.

10 **Choose two of the following professions and role play with a partner. Take turns asking each other about your jobs. Use the following questions.**

Modelo: E1: ¿A qué te dedicas?
E2: Soy médico.
E1: ¿Dónde trabajas?
E2: Trabajo en el hospital.
E1: ¿Qué tienes que hacer?
E2: Tengo que cuidar a los pacientes.

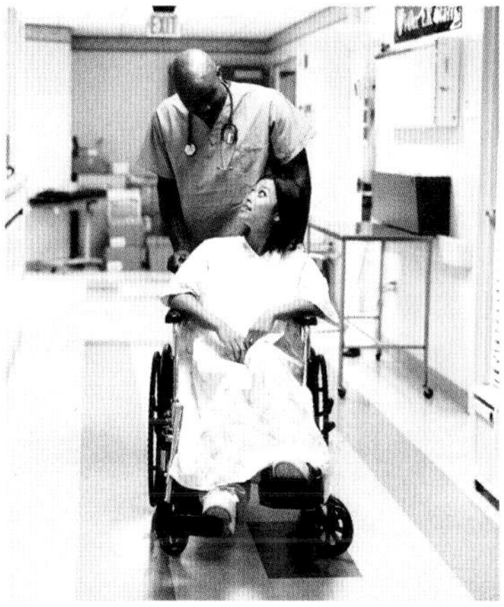

- *¿A qué te dedicas?* → *¿Qué haces?* (*job-related*)

a.

b.

c.

d.

e.

11 **In groups of three or four, take turns acting out a profession for your classmates to guess.**

EXTENSIÓN DIGITAL

Practice what you have learned with additional materials online.

GRAMÁTICA

1. STEM-CHANGING VERBS *E → IE, O → UE, AND E → I*

- In Spanish, some verbs have an irregular stem in the present tense. The vowel in the last syllable of the stem changes from **e → ie**, **o → ue**, and **e → i** in all forms except **nosotros/as** and **vosotros/as**. Look at the verb charts below to see examples of these types of verbs.

- **E → IE**. The **e** in **empezar** changes to **ie** in all forms but **nosotros/as** and **vosotros/as**.

EMPEZAR *(to start, begin)*			
yo	empiezo	nosotros/as	empezamos
tú	empiezas	vosotros/as	empezáis
usted/él/ella	empieza	ustedes/ellos/ellas	empiezan

*Mis clases **empiezan** a las 8. My clases start at 8.*
*¿A qué hora **empiezas** la tarea? What time do you begin your homework?*

- Other verbs that stem change from **e → ie**:

cerrar *to close*	*La tienda **cierra** a las 10. The store closes at 10.*
entender *to understand*	*Ustedes **entienden** español. You (all) understand Spanish.*
pensar *to think*	*Yo **pienso** que es verdad. I think it's true.*
preferir *to prefer*	*Tú **prefieres** el color azul. You prefer the color blue.*
querer *to want (to do something)*	*Los estudiantes **quieren** descansar. The students want to rest.*

- **O → UE**. The **o** in **volver** changes to **ue** in all forms but **nosotros/as** and **vosotros/as**.

VOLVER *(to return)*			
yo	vuelvo	nosotros/as	volvemos
tú	vuelves	vosotros/as	volvéis
usted/él/ella	vuelve	ustedes/ellos/ellas	vuelven

*Yo **vuelvo** a casa a las 4. I return home at 4.* *Mi padre **vuelve** a casa a las 6. My father returns home at 6.*

- Other verbs that stem change from **o → ue**:

almorzar *to have lunch*	*Yo **almuerzo** a las 12. I have lunch at 12.*
dormir *to sleep*	*Los estudiantes **duermen** mucho. The students sleep a lot.*
poder *to be able to, can*	*Nosotros **podemos** quedar a las 5. We can meet up at 5.*

- **E → I**. The **e** in **servir** changes to **i** in all forms but **nosotros/as** and **vosotros/as**.

SERVIR *(to serve)*			
yo	sirvo	nosotros/as	servimos
tú	sirves	vosotros/as	servís
usted/él/ella	sirve	ustedes/ellos/ellas	sirven

» *¿Qué **sirven** en la cafetería? What do they serve in the cafeteria?*
» ***Sirven** pizza. They serve pizza.*

- Other verbs that stem change from **e → i**:

pedir *to ask for, to order*	***Pido** pizza por teléfono. I order pizza on the phone.*
repetir *to repeat*	*La profesora **repite** la tarea. The teacher repeats the homework.*

1 **Ask your partner about his/her preferences.**

Modelo: E1: ¿Qué prefieres, un café o un refresco?
E2: Prefiero un refresco.

a. Matemáticas o Historia
b. el fútbol o el fútbol americano
c. un sofá o una silla
d. una casa o un apartamento
e. estudiar en casa o estudiar en la biblioteca
f. comer en McDonald's o comer en Taco Bell

2 **Describe what the following people do using each of the verbs in parenthesis. Then take turns reading your sentences aloud to your partner.**

Modelo: Mi padre (volver a casa a las 3, almorzar en casa) → Mi padre vuelve a casa a las 3. Almuerza en casa.

a. tú (empezar temprano, dormir poco por la mañana, pedir agua para beber)
b. nosotros (entender la tarea, almorzar en la cafetería, volver a casa a las 3)
c. Maribel (querer vivir en la ciudad, poder tener un perro en casa, preferir viajar en coche)
d. los estudiantes (poder bailar en su clase, repetir después de la profesora, cerrar los libros)

3 **Using the sentences in activity 2, tell your partner whether you do the same things. If you don't do the activity, add *no* before the verb.**

Modelo: Yo vuelvo a casa a las 3. No almuerzo en casa.

2. VERBS *HACER* AND *SALIR*

- Some verbs in Spanish are irregular only in the **yo** form.

	HACER *(to do, to make)*	**SALIR** *(to go out, to leave)*
yo	**hago**	**salgo**
tú	haces	sales
usted/él/ella	hace	sale
nosotros/as	hacemos	salimos
vosotros/as	hacéis	salís
ustedes/ellos/ellas	hacen	salen

*Yo **salgo** con mis amigos los sábados. I go out with my friends on Saturdays.*
*¿Cuándo **sales** con tus amigos? When do you go out with your friends?*
*Yo **hago** la cama todos los días. I make my bed every day.*

4 **Fill in the blanks with the correct form of *hacer* or *salir* to describe what the following people do.**

a.

Patricia .... con sus amigos.

b.

Nosotros .... la cena todas las noches.

c.

Los niños .... corriendo de la escuela.

d.

Yo .... con mi perro a pasear.

e.

Roberto .... la tarea en su computadora.

f.
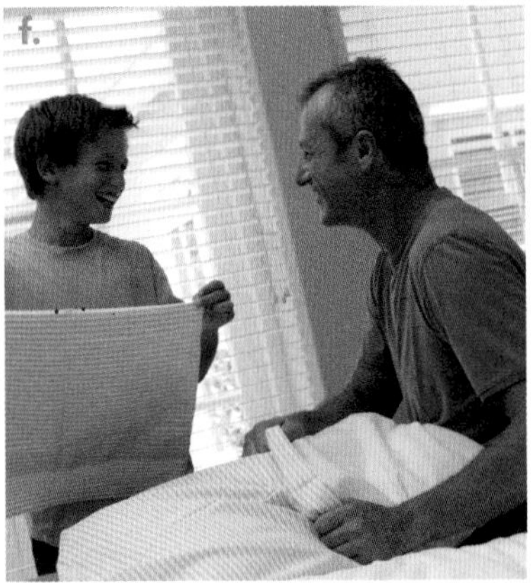

El padre y el hijo .... la cama.

5 **Take turns asking your partner if he/she does the activities shown in the images above. Use the correct form of *hacer* or *salir* in the questions below.**

a. ¿...................... con tus amigos?
b. ¿...................... la cama?
c. ¿...................... con tu perro a pasear?
d. ¿...................... la tarea en tu computadora?
e. ¿...................... corriendo de la escuela?
f. ¿...................... la cena todas las noches?

3. REFLEXIVE VERBS

- A reflexive verb requires a reflexive pronoun (**me**, **te**, **se**, **nos**, **os**, **se**) that refers the action of the verb back to the person doing the action, the subject. In Spanish, reflexive verbs are often verbs used to describe actions related to personal care and daily routines. That is, actions that you do for yourself.

  Yo ***me ducho****. I shower (myself).*

  Yo ***me levanto****. I get up (physically, by myself).*

- Reflexive verbs in Spanish have regular **–ar**, **–er** or **–ir** endings. Some verbs will have a stem change. Look at the forms of the following reflexive verbs.

	LEVANTARSE *to get up*	(e→ie) **DESPERTARSE** *to wake up*	(o→ue) **ACOSTARSE** *to go to bed*	(e→i) **VESTIRSE** *to get dressed*
yo	me levanto	me despierto	me acuesto	me visto
tú	te levantas	te despiertas	te acuestas	te vistes
usted/él/ella	se levanta	se despierta	se acuesta	se viste
nosotros/as	nos levantamos	nos despertamos	nos acostamos	nos vestimos
vosotros/as	os levantáis	os despertáis	os acostáis	os vestís
ustedes/ellos/ellas	se levantan	se despiertan	se acuestan	se visten

*Mi madre **se acuesta** a las 12. My mother goes to bed at 12.*
***Me visto** antes de desayunar. I get dressed before having breakfast.*
***Nos despertamos** tarde. We wake up late.*

> ! Otros verbos reflexivos:
> - ducharse *to shower*
> - bañarse *to take a bath*

6 Fill in the blank with the correct reflexive pronoun. *¡Atención!* Remember that the reflexive pronoun and the form of the verb refer to the same subject (or person).

a. ¿A qué hora ~~nos~~ se despiertan?
b. ¿A qué hora tú levantas?
c. ¿A qué hora nos acostamos?
d. ¿A qué hora se ducha tu hermana?

7 Write out the answers to the questions above. *¡Atención!* Remember to conjugate the infinitives and use the correct reflexive pronouns.

a. Yo / levantarse / a las 8:00. Yo me levanta a las 8:00
b. Mi hermana / ducharse / a las 7:30. Mi hermana se ducha a las 7:30
c. María y tú / despertarse / a las 8:30. María y tú ~~nos~~ despertáis a las 8:30
d. Nosotros / acostarse / a las 10:30. Nosotros nos acostaramos a las 10:30

8 Fill in the blanks with the verb that applies to the action shown in the corresponding image. *¡Atención!* Not all the actions shown are reflexive.

Todos los días, yo (a) me acuesto pronto, a las 8:30. Desayuno y (b) me ducho. Después, (c) come. Por la tarde, hago deporte con mis amigos. A las 10:30 (d) me levanto, pero siempre (e) leo un poco antes de dormirme.

9 Prepare a similar description about your day. Then take turns with a partner asking each other about what you do and when.

Modelo: E1: ¿A qué hora te levantas?
E2: Me levanto a las siete.
E1: ¿Qué haces después?

COMPRENSIÓN AUDITIVA

1 **You will listen to four separate audio recordings. Before playing the audio, review the listening strategy in Destrezas and follow the suggestion.**

Destrezas

Listen for specific information

To listen efficiently, focus on the information you need in order to obtain the correct answer. Before listening to each segment, read the options. Then jot down or circle the specific information you need to listen for to help you select the correct answer. What information should you focus on in item...?

1. .... 3. ....

2. .... 4. ....

2 49 **Listen to each short segment and then choose the best option based on the information you heard.**

1. a. Juan se levanta todos los días a las 7.
   b. Juan se levanta todos los días a las 8.
   c. Juan se levanta todos los días a las 9.

2. a. Mi madre lleva unos zapatos rojos.
   b. Mi hermana lleva unos zapatos rosas.
   c. Mi hermana lleva unos zapatos rojos.

3. a. Estudian español por la mañana.
   b. Estudian inglés por la mañana en el colegio.
   c. Estudian inglés por la mañana en el instituto.

4. a. El profesor quiere quedar con sus amigos el lunes.
   b. El profesor quiere quedar con sus estudiantes el martes.
   c. El profesor quiere quedar el domingo por la tarde con sus estudiantes.

EXPRESIÓN E INTERACCIÓN ESCRITAS

1 **In this section, you will be writing an e-mail to a friend describing what you do on a typical day. Before you begin to write, review the writing strategy in Destrezas and follow the suggestion.**

Destrezas

Create an activity chart

Make a chart listing information about your day. This will help you organize your description.

Topic	Questions	Personal information
Schedule	What time do you get up? What is your morning routine? What time do classes start?	
Activities	What do you normally do? When and where do you do these activities?	
Free time activities	What do you do with your friends?	

2 **Write an e-mail to your friend using the notes you prepared. Include all the necessary information for your e-mail.**

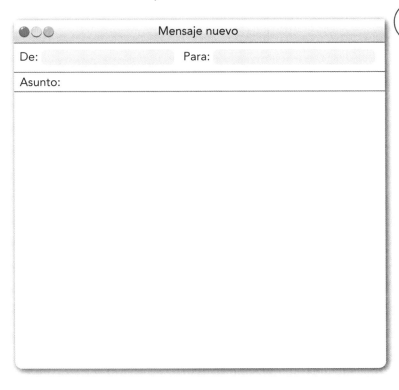

Mensaje nuevo

De: Para:

Asunto:

- Use the following information to write an e-mail:
  - De: *From*
  - Para: *To*
  - Asunto: *Subject*
  - Querido/a: *Dear*
  - Chao/Adiós/Hasta luego: [*closing*]

PRONUNCIACIÓN The sounds of *b* and *v*

1 50 **Listen to the following words and repeat after the speaker.**

1. **Bar**celona, sa**be**r, **bi**blioteca, **bo**lígrafo, **bu**eno.
2. **Va**lencia, **ve**inte, **vi**vir, **vo**sotros, **vu**estro.

- In Spanish, the letters **b** and **v** have the same sound, as the *b* in *boy*.

2 **Fill in the blanks with *b* or *v* to complete the spelling of these words you already know. Then practice saying them aloud with a partner.**

a. be.....er
b. vi.....ir
c. e.....aluación
d. escri.....es
e. vol.....emos
f. .....iblioteca
g. ha.....lar
h. .....einte
i. .....ien
j. .....erde

3 **Look at Daniel's after-school activities. Fill in the blanks with *b* or *v* to complete his schedule.**

L	M	X	J	V
• Ir a clases de .....aile. • .....er mi serie de tele.....isión fa.....orita.	• Lle.....ar al perro al .....eterinario. • Estudiar .....iología por la noche.	• Partido de .....aloncesto. • Escri.....ir un correo a Tomás.	• Tra.....ajar unas horas en la .....i.....lioteca. • Ir al cine con Ja.....ier.	• Jugar al fút.....ol. • Na.....egar por Internet.

EXTENSIÓN DIGITAL

Practice what you have learned with additional materials online.

EL PUENTE ENTRE LAS AMÉRICAS

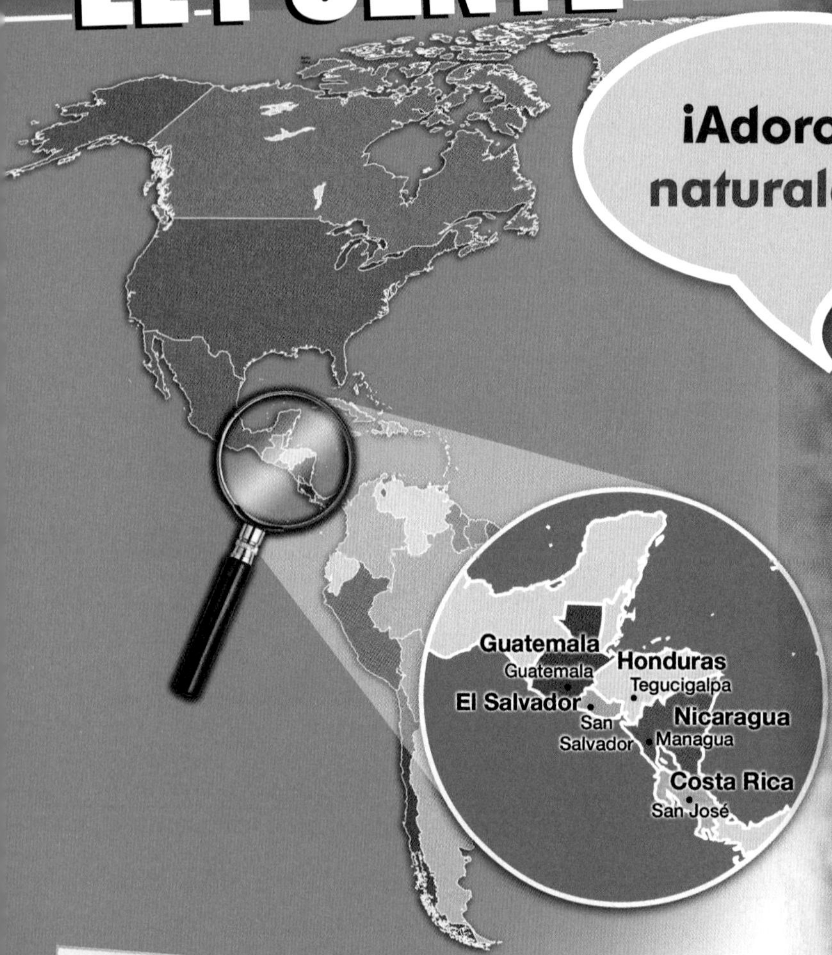

Esta región de América Cent
tiene muchas sorpres

Rana de ojos rojos.

- América Central tiene una hist muy rica, con herencia de las c maya y olmeca, española y afr
- En América Central vive el 7% las plantas y animales del plar Allí puedes ver jaguares, tortug gigantes y monos araña *(spide monkeys).*
- Además de español, en estos se hablan varias lenguas indíg

La catedral de San Salvador, en El Salvador.

El volcán San Cristóbal, en Nicaragua.

La fiesta de Santo Tomás, en Guatemala.

¿Sabes que...?

- La ruta *(highway)* Panamericana cruza América Central y llega hasta Sudamérica. Tiene 48.000 kilómetros... ¡es una de las rutas más largas del mundo!
- En la región hay más de 70 volcanes y 30 de ellos están activos. En Nicaragua hay 19 volcanes activos.
- En la fiesta de Santo Tomás, en Guatemala, hay una increíble competición de acrobacia.
- El concurso de surf, Reef Pro El Salvador, se celebra todos los años en Punta Roca. Es uno de los mejores lugares para hacer surf en la costa del Pacífico.
- El Juego de Pelota es un deporte de la civilización maya. En Guatemala hay más de 300 campos de juego que datan de 1400 a.C. *(B.C).*

51 Un día «pura vida»

ı nombre es Ana y soy de Costa Rica. Es el país ás feliz del mundo, según el *Happy Planet Index*, ›rque la gente está contenta, vive una larga vida y spetа la naturaleza.

ןuí tenemos una frase típica: «pura vida». Significa ןe es importante disfrutar *(enjoy)* cada día.

ormalmente, me levanto temprano y desayuno ı café. Después, voy a la escuela. Las clases son teresantes y me gusta charlar con mis amigos.

Por la tarde, voy a la playa y hago surf. Dos veces por semana, voy a un santuario *(sanctuary)* de animales, donde soy voluntaria. Vivir en Costa Rica es increíble. ¡Pura vida!

La vida es relajada en el país más feliz del mundo.

Las maras y la educación

s maras son pandillas *(gangs)* de jóvenes ›lentos. Son un problema en varios países de ıérica Central.

violencia de las maras afecta la educación, ›rque los profesores y los alumnos tienen miedo *'e afraid)* de ir a clase.

ı El Salvador, el gobierno tiene desde 2012 un ıcto con las maras para terminar con la violencia. ›nduras, donde 5.000 jóvenes son parte de alguna mara, quiere un pacto similar.

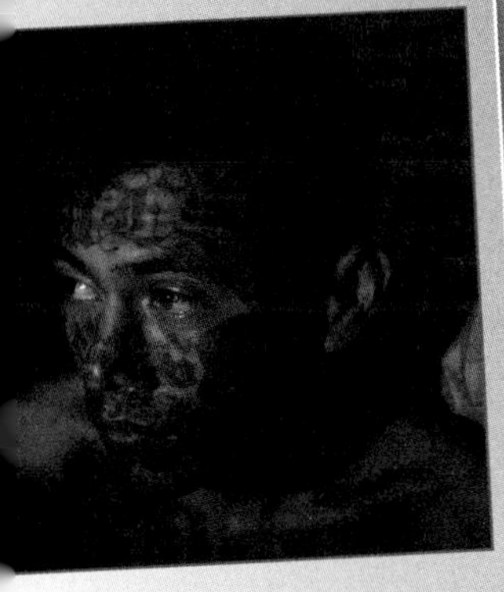

In integrante de la mara alvatrucha, de Honduras.

ntes: BBC Mundo, Happy Planet ex, Instituto Cervantes.

El mundo maya y la tecnología

- En América Central se hablan varias lenguas indígenas. Guatemala es el país con más diversidad: ¡hay 21 idiomas, además del español!
- Más de 3 millones de personas hablan maya.
- Hay muchos proyectos que combinan la lengua maya y la tecnología. Por ejemplo, un traductor de Microsoft y una versión del navegador *(browser)* Firefox están en este idioma.
- El maya también se habla en México. Una nueva telenovela, *Baktún*, se emite en Internet en 2013. Es en maya, con subtítulos en español.

La pirámide de Tikal es parte de la historia maya de Guatemala.

Select the correct answer to complete each sentence.

1 **En la fiesta de Santo Tomás**
- a. hay violencia.
- b. hay un juego de pelota.
- c. hay una competición de acrobacia.

2 **La pirámide de Tikal**
- a. está en Guatemala.
- b. está en Nicaragua.
- c. está en Costa Rica.

3 **Baktún es**
- a. una tradición maya.
- b. una fiesta popular.
- c. una nueva telenovela.

Link the two parts of the sentence.

1 En América Central vive...	a un deporte de los antiguos mayas.
2 En la región hay...	b la educación.
3 La pelota es...	c disfrutar de cada día.
4 La frase «pura vida» significa...	d 30 volcanes activos.
5 La violencia de las maras afecta...	e el 7% de las plantas y animales del planeta.

RELATO El día a día

1 **Match the images to the activity described.**

1. 

2. 

3. 

4. 

5. 

6. 

a. ▢ visitar a la familia
b. ▢ ir al cine
c. ▢ limpiar la casa
d. ▢ hacer la compra
e. ▢ arroz con pollo
f. ▢ tostada con mantequilla y mermelada

2 52 **Read the following description of the typical day-to-day of many Hispanics in the Spanish-speaking world. Then select *sí* or *no* based on what you learned from the reading section.**

El día a día de muchos hispanos

La gente que visita nuestros países siempre dice que los horarios son diferentes al resto del mundo y que todo se hace más tarde.

Durante la semana no desayunamos mucho, solo café con leche o jugo de naranja, y salimos corriendo, mis padres al trabajo y mi hermana y yo a la escuela. Comemos normalmente de dos a tres de la tarde: papá en un restaurante cerca de la oficina, mamá en la cafetería de la empresa y yo en la escuela. No dormimos la siesta, porque también hacemos cosas por la tarde: ellos trabajan y yo voy a clases de guitarra. La cena en mi familia es a las ocho de la noche. Nos acostamos tarde, a las doce.

Los fines de semana son más relajados. El sábado por la mañana hacemos la compra y limpiamos la casa; por la tarde, quedamos con amigos, cenamos fuera o tomamos algo en una terraza. Los domingos nos levantamos mucho más tarde, desayunamos chocolate con pan dulce o tostadas con mantequilla y mermelada. Visitamos a la familia y comemos juntos. Ese día mis padres preparan una buena comida, como arroz con pollo o carne asada *(grilled meat)*. Por la tarde, paseamos por el parque o vemos una película en el cine. Y descansamos para empezar la semana con energía. Este es el día a día de mi familia, ¿y el de la tuya?

	Sí	No
a. Normalmente se desayuna muy fuerte.	☐	☐
b. Durante la semana comemos en casa.	☐	☐
c. El fin de semana limpiamos la casa y hacemos la compra.	☐	☐
d. Los domingos vemos a la familia.	☐	☐
e. Nos acostamos muy temprano todos los días.	☐	☐

3 **With a partner, list the activities that are typically done during the week and on weekends according to the reading.**

De lunes a viernes	Los fines de semana

4 **Write about what people typically do in your country or region during the day. Share your answers with the class.**

El sábado por la mañana ....

Por la tarde ....

El domingo por la mañana ....

Por la noche ....

5 **With a partner, take turns asking each other about your routines. Then record your partner's answers in the chart below.**

a. ¿Qué haces el sábado por la mañana?
b. ¿Qué haces el sábado por la tarde?
c. ¿Qué haces el domingo por la mañana?
d. ¿Qué haces el domingo por la tarde?
e. ¿Qué haces durante la semana por las tardes?

lunes	martes	miércoles	jueves	viernes	sábado	domingo

EVALUACIÓN

TELLING TIME

1 **Look at the clocks and write out the time in Spanish.**

a. ....

b. ....

c. ....

d. ....

e. ....

f. ....

EVERYDAY ACTIVITIES

2 **Write the activity below its corresponding image.**

levantarse ○ comer ○ acostarse ○ quedar con amigos ○ escuchar música
navegar por Internet ○ hacer la compra ○ ver una película ○ limpiar la casa

a.

....

b.

....

c.

....

d.

....

e.

....

f.

....

g.

....

h.

....

i.

....

3 **Complete the description with an expression from the list below.**

quedo ○ una tostada con mermelada y mantequilla a las 8:00h ○ me ducho ○ me acuesto

Me levanto a las 8:00 de la mañana todos los días, y (a) .... antes de ir a la escuela. Desayuno (b) .... Por la tarde estudio un poco y toco la guitarra. Cenamos toda la familia (c) .... y después veo un poco la tele en el salón. (d) .... a las 11:30 de la noche, porque ya tengo mucho sueño. El sábado por la tarde (e) .... con mis amigos y vemos una película en el cine.

STEM-CHANGING VERBS AND THE VERBS *HACER* AND *SALIR*

4 **Complete the sentences with the correct form of the verb in parenthesis.**

a. Las clases (empezar) .... a las 9:00 de la mañana.
b. Muchos españoles (querer) .... ver una película el fin de semana.
c. María (dormir) .... ocho horas diarias.
d. Raquel (pedir) .... un café al camarero.
e. Tú y yo (querer) .... aprender español.
f. ¿Tú (poder) .... hacer una paella?
g. ¿Qué (hacer) .... con tus amigos?
h. Nosotros (salir) .... los fines de semana.

REFLEXIVE VERBS

5 **Complete the sentences with the correct form of the verbs in parenthesis.**

a. (Levantarse, yo) .... a las 8:00 de la mañana.
b. (Vestirse, tú) .... antes de desayunar.
c. (Ducharse, ella) .... por las mañanas.
d. (Acostarse, ellos) .... muy tarde el sábado.

CULTURA

6 **Answer the following questions about Centroamérica and compare similarities with your own country or region.**

a. ¿En qué país usan la expresión "pura vida"? ¿Qué expresión es popular en tu ciudad o región?
b. ¿En qué lengua ofrece Firefox una versión de su navegador?
c. ¿Qué lugares históricos y culturales puedes visitar en esta región? ¿Hay lugares similares en tu ciudad o región? Explícalo.
d. ¿Qué deporte es muy popular?
e. ¿Qué intentan controlar los gobiernos de El Salvador y Honduras? ¿Existe este problema en tu ciudad o región?

EXTENSIÓN DIGITAL **Practice what you have learned with additional materials online.**

EN RESUMEN: Vocabulario

Las profesiones *Professions*

bombero/a *firefighter*
cocinero/a *cook*
informático/a *computer technician*
mecánico/a *mechanic*

médico/a *doctor*
mesero/a *waiter/waitress*
recepcionista *receptionist*

veterinario/a *veterinarian*

Decir la hora *Telling time*

¿A qué hora...? *At what time...?*
de la mañana *a.m.*
de la noche *p.m.*
de la tarde *p.m.*
en punto *sharp*
Es la una. *It's one o'clock.*
menos cuarto *quarter to*
¿Qué hora es? *What time is it?*

Son las dos. *It's two o'clock.*
y cuarto *quarter past/after (the hour)*
y media *half past (the hour)*

Expresiones de tiempo *Time expressions*

fin de semana *weekend*
por la mañana *in the morning*
por la noche *at night*

por la tarde *in the afternoon*
todos los días *every day*

Los días de la semana *Days of the week*

lunes *Monday*
martes *Tuesday*
miércoles *Wednesday*
jueves *Thursday*
viernes *Friday*
sábado *Saturday*
domingo *Sunday*

Verbos *Verbs*

acostarse (o>ue) *to go to bed*
almorzar (o>ue) *to have lunch*

cenar *to have dinner*
cerrar (e>ie) *to close*
desayunar *to have breakfast*

despertarse (e>ie) *to wake up*
dormir (o>ue) *to sleep*
ducharse *to shower*
empezar (e>ie) *to start, begin*
entender (e>ie) *to understand*
hacer deporte *to play sports*

hacer la tarea *to do homework*

hacer *to do, to make*
levantarse *to get up*
navegar por Internet *to go on the Internet*
pedir (e>i) *to ask for, to order*
pensar (e>ie) *to think*

poder (o>ue) *to be able, can*
preferir (e>ie) *to prefer*
quedar *to meet up with someone*
querer (e>ie) *to want (to do something)*
repetir (e>i) *to repeat*
salir *to go out, to leave*
servir (e>i) *to serve*
tener que *to have to (do something)*
vestirse (e>i) *to get dressed*

volver (o>ue) *to return*

STEM-CHANGING VERBS

(See page 126)

	ENTENDER	VOLVER	PEDIR
	e → ie	o → ue	e → i
yo	ent**ie**ndo	v**ue**lvo	p**i**do
tú	ent**ie**ndes	v**ue**lves	p**i**des
usted/él/ella	ent**ie**nde	v**ue**lve	p**i**de
nosotros/as	entendemos	volvemos	pedimos
vosotros/as	entendéis	volvéis	pedís
ustedes/ellos/ellas	ent**ie**nden	v**ue**lven	p**i**den

THE VERBS *HACER* AND *SALIR*

(See page 127)

	HACER	SALIR
yo	**hago**	**salgo**
tú	haces	sales
usted/él/ella	hace	sale
nosotros/as	hacemos	salimos
vosotros/as	hacéis	salís
ustedes/ellos/ellas	hacen	salen

REFLEXIVE VERBS

(See page 128)

	LEVANTARSE
yo	**me** levanto
tú	**te** levantas
usted/él/ella	**se** levanta
nosotros/as	**nos** levantamos
vosotros/as	**os** levantáis
ustedes/ellos/ellas	**se** levantan

AHORA COMPRUEBA

1 **Describe the people in the photo. Include a physical description of each person and what he/ she is wearing.**

1. ....

....

2. ....

....

3. ....

....

4. ....

....

5. ....

....

6. ....

....

2 53 **Listen to Elena describe her friends. Then match the name to the correct image of the person based on the description you hear.**

a. Beatriz: ➜ ....
b. Elena: ➜ ....
c. Javier: ➜ ....
d. Julián: ➜ ....
e. Marta: ➜ ....
f. Santiago: ➜ ....

3 **Read about Beatriz as she describes a typical day for her. Fill in the blanks with the correct form of the verb in parenthesis.**

De lunes a viernes (levantarse) ....1.......... a las 8 porque mi clase (empezar) ....2.......... a las nueve. (Ducharse) ....3.......... rápido, (desayunar) ....4.......... leche con cereales y (correr) ....5.......... a la escuela para no llegar tarde. (Comer) ....6.......... a las dos con mi familia, mi madre es profesora de Matemáticas y llega a casa para comer con mi hermano y conmigo. Mi padre llega más tarde porque es médico y su día es más largo. Por la tarde (quedar) ....7.......... con Marta y (estudiar) ....8.......... juntas. (Hacer) ....9.......... deporte los martes y jueves, los lunes y miércoles toco el piano. (Acostarse) ....10.......... a las once y (leer) ......11...... un poco hasta las 12. ¡El fin de semana es mucho mejor! (Quedar) ......12...... con mis amigos y jugamos videojuegos o (salir) ......13...... y (ver) ......14...... una película en el cine.

4 **Read the text again and answer the following questions about Beatriz's day.**

a. ¿A qué hora se levanta Beatriz? ➡ ....

b. ¿Dónde come y con quién? ➡ ....

c. ¿Qué hace por las tardes de lunes a viernes? ➡ ....

d. ¿Cuándo queda con sus amigos? ➡ ....

e. ¿Qué hace antes de dormir? ➡ ....

f. ¿Cuáles son las profesiones de sus padres? ➡ ....

5 **Complete the schedule below with the activities you typically do during the week.**

	L	M	X	J	V	S	D
Mañana							
Tarde							

6 **Look at the list of people in Beatriz's family and complete her family tree.**

Carmen Solís Sevilla
Manuel Sánchez Román
Beatriz Sánchez Coronado
Carlos Sánchez Coronado
Ángeles Román López
Lucía Coronado Solís
Francisco Sánchez Márquez
Alberto Coronado Martín

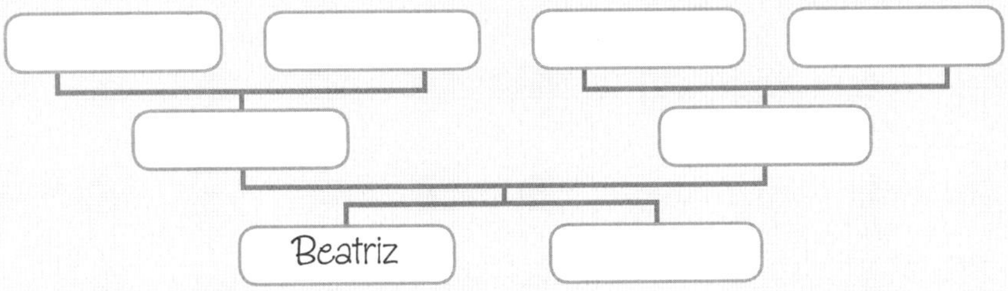

UNIDAD 5

¿TE GUSTA?

- ¿Comes en restaurantes con tu familia?
- ¿Prefieres la comida de restaurantes o la comida de casa?
- ¿Qué pides en tu restaurante favorito?

Esta familia almuerza en su restaurante favorito.

In this unit, you will learn to:

- Talk about what you do in your free time
- Describe likes and dislikes
- Express agreement and disagreement
- Order in a restaurant
- Explain what part of the body hurts
- Describe how you are feeling

Using

- *Gustar* and similar verbs
- *Ser* and *estar*
- *También* and *tampoco*
- *Doler* and the parts of the body

Cultural Connections

- Share information about traditional foods in Hispanic countries, and compare cultural similarities

¡ACCIÓN!

SABOR HISPANO

¡A comer, bailar y gozar!

- Panamá, Colombia y Venezuela

1 **Look at the image below of students studying before going to class. Then complete the sentences according to the image.**

a. La imagen representa a unos ....estudiantes........

b. En el reloj de la fotografía son ....ocho y cicuenta........

c. Los amigos estudian antes de ....el examen........

d. Los cuatro muchachos ....tienen catorce........ años.

2 54 **Listen to the conversation. Then decide whether the following statements are true (T) or false (F) according to it.**

Quique: ¿Qué tal, muchachos? ¿Qué tal llevan el examen?

Germán: Yo no muy bien, estoy un poco preocupado.

Carmen: Pero si tú estudias mucho, ¡seguro que te sale bien! ¿A que sí, Noelia?

Noelia: Pues claro. Yo creo que va a ser bastante fácil. Además, esta tarde ya no tenemos que estudiar.

Quique: Es verdad. ¿Qué quieren hacer? ¡Ah!, podemos jugar a videojuegos. Me encantan los videojuegos.

Germán: Es que estoy cansado de jugar siempre con los videojuegos.

Carmen: Vale, ¿y qué tal si hacemos deporte?

Germán: No sé, es que me duele *(hurts)* la pierna por el partido de fútbol del domingo.

Noelia: Podemos ir a comer algo. Germán, tú siempre tienes hambre, ¿no?

Germán: Vale, pero no quiero ir a un restaurante con mucha gente, que seguro que tenemos que esperar *(wait)* mucho para sentarnos *(to sit)* y estoy de mal humor.

Quique: ¿Qué? ¡Pero si siempre estás contento!

Carmen: Chévere, pues más tarde decidimos. Después del examen seguro que estás más contento.

Germán: Es verdad, chicos. ¿Vemos una película? Me gusta la nueva de ciencia ficción.

Quique: A mí también.

Carmen: Sí, de acuerdo.

	T	F
a. De lunes a viernes los chicos quedan en la puerta de la escuela a las nueve de la mañana.	☑	☐
b. Mañana no hay escuela.	☐	☑
c. Quique está de mal humor.	☑	☐
d. Noelia piensa que el examen va a ser bastante fácil.	☐	☑
e. Carmen y Quique están de acuerdo con Germán.	☑	☐

3 **Answer the following questions about the conversation.**

a. ¿Cuántos planes proponen *(suggest)* los amigos para hacer esta tarde? cuatro

b. ¿Qué plan deciden hacer finalmente?

c. ¿A quién le duele la pierna? German

d. ¿Por qué Germán no quiere ir a comer? esperar

e. ¿Por qué no quiere jugar a videojuegos? hacer deportes

4 **Match the caption to the image.**

a.

b.

c.

d.

1. ☐ A María y a Graciela les gusta el campo y montar en bici. Ahora están cansadas.
2. ☐ A Miguel le encanta chatear con sus amigos de Argentina. Es muy abierto.
3. ☐ A Andrés le gusta hacer fotos, también le gustan los perros. Es muy simpático.
4. ☐ A Paloma le encanta ir de compras y comprar zapatos. Está muy contenta.

5 **With a partner, take turns saying which of the following activities you like to do in your free time.**

- chatear con amigos
- ir de compras y comprar…
- escuchar música en mi mp4
- jugar a videojuegos
- hacer deporte
- montar en bici
- hacer fotos
- ver una película

Modelo:

Me gusta ir de compras y comprar botas.

ESTAR

- Use **estar** to describe a person's mood or feelings at a particular moment.
  *Germán **está** preocupado por el examen. Germán is (feeling) worried about the test.*
- Adjectives commonly used with **estar**:

tranquilo/a *(feeling) relaxed*	**de buen/mal humor** *in a good/bad mood*
preocupado/a *(feeling) worried*	**bien, perfecto** *(feeling) fine*
alegre, contento/a *(feeling) happy*	**cansado/a** *(feeling) tired*
triste *(feeling) sad*	**enfadado/a** *(feeling) angry*

Use **ser** to describe personality traits and characteristics with:
- tranquilo/a *quiet*
- antipático/a *disagreeable*
- inteligente *intelligent*
- alegre, divertido/a *fun, lively*
- simpático/a *likeable*
- aburrido/a *boring*

1 **Using *estar* and the expressions above, describe the mood indicated by the following emoticons. Check your answers with a partner.**

a. 
Está triste.

b. 
....

c. 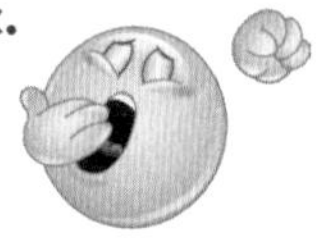
....

d. 
....

e. 
....

2 55 **Listen to the conversation and fill in the blanks with the missing words.**

Carlos: ¿Qué te pasa, Rafael? Hoy no .... muy ....
Rafael: Bueno, es que .... un poco ....
Carlos: ¡Pero qué dices! Si tú .... muy .... Venga, vamos a dar un paseo.
Rafael: Bueno, vale.

3 **Fill in the blanks with *es* or *está* to describe Bea. Check your answers with a partner.**

Bea .... muy simpática. Cuando estamos juntos, ella .... muy divertida y siempre .... de buen humor. Esta semana .... preocupada porque tiene un examen importante. Cuando la llamo por teléfono, ... nerviosa. Me dice que .... de mal humor. ¡Pobre Bea!

4 **With a partner, prepare a conversation with Bea comparing how she normally is to the way she is feeling today and give a reason why. Then, switch roles.**

Modelo: El: ¿Qué te pasa, Bea? Hoy...
Bea: Es verdad, hoy... porque...

Normalmente...
tranquila y simpática.

Hoy...
nerviosa.

Hoy...
de mal humor.

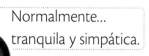

ORDERING IN A RESTAURANT

5 **Read the following conversation in a restaurant between the waiter and his customers. Then match the items ordered to the correct images below.**

Mesero: Hola, buenas tardes. ¿Qué quieren tomar?
Cliente 1: Yo, un bocadillo de tortilla (1) y un refresco de cola (2).
Cliente 2: Para mí, un refresco de naranja (3).
Mesero: ¿Quiere algo de comer?
Cliente 2: Sí, yo un sándwich de jamón y queso (4), por favor.
Mesero: ¿Algo más?
Cliente 2: No, nada más, gracias.

***

Cliente 1: ¿Nos trae agua, por favor?
Mesero: Tomen, aquí tienen.

***

Cliente 1: La cuenta, por favor.
Mesero: Sí, son 17 dólares.

a. ☐
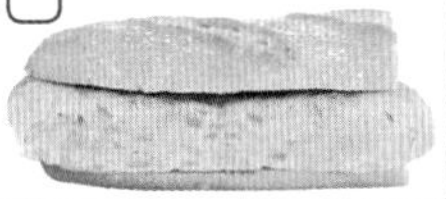

b. ☐

c. ☐
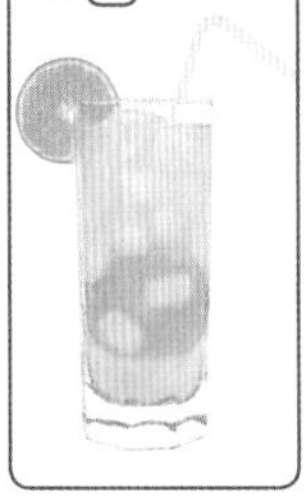

d. ☐

6 **Look at the different questions and answers commonly used when ordering in a restaurant. Fill in the blanks with the missing words used in the conversation above.**

Mesero	Cliente
¿Qué quiere/quieren ....? *What would you like to have?*	........, un bocadillo de tortilla. *I (will have) a tortilla sandwich.*
¿Qué quiere/n beber? *What would you like to drink?*	.... un refresco de naranja. *For me, an orange soda.*
¿Quiere/n algo de ....? *Would you like anything to eat?*	........, ... un sándwich de jamón y queso. *Yes, (I will have) a ham and cheese sandwich.*
¿Quieren tomar algo más? *Would you like to have anything else?*	No, ... gracias. *No, nothing, thank you.*
¿..? *Anything else?*	¿........ agua? *Would you bring us more water?*
	........, por favor. *The check, please.*
	¿Cuánto es? *How much do I owe you?*

7 **With a partner, take turns playing the roles of waiter/waitress and customer. Use the expressions in activity 6 and the menu as a guide. Then present your conversation to the class.**

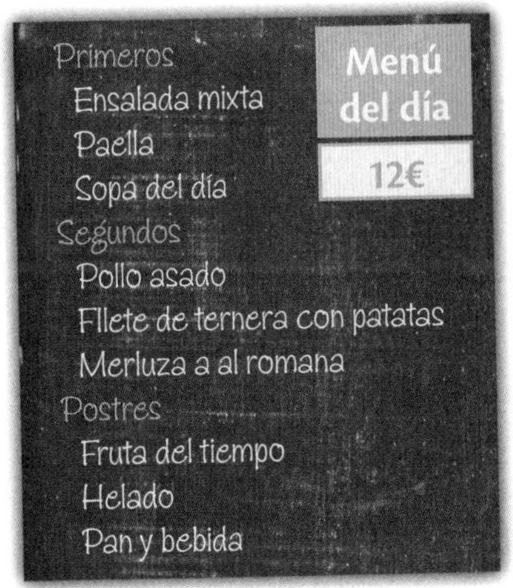

- Primeros *First course* ➡ *¿Qué quiere* ***de primero****?*
- Segundos *Second course* ➡ *¿Qué quiere* ***de segundo****?*
- Postres *Desserts* ➡ *¿Qué quiere* ***de postre****?*

EXTENSIÓN DIGITAL **Practice what you have learned with additional materials online.**

¡ACCIÓN!

ANTES DEL VIDEO

1 **Number the scenes in a logical order. Then answer the questions that follow. Make your best guesses about what you think is going to happen.**

a. ¿Dónde crees que van?
b. ¿Dónde están?
c. ¿Qué crees que comen?
d. ¿De qué crees que hablan?

DURANTE EL VIDEO

2 **Watch the video and choose the best option.**

1. Los chicos y las chicas del video...
- **a.** ☐ son dos parejas de novios.
- **b.** ☐ son un grupo de amigos y amigas.
- **c.** ☐ son hermanos.

2. El restaurante...
- **a.** ☐ está en el centro y hay mucha gente.
- **b.** ☐ está en una zona muy tranquila y está vacío.
- **c.** ☐ es muy pequeño y no tiene mesa para cuatro.

3. Los chicos y las chicas...
- **a.** ☐ quieren desayunar.
- **b.** ☐ quieren comer.
- **c.** ☐ quieren tomar unas tapas.

4. El camarero...
- **a.** ☐ es amable y simpático.
- **b.** ☐ es antipático y está de mal humor.
- **c.** ☐ es tímido y amable.

5. Durante la comida...
- **a.** ☐ hablan de los exámenes.
- **b.** ☐ hablan de un viaje.
- **c.** ☐ hablan de David.

DESPUÉS DEL VIDEO

3 **Indicate whether each statement is true (T) or false (F).**

	T	F
a. Durante la comida, los chicos están muy nerviosos porque no tienen dinero para pagar la cuenta.	☐	☐
b. Todos comen de segundo la recomendación del camarero.	☐	☐
c. Las chicas comparten la ensalada.	☐	☐
d. Los dos chicos piden sopa de primero.	☐	☐
e. Ana no come postre porque es alérgica a los dulces.	☐	☐
f. Todos piensan que David es genial.	☐	☐

4 **Match the descriptions to the person it relates to.**

a. De primero va a tomar ensalada sin cebolla.
b. Tiene mucho trabajo y no tiene tiempo para esperar.
c. Pide las bebidas para todos.
d. Pide mesa para cuatro.
e. Le gusta David y le duele el estómago.
f. Le gusta la ensalada con cebolla.
g. A él también le gusta navegar por Internet.
h. Recomienda el segundo plato.
i. No le gusta David.
j. Dice que a Ana le gusta David.

El camarero

Rigo

David

María

Ana

EXTENSIÓN DIGITAL
Practice what you have learned with additional materials online.

1. los bolos

2. los videojuegos

3. el fútbol

4. una película

5. natación

6. esquí

7. judo

8. ciclismo

9. un refresco

10. deporte

11. la televisión

12. un concierto

13. una exposición

14. unas tapas

15. Internet

16. el mar

17. yoga

18. el sol

1 56 **Write the number of the activity next to the verb it uses. Then listen to the verbs and activities used together to check your answers. *¡Atención!* The first three have been done for you.**

a. Ver 6,

b. Hacer 5,

c. Tomar 10,

d. Jugar (a)

e. Navegar (por)

2 **Make one or two recommendations for each of the following people based on their moods, personalities, and circumstances as described below. Then take turns with a partner exchanging your suggestions. Record all the suggestions provided.**

¿Qué puede(n) hacer?	Puede(n)...
1. Isabel es muy tranquila. A ella no le gusta salir. Prefiere estar en casa.	
2. Violeta vive cerca de la playa *(beach)*. La temperatura hoy es de 95 grados y ella tiene calor.	
3. Paco y sus amigos tienen mucha energía y son muy activos. A ellos les gusta competir.	
4. Iván está aburrido. Le gusta mucho el arte y la música. A sus amigos también.	

Modelo: E1: ¿Qué puede hacer Isabel?
E2: Isabel puede ver la televisión.

3 **Select from the options you and your partner prepared in activity 2 for each of the situations and say which one you would prefer to do in each case.**

Yo prefiero...

1. ....
2. ....
3. ....
4. ....

4 57 **Look at the image of Miguel and try to guess what four activities he likes to do in his free time. Then listen to the audio to check your answers.**

- ☐ viajar con amigos
- ☐ escuchar música
- ☐ tomar tapas con los amigos
- ☐ ver conciertos en directo
- ☐ ver la televisión
- ☐ hacer deporte
- ☐ navegar por Internet
- ☐ viajar solo

5 **What can you guess about Inés and the things she likes to do in her free time based on the image of her below? Write a short description about Inés. Include the following:**

- two personality traits
- how she is feeling today
- three activities she likes to do in her free time
- one activity she doesn't like to do

Inés es...

Hoy está...

A ella le gusta...

A ella no le gusta...

6 **Prepare a similar description about yourself. Then share the information you wrote about yourself and Inés with the class. *¡Atención!* To say what you like (and don't like) use *A mí me gusta.../A mí no me gusta...***

7 58 **Using the list of foods below, complete the words under each image to identify the food in Spanish. Then listen to the audio recording to check your answers.**

carne o huevos o naranjas o queso o cebollas o leche
pimientos o tomates o garbanzos o mariscos o pollo o zanahorias

a.

GARBANZOS

b.

QUESO

c.

ZANAHORIAS

d.

LECHE

e.

CEBOLLAS

f.

TOMATES

g.

HUEVOS

h.

CARNE

i.

MARISCOS

j.

NARANJAS

k.
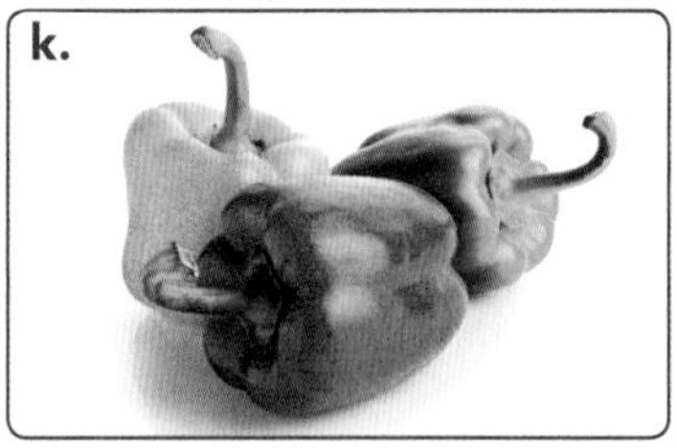
PIMIENTOS

l.

POLLO

8 **Read the following description of Fernando, a chef with some crazy menu ideas. Then write the letter of the image above to complete the menu he is planning to serve his dinner guests.**

A Fernando le gusta cocinar, pero muchas veces hace unas mezclas un poco extrañas. Hoy vienen invitados a su casa y quiere preparar lo siguiente:

- **Primer plato:** tomates (f) con naranjas (J) pollo (l) y garbanzos (A).
- **Segundo plato:** carne (H) con mariscos (I), pimientos (K) y queso (B).
- **Postre:** zanahorias (C) con leche (D), cebollas (E) y huevos (G).

9 **Another of Fernando's problems is his bad eating habits. Select the item that answers each of the questions and wich is the likely choice for Fernando.**

a. Qué comida no le gusta?

☐ la hamburguesa con papas fritas

☐ el helado

☑ la verdura

b. Cuando tiene dolor de estómago, ¿qué prefiere comer?

☐ pescado con arroz

☐ un yogur

☑ tarta de chocolate

c. ¿Qué no le gusta comer por la tarde?

☐ palomitas

☐ patatas fritas

☑ manzanas

10 **With a partner, plan out a better menu for Fernando's dinner guests using the foods in activities 1 and 3. Present your menu to the class. *¡Atención!* Use *con* (with) to combine foods that go together.**

Primer plato:..

Segundo plato:..

Postre:..

11 **Take turns asking your partner what foods he/she prefers.**

a. ¿Qué comida no te gusta?

b. Cuando tienes mucha hambre, ¿qué prefieres comer?

c. ¿Qué te gusta comer por la tarde después de la escuela?

d. ¿Cuál es tu postre favorito?

1. *GUSTAR* AND SIMILAR VERBS

- To express likes and dislikes, the verb **gustar** is used in Spanish. The verb endings for **gustar** always agree with what is liked. The indirect object pronouns always precede the verb forms.

Optional (Used to show emphasis)	Indirect object pronoun	Verb forms	What is liked
A mí	me		
A ti	te	gusta	la leche, cantar (singular)
A usted/él/ella	le		
A nosotros/as	nos		
A vosotros/as	os	gustan	los videojuegos (plural)
A ustedes/ellos/ellas	les		

***Nos gusta** salir a cenar.* *We like to go out for dinner.*
*No **me gusta** la carne.* *I don't like meat.*
*¿**Te gustan** las palomitas?* *Do you like popcorn?*

- The verb **encantar** is used to talk about things you really like or love.
***Me encantan** los conciertos en directo.* *I love live concerts.*

- The expressions **a mí**, **a ti**, **a él**... are optional. They are used to show emphasis.
*¿Te gusta el helado? **A mí** me encanta.* *Do you like ice cream? I love it (I really do).*

1 **Complete the sentences with the correct form of the verbs in parenthesis. *¡Atención!* Remember the verb form agrees with what is liked.**

a. A mí me (gusta/gustan) .... la música.
b. A ti te (encanta/encantan) .... tocar la guitarra.
c. A nosotros no nos (gusta/gustan) .... los deportes.
d. A ellos les (encanta/encantan) .... montar en bici.
e. A ella le (gusta/gustan) .... los animales.

2 **Describe one thing in each of the categories below that you and your friends like and one thing you don't like. Share your preferences with a partner.**

Modelo: clases ➡ A nosotros nos gusta la clase de Español. / No nos gusta la clase de Educación Física.

a. deportes   b. música   c. programas de televisión   d. clases

3 **In the first column, list the activities you like to do and, in the second column, the foods you love. Then ask your partner if he likes the things you listed. Take turns asking and answering to see how many things you have in common.**

Actividades	Alimentos
a. Me gusta(n)...	a. Me encanta(n)...
b.	b.
c.	c.

Modelo: E1: ¿Te gusta la natación?   E2: Sí, me gusta mucho. / No, no me gusta.

2. USING *TAMBIÉN* AND *TAMPOCO* TO AGREE AND DISAGREE

Agreement		Disagreement	

Me gustan los perros.
A mí, también.

Me too.

- Use **también** when agreeing with an affirmative statement.

No me gusta la tarea.
A mí, tampoco.

Me neither.

- Use **tampoco** when agreeing with a negative statement.

Me gusta el fútbol.
A mí, no.

I don't.

- To show that you don't agree with a statement, use **a mí, no**.

No me gustan las verduras.
A mí, sí.

I do.

- To show that you don't agree with a negative statement, use **a mí, sí**.

4 **Complete the conversations with *también* or *tampoco*. Use the icons to help you choose. Then practice the conversations aloud with a partner.**

a. » ¿Te gusta hacer deporte?
» Me encanta. ¿Y a ti?
» A mí, ...

b. » ¿Te gustan los videojuegos?
» No. ¿Y a ti?
» A mí, ...

c. » ¿Te gusta la música?
» Sí. ¿Y a ti?
» A mí, ...

5 **In groups of three or four, take turns saying whether you like or don't like the following items. Then each person in the group will say if he/she agrees with the statement or not. Keep track of responses by writing the person's name in the appropriate column.**

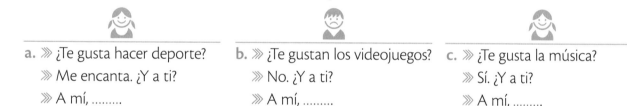

Modelo:	Agrees ☑	Disagrees ☒
Me gustan los jeans.	A mí, también.	A mí, no.
a. las gorras de béisbol	....	....
b. los ojos azules	....	....
c. el pelo muy corto	....	....
d. hacer yoga	....	....
e. dormir	....	....
f. bailar	....	....

6 **Write three statements about your group based on the information you collected in activity 5. Then report your findings to the class.**

Modelo: A Dan y a Kyle les gustan los jeans.

3. THE VERB *DOLER* AND PARTS OF THE BODY

- The verb **doler** is an **o>ue** stem-changing verb that is used to describe aches and pains. It follows the same patterns as **gustar**.
  Me duele *el estómago. My stomach hurts.* *A María* ***le duelen*** *los pies. Maria's feet hurt.*

DOLER (o>ue) *to hurt, ache*		
A mí	me	
A ti	te	**duele** el estómago
A usted/él/ella	le	
A nosotros/as	nos	
A vosotros/as	os	**duelen** los pies
A ustedes/ellos/ellas	les	

- Another way to describe what hurts you is with the expression **tener dolor de** + body part.
  Tengo dolor de *cabeza. I have a headache.*

7 **Look at the image to learn the words in Spanish for parts of the body that can hurt. Then complete the sentences with *doler* and the corresponding body part.**

a. (A mí) Me duele la cabeza.
b. (A vosotros) ....
c. (A ti) ....
d. (A él) ....
e. (A ellos) ....

Las partes del cuerpo

8 **Match the following articles of clothing to the body part most closely associated with it.**

1. bufanda .... •
2. camiseta .... •
3. calcetines .... •
4. gorra .... •
5. pantalón .... •

• a. la cabeza
• b. los pies
• c. las piernas
• d. el cuello
• e. el pecho y la espalda

9 **With a partner, practice more with the parts of the body by saying what parts you would use to do the following activities. Each of you should mention a different body part.**

Modelo: E1: Para esquiar, uso las piernas.
E2: Y los brazos.
E1: Y...

a. para bailar
b. para montar en bici
c. para tocar el piano
d. para jugar al vóleibol

10 **Look at the patients in a doctor's waiting room. Match their symptoms to what ails them.**

- ☐ **a.** Le duele la cabeza y tiene 102 °F.
- ☐ **b.** Le duele el pecho cuando tose mucho.
- ☐ **c.** Tiene dolor de cabeza y está muy nervioso.
- ☐ **d.** Le duelen las piernas y no puede caminar.
- ☐ **e.** Le duele todo el cuerpo y necesita una medicina.

11 **With a partner, describe how the following people are feeling. Use the verbs *estar* and *doler,* parts of the body, and expressions with *tener* to complete your description. Then present your versions to the class.**

Expressions with **tener**
- tener hambre
- tener calor
- tener frío
- tener sed
- tener sueño
- tener que + *infinitive*

Modelo: A Estela le duele todo el cuerpo. Está cansada y tiene sueño. No puede trabajar. Tiene que tomar té.

Anabel

Anita

Esteban

Rosa

12 **Complete the conversations with a partner and take turns role-playing. *¡Atención!* Remember how to agree and disagree.**

a. » ¿A tu padre le duele la espalda?
» Sí. ¿Y a tu padre?
» A mi padre, ...

b. » ¿Te duelen los ojos?
» No. ¿Y a ti?
» A mí, ...

EXTENSIÓN DIGITAL **Practice what you have learned with additional materials online.**

DESTREZAS

COMPRENSIÓN DE LECTURA (1)

1 **Before reading the notes, review the reading strategy in Destrezas and follow the suggestion.**

Destrezas

Asking yourself questions

It is helpful to ask yourself questions as you read. Skim through the notes and ask yourself if the note describes something to do or someplace to go. Mark each note accordingly to help you organize the information.

a. Montar en bici, domingo.

b. Cine. Viernes a las 20:30h

c. Concierto de Shakira el sábado a las 22h.

d. Médico a las 12, el miércoles.

e. Comprar arroz, pan y carne.

f. Quedar con Elena para ir al cine.

g. Reservar mesa en restaurante Pepito, jueves.

h. Hacer el trabajo de Matemáticas. Miércoles por la tarde.

i. Hablar por teléfono con la tía Eva.

j. Chatear con mi amigo Michelle, lunes.

2 **Read the notes again and match the activities below to the note that is most likely associated with it. *¡Atención!* Not all the notes will be used.**

a. Estudio. ☐

b. Navego por Internet. ☐

c. Hablo por teléfono con la familia. ☐

d. Voy al hospital. ☐

e. Hago la compra. ☐

f. Hago deporte. ☐

g. Voy a cenar fuera. ☐

COMPRENSIÓN DE LECTURA (2)

3 **Before reading the selection, review the reading strategy in Destrezas and follow the suggestions.**

Destrezas

Skipping words

If you are having problems understanding unfamiliar words, you may want to skip them and focus on the following:

1. Underline the subject and main verb of each sentence.
2. Find some description of the subject.
3. Identify words and phrases that refer to time and place.

Me encantan los fines de semana. Los sábados por la mañana me levanto a las 9:30 y nado en la piscina hasta las 11:00. Siempre hago algún deporte: fútbol, tenis o baloncesto. Como a las 13:00 y después duermo un poco la siesta. A las 16:30 viene mi tía Eva a visitarnos y trae siempre una tarta de chocolate. Después navego por Internet porque tengo muchos amigos para chatear. A las 20:00 salgo con mis amigos a pasear. Hay una chica que me gusta mucho. Se llama Sara, pero tiene novio. A veces me mira y me pongo rojo. Los domingos comemos todos juntos. Mamá prepara arroz con pollo. Después salimos todos a pasear y por la noche hago los deberes para el lunes.

4 **Read the selection again and choose the best answer to complete each sentence.**

1. La persona que escribe es…
   - **a.** un chico.
   - **b.** una chica.
   - **c.** un profesor.
2. Esta persona…
   - **a.** cena en un restaurante.
   - **b.** va al cine.
   - **c.** hace deporte.
3. Esta persona…
   - **a.** duerme muchas horas por la noche.
   - **b.** duerme la siesta.
   - **c.** duerme en casa de sus amigos.
4. Su tía Eva viene…
   - **a.** por la mañana.
   - **b.** por la tarde.
   - **c.** por la noche.
5. A esta persona…
   - **a.** le gusta mucho Sara.
   - **b.** no le gusta nada Sara.
   - **c.** le gusta un poco Sara.
6. Los domingos cocina…
   - **a.** el padre.
   - **b.** la tía Eva.
   - **c.** la madre.

PRONUNCIACIÓN The sounds of *r* and *rr*

- In Spanish, the letter **r** has two sounds.

Sound /r/

Sound is equivalent to the English pronunciation of *tt* in *butter* or *dd* in *ladder.*

*na**r**anja, ma**r**iscos, aho**r**a*

Sound /rr/

Sound is equivalent to someone imitating a motor sound (*brrrrrrr*). This is known as a trill and occurs in words:

- beginning with the letter *r*
- with an *r* after the letters *n, s, l*
- written with *rr*

__r__epetir, En__r__ique, a__rr__oz, abu__rr__ido

1 59 **You will hear ten words in Spanish with either the /r/ or /rr/ sounds. Listen carefully and write the number of the word in the appropriate column based on the sound of /r/ you hear in each.**

Sound /r/	Sound /rr/

2 **Fill in the blanks with *r* o *rr* to spell out these words. Then practice saying them aloud to a partner focusing on the correct pronuntation of /r/ and /rr/.**

a. favo.....ito **b.** a.....oz **c.** mo.....eno **d.** go.....a **e.** bo.....ador **f.** ma.....ón **g.** abu.....ido **h.** enfe.....mera **i.** papele.....a **j.** prefe.....imos

EXTENSIÓN DIGITAL **Practice what you have learned with additional materials online.**

¡A COMER, BAILAR Y GOZAR!

Una región cálida, verde y llena de misterios

El puerto de la ciudad de Pana

- El nombre oficial de Venezuel es la República Bolivariana de Venezuela. Su capital es Cara
- Colombia tiene uno de los ecosistemas más diversos del mundo. Su capital es Bogotá.
- Panamá conecta América Cer con América del Sur. Su capita la ciudad de Panamá.
- El mar Caribe es un mar tropic muy famoso por las leyendas de piratas y tesoros escondid *(hidden)*.

Monumento a Simón Bolívar, en Caracas.

El Salto Ángel, en Venezuela.

Festival de Cartagena de Indias, en Colombia.

¿Sabes que...?

- La moneda venezolana es el bolívar, en honor a Simón Bolívar, héroe político y militar.
- Panamá es el único lugar del mundo donde puedes ver la salida del sol *(sunrise)* en el océano Pacífico y la puesta de sol *(sunset)* en el océano Atlántico.
- El chocolate venezolano se hace con cacao criollo y es famoso internacionalmente.
- En Cali, Colombia, se celebra el festival de salsa más importante, con 3.000 bailarines.

Fuentes: *The Economist*, *Café de Colombia*, *El País*.

60 Café de Colombia

Colombia es el tercer productor de café mundial.

Más de 500.000 familias colombianas trabajan en la industria del café.

El café llega a Colombia con los españoles en el siglo XVIII.

Los programas de cultivo *(farming)* respetan la biodiversidad del país.

El café colombiano es suave y delicioso.

Arepas

s arepas son un plato típico de Colombia y nezuela. Son de origen indígena y muy ricas. La nte las come para el desayuno, el almuerzo ¡y hasta cena!

a es una receta simple para preparar las arepas icas de Venezuela. ¡Buen provecho! *(Enjoy your meal!)*

gredientes para 4 a 6 arepas

tazas de masarepa *(refined, precooked corn flour)*
cucharadita de sal *(salt)*
gua y aceite *(oil)*

eparación

n *(Put)* una taza y media de agua en un bol, añade la y un poco de aceite. Después, mezcla la harina hasta tener una masa *(dough)* suave, sin grumos. Luego, haz las medianas y aplástalas en forma de discos.

cina los discos por los dos lados en una plancha iddle) con aceite. Después, pon las arepas en el horno a 180°C *(350°F)* para dorarlas. Rellena *(Fill)* con queso, carne o huevos. Y... ¡buen provecho!

Arepas de carne.

Las compras en Panamá

¿Qué tal? Soy Cintia y vivo en la ciudad de Panamá. Me gusta mucho vivir aquí porque siempre hace calor. La temperatura media es de 29 grados centígrados *(84.2°F)*. Por eso, se vive mucho al aire libre... ¡hasta las compras son al aire libre! Me gusta comprar en los mercados porque las verduras son frescas y la fruta es dulce *(sweet)* y deliciosa. Las frutas tropicales son mis favoritas, como la guayaba, el mangostín, la papaya y la piña.

Además, los precios son bajos: la ciudad de Panamá es una de las ocho ciudades más baratas del mundo, según la revista *The Economist*.

A los panameños nos gustan mucho los turistas. ¡Visítanos!

Answer the following questions to talk about your likes and dislikes.

1. ¿Prefieres el café o el té? ¿Por qué?
______
2. ¿Qué tipo de chocolate prefieres? ¿Amargo *(dark)*, con leche, con nueces *(nuts)*, blanco...?
______
3. ¿Te gusta la fruta? ¿Cuál es tu fruta favorita?
______
4. ¿Qué plato típico es tu favorito y por qué?
______
5. ¿Qué tipo de comida no te gusta?
______

Fill in the blank with the correct information from the readings. Then complete the sentences to describe how it is where you live.

1. En la ciudad de Panamá, hace ______ grados todo el año. En mi ciudad ______
2. El plato típico de Venezuela son las ______ . El plato típico de mi país es ______
3. Colombia es un famoso productor de ______ . Mi país es un famoso productor de ______

1 **Match the images to the activity described.**

1.

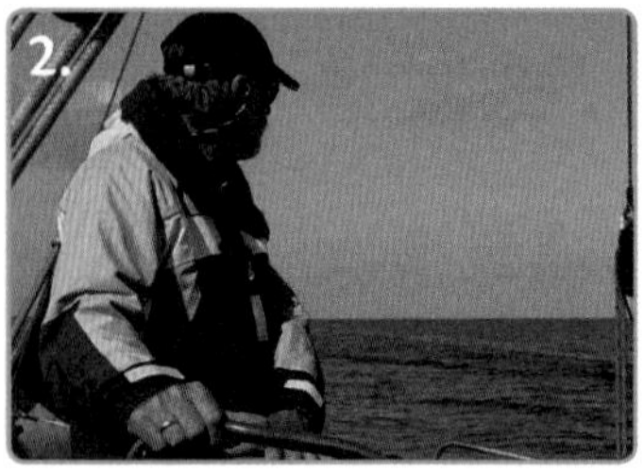
2.

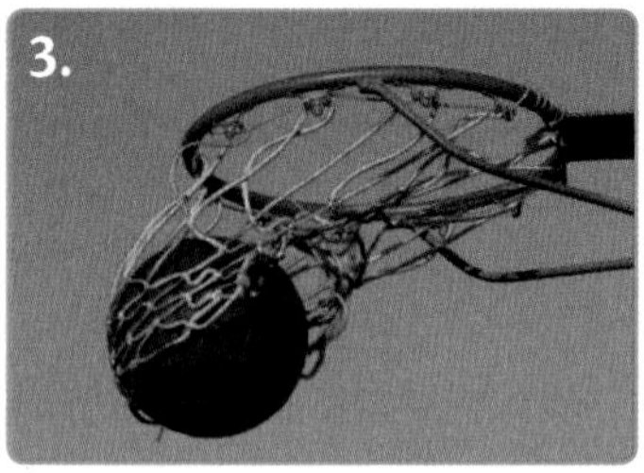
3.

a. .... deporte.
b. .... películas.
c. .... por el mar.
d. .... a los bolos.
e. .... judo.
f. .... al baloncesto.

2 61 **Read about the situation between Mónica and her friend Marta. Then read the suggestions for the weekend Mónica provides for her friend.**

Todos los fines de semana Marta llama a su amiga Mónica por teléfono para hablar sobre el fin de semana. Marta nunca sabe *(never knows)* qué quiere hacer, y Mónica siempre tiene buenas ideas. Este es un resumen de las últimas recomendaciones de Mónica a su amiga.

Hola, Marta, pienso que estás contenta porque es viernes y este fin de semana hay muchísimas cosas que puedes hacer. Por ejemplo, si quieres ver una película en el cine, hay tres opciones interesantes: una comedia española con Penélope Cruz, un drama argentino y una película de animación *(animated film)*. Por cierto, tengo una novela de un escritor venezolano. Si tienes tiempo, puedes leer la novela este fin de semana, está muy bien.

Tacos

Otra opción es comer en un restaurante. Yo te recomiendo un restaurante mexicano que tiene una comida muy buena y es bastante barato *(inexpensive)*. Lo mejor son los nachos y los tacos, ¡me encantan los tacos! Además, puedes escuchar rancheras, que son las canciones típicas de México.

Rancheras

Si quieres hacer deporte, podemos montar juntas *(together)* en bici el domingo. Yo tengo una bici nueva. Es el regalo *(gift)* de mis abuelos por mi cumpleaños.

Por último, ¿te gusta cantar? Es que tengo un karaoke en casa y el domingo puedes venir a cantar con mi hermana y conmigo *(with me)*. ¿Te imaginas? Puede ser muy divertido. Además, mi padre todos los domingos hace asado, entonces puedes almorzar con nosotros también.

Un asado

3 **Answer each question with *sí* or *no* according to the reading.**

	Sí	No
a. ¿El padre de Mónica hace asado los sábados?	☐	☐
b. ¿A Mónica le gustan los tacos?	☐	☐
c. ¿La bici de Mónica es nueva?	☐	☐
d. ¿Mónica tiene una hermana?	☐	☐
e. La novela que tiene Mónica, ¿es de un escritor mexicano?	☐	☐
f. ¿Las rancheras son mexicanas?	☐	☐

4 **Read Marta's response to Mónica's suggestions and check the ones Marta likes.**

Muchas gracias por tus recomendaciones, Mónica. Me encanta el cine argentino, entonces la película argentina que me recomiendas es una buena opción. Para la novela, no tengo tiempo este fin de semana, pero gracias. Y otra cosa, no me gusta nada la comida mexicana. No puedo montar en bici porque me duele mucho la pierna; pero lo del karaoke sí, me gusta muchísimo cantar. Además, el asado es mi comida favorita.

☐ ver la película argentina ☐ leer la novela ☐ comer comida mexicana

☐ montar en bici ☐ cantar con el karaoke ☐ comer asado

5 **Make some recommendations to your classmates about what to do this weekend. Then exchange papers with another classmate.**

Hola, compañeros. Estas son mis recomendaciones para el fin de semana...

Durante el fin de semana juego al basquetbol son las nueve en la mana. El basquebol es muy divertida. Tú deda jugar

6 **Which of the suggestions you received do you like best? Why?**

Me gusta la recomendación de Katie. Comer una hamburguesa y después ver una película en el cine, porque...

EVALUACIÓN

DESCRIBING MOODS AND FEELINGS

1 **Categorize the following words based on whether they are used with *ser* o *estar*.**

divertido ○ cansada ○ nervioso ○ inteligente ○ de mal humor
simpática ○ triste ○ tímido ○ contento ○ preocupada

SER	ESTAR
Divertido Inteligente simpática	cansada nervioso de mal humor triste tímido contento preocupado

ORDERING IN A RESTAURANT

2 **Put the following conversation in the correct order. The first one has been done for you.**

3 **Mesero:** ¿Quiere algo de comer?
2 **Cliente:** Buenas noches.
1 **Mesero:** Hola, buenas noches.
8 **Cliente:** No, nada más, gracias. ¿Cuánto es?
5 **Mesero:** ¿Qué quiere tomar?
6 **Cliente:** Un refresco de limón, por favor.
7 **Mesero:** ¿Algo más?
4 **Cliente:** Sí, un sándwich de jamón y queso, por favor.
9 **Mesero:** Son 12 dólares.

COMIDAS Y ALIMENTOS

3 **Label as many food items as you can in the following images. Were you able to label all 15 words?**

- lechuga
- tomates
- huevo
- Papas fritas
- carne
- chocolate de tarta
- gelato
- naranjas
- la leche
- zanahorias
- vegtabulas
- maiz
- papas
- zuchini
- pan

a.

b.

c.

d.

VERB *GUSTAR*

4 **Fill in the blanks with the appropriate word from the list to complete the conversation logically.**

gusta ○ gustan ○ también ○ tampoco ○ gusta

a. **Pepe:** ¿Te ...gustan... los platos típicos españoles?
b. **Alice:** Sí, muchísimo. Me ...gusta... mucho comer.
c. **Pepe:** A mí, ...también..., me encanta comer. Pero no me ...gusta... cocinar.
d. **Alice:** A mí, ...tampoco... Es muy complicado.

VERB *DOLER* AND THE PARTS OF BODY

5 **Identify the parts of the body according to the image.**

a. ....
b. ....
c. ....
d. ....
e. ....
f. ....
g. ....
h. ....

6 **Answer the question: *¿Qué le duele?***

A la muchacha le duele / tiene dolor de...

CULTURE

7 **Answer the following questions about Panama, Colombia, and Venezuela and compare similarities with your own country or region.**

a. ¿Qué frutas son típicas de Panamá? ¿Y de tu país o región?
b. ¿Qué festivales se celebran en Colombia?
c. ¿Quién es Simón Bolivar? ¿Quién es una figura histórica de tu país o región?
d. ¿Qué ponen dentro de las arepas? ¿Qué comida es similar a las arepas en tu país o región?
e. ¿Qué país produce y exporta mucho café? ¿Qué producto produce y exporta tu país o región?

EXTENSIÓN DIGITAL Practice what you have learned with additional materials online.

EN RESUMEN: Vocabulario

Actividades de ocio y tiempo libre *Free time activities*

chatear con amigos *to chat (online) with friends*
hacer ciclismo *to bike*
hacer esquí *to ski*
hacer fotos *to take pictures*

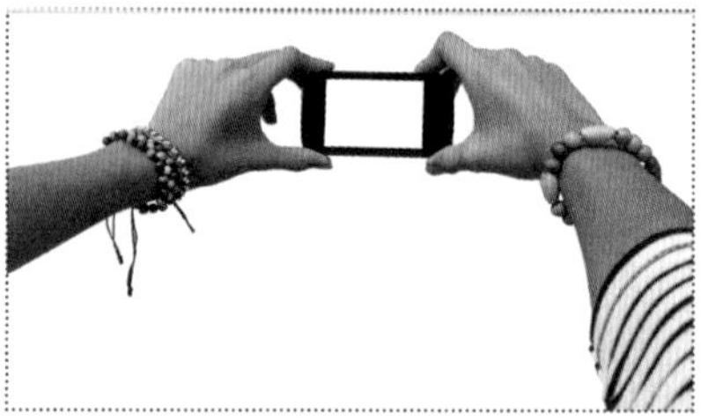

hacer judo *to practice judo*
hacer natación *to practice swimming*
hacer yoga *to practice yoga*
ir de compras *to go shopping*
jugar a los bolos *to bowl, go bowling*
jugar a videojuegos *to play videogames*
montar en bici *to ride a bike*
navegar por el mar *to sail*

navegar por Internet *to go on the Internet*
tomar el sol *to sunbathe*
tomar tapas *to eat tapas (small dishes of food)*
ver un concierto *to go to a concert*
ver una exposición *to go to an exhibit*
ver una película *to see a movie*

Estados de ánimo *Moods and feelings*

alegre *happy*
contento/a *cheerful*

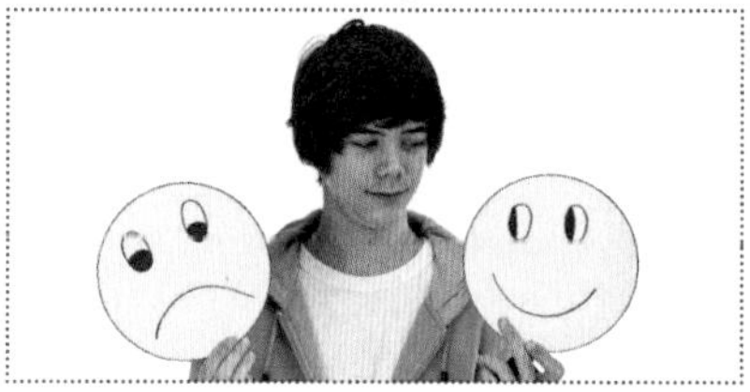

de buen humor *in a good mood*
de mal humor *in a bad mood*
nervioso/a *nervous*
preocupado/a *worried*
tranquilo/a *quiet, calm*
triste *sad*

Alimentos *Foods*

el arroz *rice*
la carne *meat*
las cebollas *onions* ✱
los garbanzos *chickpeas*
la hamburguesa *hamburger*
el helado *ice cream*
los huevos *eggs*
la leche *milk*
las manzanas *apples*
los mariscos *shellfish, seafood* ✱
las naranjas *oranges*
las palomitas *popcorn*
las papas fritas *french fries*
las papitas fritas *potato chips*
el pescado *fish*
los pimientos *peppers*
el pollo *chicken*
el postre *dessert*

el queso *cheese*
la tarta de chocolate *chocolate cake*
los tomates *tomatoes*
las verduras *vegetables*
el yogur *yogurt*
las zanahorias *carrots*

Verbos *Verbs*

doler (o>ue) *to hurt*

encantar *to love*
gustar *to like*

Partes del cuerpo *Parts of the body*

el brazo *arm*
la cabeza *head*
el cuello *neck*
el dedo *finger*
la espalda *back*
el estómago *stomach*
la mano *hand*
el pecho *chest*
el pie *foot*
la pierna *leg*
la rodilla *knee*

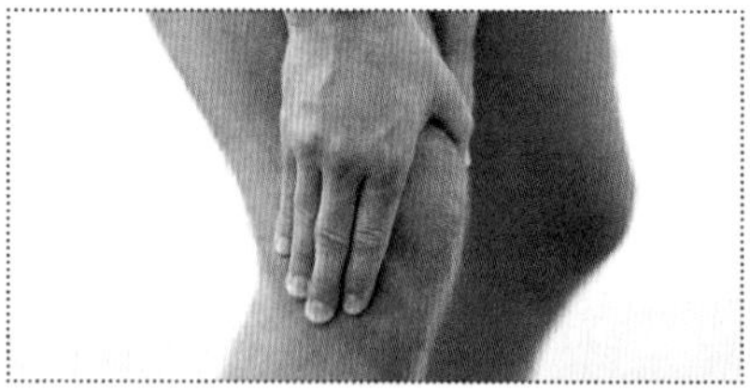

Palabras y expresiones útiles *Useful words and expressions*

A mí, también. *Me too.*
A mí, tampoco. *Me neither.*

USES OF *SER* AND *ESTAR*
(See page 146)

SER

- Use **ser** to describe a characteristic of a person, place, or thing.

  *María **es** una chica muy divertida.*
  *Los leones **son** animales salvajes.*

ESTAR

- Use **estar** to describe a person's mood or feelings.

  *Hoy **estoy** muy cansado.*
  ***Estamos** nerviosos por el examen.*

INDIRECT OBJECT PRONOUNS
(See page 154)

yo	(a mí)	**me**
tú	(a ti)	**te**
usted/él/ella	(a usted/él/ella)	**le**
nosotros/as	(a nosotros/as)	**nos**
vosotros/as	(a vosotros/as)	**os**
ustedes/ellos/ellas	(a ustedes/ellos/ellas)	**les**

VERBS *GUSTAR, ENCANTAR* AND *DOLER*
(See pages 154 and 156)

A mí		me		
A ti		te	**encanta(n)**	Ø
A usted/él/ella	(no)	le		muchísimo
A nosotros/as		nos		mucho
A vosotros/as		os	**gusta(n)**	bastante
A ustedes/ellos/ellas		les		un poco
				nada

- The verb **doler** (o>ue) follows the same pattern.

SHOWING AGREEMENT AND DISAGREEMENT
(See page 155)

- Use **A mí, también** and **A mí, tampoco** to agree with what a person says.
- Use **Yo, sí** and **Yo, no** to disagree with what a person says.

≫ Yo tengo coche.
≫ **Yo, también.**

≫ Este año no voy a ir de vacaciones.
≫ **Nosotros, tampoco.**

≫ Yo tengo un carro.
≫ **Yo, no.**

≫ Este año no voy de vacaciones.
≫ **Nosotros, sí.**

≫ A mí me encanta ir a la playa por la tarde.
≫ **A mí, también.**

≫ No me gustan los gatos.
≫ **A mí, tampoco.**

≫ A mí me encanta ir a la playa por la tarde.
≫ **A mí, no.**

≫ No me gustan los gatos.
≫ **A mí, sí.**

UNIDAD 6

VAMOS DE VIAJE

- ¿Te gusta viajar a otros países?
- ¿Te gusta explorar las ciudades?
- ¿Qué ciudades quieres visitar?

La Plaza de la Catedral, La Habana, C

In this unit, you will learn to:

- Get around in a city
- Ask and give directions
- Describe where things are located
- Talk about means of transportation

Using

- Irregular verbs *ir, seguir, jugar* and *conocer*
- Prepositions of place
- *Hay* and *estar*
- Adverbs of quantity

Cultural Connections

- Share information about cities and transportation in Hispanic countries, and compare cultural similarities

¡ACCIÓN!

SABOR HISPANO

Un viaje de aventuras

- Cuba, Puerto Rico y República Dominicana

1 **Look at the image below of two hikers finding their way around the nature reserve. Then choose the correct answer to complete the sentences.**

1. La imagen representa...
- **a.** ☐ una foto de dos estudiantes.
- **b.** ☐ una foto de un grupo de amigos.
- **c.** ☑ una foto de dos excursionistas.

2. El muchacho tiene en la mano...
- **a.** ☐ una guía.
- **b.** ☐ un papel.
- **c.** ☑ un mapa.

3. Los muchachos están...
- **a.** ☐ en la ciudad.
- **b.** ☑ en el campo.
- **c.** ☐ dentro de una oficina.

4. La chica de la foto...
- **a.** ☑ está de buen humor.
- **b.** ☐ está triste.
- **c.** ☐ está preocupada.

2 62 **Listen to the conversation and then decide whether the statements that follow are true (T) or false (F).**

Belén: ¿Conoces este parque natural?
Jesús: No, es la primera vez que estoy aquí. ¡Es increíble!
Belén: Es verdad. A mí me gusta porque no está muy **lejos de** nuestra casa y podemos venir en carro. A mis hermanos les encanta jugar aquí. Hay árboles muy altos y muchos tipos de flores. ¡Ah! y es fácil ver animales; hay osos, jirafas y muchas especies de pájaros. También hay restaurantes para comer.
Jesús: Genial. ¿Dónde están los restaurantes? Ya tengo un poco de hambre.
Belén: Pues hay muchos, pero el más barato está **cerca de** la entrada. Nos gusta porque tiene unas mesas de madera bastante grandes.
Jesús: ¿Seguro? Creo que en la entrada no hay restaurantes, según este mapa.
Belén: Claro que sí, hay en la entrada y también **detrás del** lago. Tu mapa está mal.
Jesús: ¿Y sabes si hay una tienda donde comprar otro mapa?
Belén: Pues creo que hay una tienda **delante de** la entrada. Venga, vamos al restaurante y después de comer vamos a la tienda y seguimos con la ruta.

	T	F
a. Jesús conoce muy bien el parque.	☐	☑
b. Belén piensa que el parque está un poco lejos de su casa.	☐	☐
c. En el parque no hay animales.	☐	☐
d. El restaurante más barato está cerca de la entrada.	☐	☐
e. Jesús quiere comprar otro mapa.	☐	☐
f. Primero van a la tienda y después al restaurante.	☐	☐

3 🎧 62 **Listen again to the conversation and repeat after the speaker.**

4 **Use the expressions below and the map of the nature reserve to locate the places Belén and Jesús mention in their conversation above. Complete the sentences with the correct expression.**

delante de la mesa | **detrás de** la mesa | **lejos de** la mesa | **cerca de** la mesa

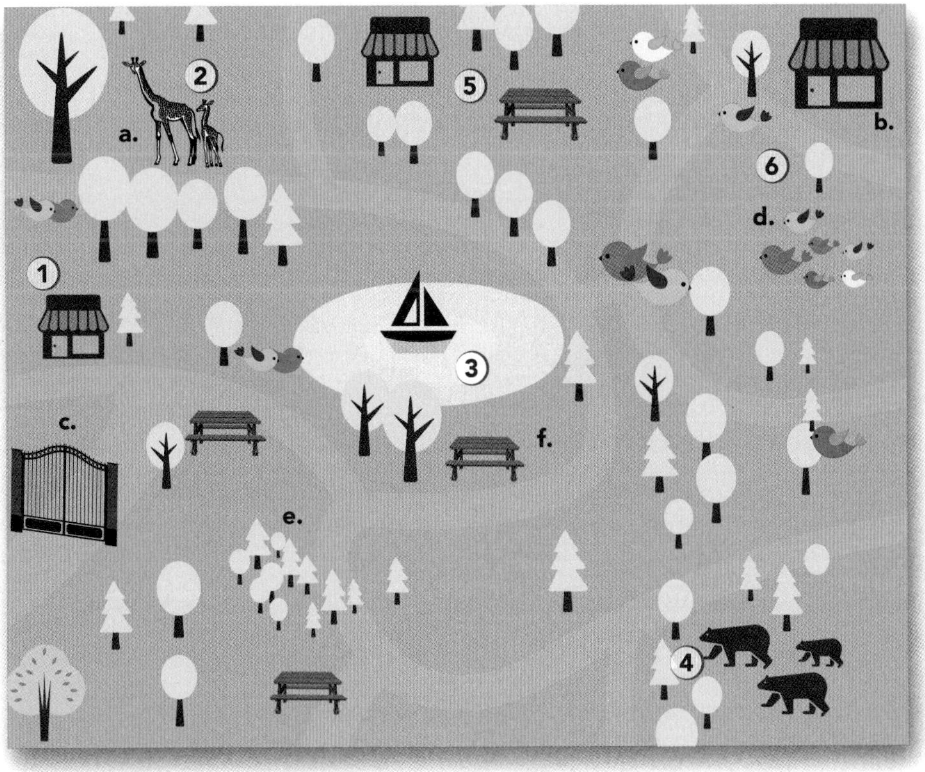

1. La tienda está .... la entrada.
2. Las jirafas están .... los osos.
3. .... del lago hay un restaurante y muchos árboles.
4. Hay muchos árboles .... los osos.
5. .... del lago hay un restaurante grande y una tienda.
6. Hay una tienda grande .... la entrada.

5 **With a partner, take turns asking and answering the following questions about the map. Use the corresponding letters on the map as a guide.**

a. ¿Qué hay delante de las jirafas?
b. ¿Dónde está la tienda grande?
c. ¿Qué hay enfrente de la entrada?
d. ¿Dónde hay muchos pájaros?
e. ¿Dónde hay árboles pequeños?
f. ¿Qué hay detrás del restaurante?

DESCRIBING WHERE THINGS ARE LOCATED

¿Dónde está el libro?

El libro está

delante de *in front of*	**cerca de** *close to, near*
detrás de *behind*	**al lado de** *next to*
encima de *on top of*	**a la izquierda de** *to the left of*
debajo de *under, below*	**a la derecha de** *to the right of*
lejos de *far from*	**dentro de** *inside*
entre... y... *between... and...*	

la mesa.

- In Spanish the article **el** contracts with **de** to form **del**.
  *El libro está a la derecha **del** lápiz.* *The book is to the right of the pen.*

1 **Look at María's desk and select the correct expression in parenthesis that describes where the objects are located.**

a. La papelera está (encima de / detrás de / debajo de) la mesa.
b. La cámara está (a la derecha de / delante de / encima de) la pantalla de la computadora.
c. La ventana está (debajo del / detrás del / al lado del) gato.
d. El cuaderno está (encima del / a la izquierda del / delante del) celular.
e. La lámpara está (al lado de / entre / dentro de) la computadora.

2 63 **Listen for the one mistake María makes when describing where everything is located in the room. What did she get wrong?**

3 **Let's play. Pick out a classmate in the class and describe where he/she is without saying who it is. Your partner will try to guess the person based on the clues you provide. Keep providing clues until your partner guesses correctly. Then switch roles.**

ASKING ABOUT WHAT THERE IS AND WHERE IT IS

HAY

- Use the verb **hay** to talk and ask about the existence of people or things.
  - *En mi clase **hay** un pizarrón.*
    In my class, there is a blackboard.
  - *También **hay** muchos libros.*
    There are many books too.

ESTÁ / ESTÁN

- Use **está** / **están** to talk or ask about where someone or something is located.
  - *El pizarrón **está** detrás de la mesa.*
    The blackboard is behind the desk.
  - *Los libros **están** en la estantería.*
    The books are in the bookshelf.

Stopping someone to ask for information

Para preguntar			Para responder
Informal	*Perdona (tú),* *Oye (tú),*	*¿dónde hay un parque?* *¿dónde está la biblioteca?*	*Sí, claro, mira...* *Pues mira...*
Formal	*Perdone (usted),* *Oiga (usted),*		*Sí, claro, mire...* *Pues mire...*
Informal	*¿Sabes (tú)*	*dónde hay un parque?* *dónde está la biblioteca?*	*No lo sé, lo siento.*
Formal	*¿Sabe (usted)*		

4 **Fill in the blanks with *hay* or the correct form of *estar* as needed.**

a. **José:** ¿Dónde ......hay...... el restaurante de Pedro?
   Lola: El restaurante ......está...... cerca de mi casa, en la calle Felicidad.

b. **Jesús:** Oye, ¿dónde ......hay...... una estación de policía?
   Laura: No lo sé.

c. **Juan:** Perdona, Raquel, ¿ ......Hay...... playa *(beach)* en tu ciudad?
   Raquel: No, no hay playa, pero ......están...... unos lagos muy bonitos cerca de mi casa.

5 64 **Listen to the conversations above to check your answers. Then practice the conversations with a partner.**

6 **With a partner, take turns asking each other about the following places. Use the Modelo or any of the examples in activity 5.**

Modelo:
E1: ¿Hay carril bici en tu ciudad?
E2: Sí, claro.
E1: ¿Dónde está?
E2: Está en la calle Miraflores.

Carril bici

1. Parque de atracciones

2. Restaurante japonés

3. Parque acuático

EXTENSIÓN DIGITAL
Practice what you have learned with additional materials online.

ANTES DEL VIDEO

1 **Look at the street behind Alejandro and Rigo and identify six things you see. Use *hay* in your responses.**

1. ....
2. ....
3. ....
4. ....
5. ....
6. ....

2 **With a partner, discuss which of the following activities you think would be more fun *(es más divertido)* to do. *¡Atención!* Remember to use the expressions you learned for sharing your opinions.**

a. recoger moras *(blackberries)*
b. bañarte en un río
c. ir al centro comercial
d. jugar al fútbol

DURANTE EL VIDEO

3 **Fill in the chart below with things Alejandro says about his town. Use the questions to guide you.**

¿Qué hay en el pueblo?	¿Qué no hay en el pueblo?	¿Qué se puede hacer en el pueblo?

DESPUÉS DEL VIDEO

4 **Where is Alejandro's father's car? Select the sentences that are true.**

a. ▢ El coche está muy cerca.
b. ▢ Está en la calle Mantilla.
c. ▢ Está al otro lado del parque.
d. ▢ Está a 3 km.
e. ▢ Está en un parking.

5 **With a partner, read the directions the boys will be following to get to Alejandro's father's car. Then draw their path on the map according to the directions. Is there another way for them to go? Make small changes to the expressions provided and create another path the boys can take to get to the car.**

Para llegar al coche

1. Los muchachos siguen todo recto *(straight)*.
2. En la segunda calle, giran a la derecha *(to the right)*.
3. Después, en la primera calle, giran a la izquierda *(to the left)* hasta la calle Mantilla que está enfrente del parque.
4. El coche está detrás del parque.

Otra ruta: ....

....

....

....

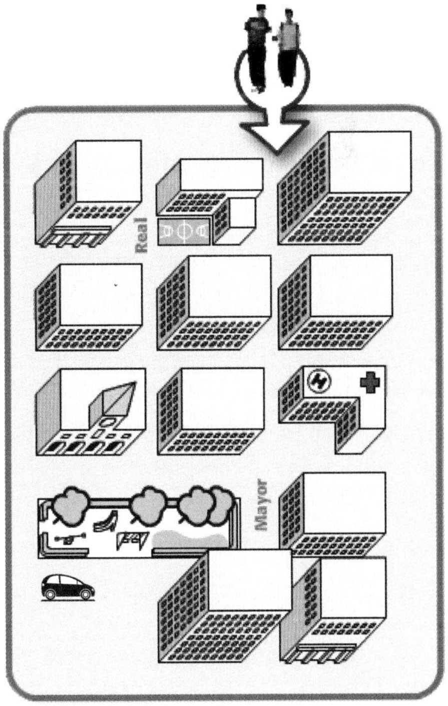

6 **With a partner, complete the chart below with information about your town or city.**

¿Qué hay en su pueblo?	¿Qué no hay en su pueblo?	¿Qué se puede hacer en su pueblo?

EXTENSIÓN DIGITAL **Practice what you have learned with additional materials online.**

1 65 **Match the means of transportation to the correct word in Spanish. Then listen to the audio to check your answers.**

1. 
2. 
3. 
4. 
5. 
6. 
7. 
8. 

a. ☐ el tren
b. ☐ el taxi
c. ☐ el barco
d. ☐ el autobús
e. ☐ la moto
f. ☐ ir a pie
g. ☐ el avión
h. ☐ el metro

2 **Read the following blog from a travel website for Puerto Rico and fill in the blanks with an appropriate means of transportation.**

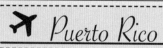

www.puertoricoisladelencanto.com

Puerto Rico

¡Hola y bienvenidos a mi blog de Puerto Rico, la isla del encanto! Está más cerca de lo que piensas. Mira, sales de tu ciudad en (1) .... y llegas al aeropuerto de San Juan en poco tiempo. Después tomas (2) .... para ir al Hotel Paraíso. El hotel está cerca de la playa, puedes ir (3) .... todos los días, no necesitas carro. Para conocer el Viejo San Juan, tomas (4) .... que sale del hotel. En el Viejo San Juan no hay (5) ...., pero no es necesario porque el centro no es muy grande. Recomiendo visitar las cavernas de Camuy. Es muy popular alquilar *(rent)* (6) .... para ir hasta allí. Si quieres conocer la isla de Culebra, toma (7) .... pequeño desde Fajardo. El viaje es de solo 45 minutos y el mar es muy bonito. ¡Que pasen buenas vacaciones!

Calle en el viejo San Juan

3 **Indicate what type of transportation you prefer to take in the following situations. Then share your answers with a partner.**

Modelo: para ir de tu casa a casa de un amigo → *Prefiero ir a pie.*

a. para ir a la escuela
b. para ir de vacaciones
c. para viajar por la ciudad
d. para viajar por el Caribe
e. para visitar a tus abuelos (tíos...)
f. para ir de Madrid a Barcelona

! ■ Use **ir en** with transportation to express *to go by*.

4 **Here are some adjectives you can use to describe transportation. Practice saying them aloud with a partner. Then match each adjective to its definition.**

rápido/a ≠ lento/a

peligroso/a ≠ seguro/a

caro/a ≠ barato/a

incómodo/a ≠ cómodo/a

1. rápido/a .... •	• **a.** que cuesta mucho dinero
2. caro/a .... •	• **b.** que tarda *(takes)* poco tiempo
3. lento/a .... •	• **c.** que cuesta poco dinero
4. barato/a .... •	• **d.** que tarda mucho tiempo
5. seguro/a .... •	• **e.** que tiene riesgo *(risk)*
6. práctico/a .... •	• **f.** que es confortable
7. peligroso/a .... •	• **g.** que no tiene riesgo
8. cómodo/a .... •	• **h.** que es útil

5 **Classify each of the adjectives in activity 4 as either positive or negative as they relate to transportation.**

Positivos	Negativos

6 **Give your opinion about the following types of transportation using the list of adjectives you created in activity 5. Then ask a partner for his/her opinion.**

a. Para mí, el carro es... ....
b. Para mí, el avión es... ....
c. Para mí, el tren es... ....
d. Para mí, el metro es... ....
e. Para mí, el barco es... ....
f. Para mí, la moto es... ....

Asking and expressing your **opinion**
- ¿Y para ti?
- Para mí, también.
- Para mí, no.

7 66 **Listen to the names of places you typically find in the city. Then repeat after the speaker.**

parque

cine

zapatería

estación de tren

farmacia

tienda de ropa

supermercado

gimnasio

librería

parada de autobús

estación de metro

museo

8 **List each of the places in the appropriate column in the chart below.**

Ir de compras	Ocio y tiempo libre	Transporte público
....	....	....
....	....	....
....	....	....
....	....	....
....	....	....
....	....	....
....	....	....

9 **Indicate where you would buy the following items.**

a. unas botas
b. unos tomates, pimientos y cebollas para hacer gazpacho
c. un diccionario de español
d. unas aspirinas para el dolor de cabeza
e. un jersey y una camisa
f. huevos, papas y cebolla para hacer una tortilla

gazpacho

10 **Where would you go to do the following things?**

Modelo: *ir al centro comercial* ➔ *Voy en autobús.*

a. ver una exposición
b. hacer judo
c. montar en bici
d. ver una película
e. jugar al básquetbol
f. mirar un mapa del metro de la ciudad
g. hacer natación en el invierno
h. quedar con un amigo para ir al centro comercial (está lejos y no tienen carro)

El centro comercial de Miraflores en Lima, Perú

11 **Look at the map of the city and fill in the blanks with the correct information. Then compare your answers with a partner.**

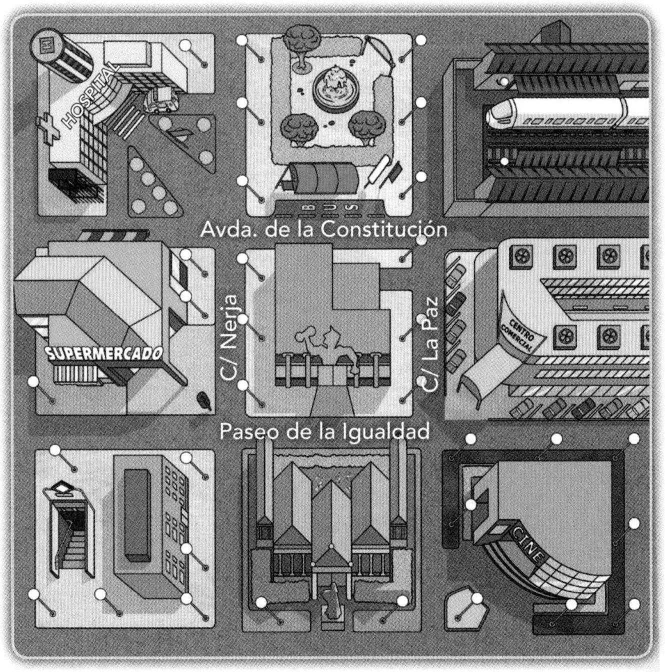

¡Tengo un barrio (*neighborhood*) genial! En mi barrio hay un centro comercial entre la .... de tren y el ....
Enfrente hay un .... muy grande, al lado del ....
Detrás del gimnasio hay un .... donde quedo con mis amigos para montar en bici. En el centro comercial hay una zapatería que me gusta mucho. El centro comercial está un poco lejos del .... , sigues todo recto por la calle La Paz y giras (*turn*) a la izquierda. El hospital está al final de la Avenida de la Constitución. ¡Ah! Yo vivo al lado del metro, en la Calle Nerja.

12 **Write a similar description of your neighborhood. Include what stores there are and where they are located. Say which ones you like and what you buy there.**

Modelo: *En mi barrio hay...*

EXTENSIÓN DIGITAL **Practice what you have learned with additional materials online.**

GRAMÁTICA

1. IRREGULAR VERBS *IR, SEGUIR, JUGAR,* AND *CONOCER*

- You have already learned some irregular verbs in Spanish. Verbs such as **hacer** and **salir** that have irregular **yo** forms, verbs that stem change such as **pedir** and **poder**, and verbs that are completely irregular like **ser**. In this next group, we have examples of each of these types. Look at the forms carefully and see if you recognize the pattern.

	IR *to go*	**SEGUIR** *to follow, continue*	**JUGAR** *to play*	**CONOCER** *to know, be familiar with*
yo	**voy**	sigo	juego	conozco
tú	**vas**	sigues	juegas	conoces
usted/él/ella	**va**	sigue	juega	conoce
nosotros/as	**vamos**	seguimos	jugamos	conocemos
vosotros/as	**vais**	seguís	jugáis	conocéis
ustedes/ellos/ellas	**van**	siguen	juegan	conocen

- The verb **ir** is irregular because it does not follow any pattern. It is usually followed by **a**.
  Voy a *la escuela en autobús. I go to school by bus.*
  Nosotros ***vamos al*** *parque para jugar al básquetbol. We go to the park to play basketball.*

- The verb **seguir** has both an irregular **yo** form and a stem change, e ➔ i.
  Sigo *las direcciones del mapa. I follow the directions on the map.*
  Si ***sigues*** *todo recto, llegas a la estación. If you continue straight, you'll get to the station.*

- The verb **jugar** is the only verb in Spanish that stem changes u ➔ ue. It is usually followed by **a**.
  Jugamos *a los videojuegos en casa de Rafa. We play videogames at Rafa's house.*
  Alejandro ***juega*** *al tenis. Alejandro plays tennis.*

- The verb **conocer** is irregular only in the **yo** form. Use **a** after **conocer** when saying you know or are acquainted with a person.
  *¿**Conoces** bien la ciudad? Do you know the city well?*
  Conozco a *muchas personas de Cuba. I know (am acquainted with) many people from Cuba.*

1 **Complete the chart below with the correct form of the verbs.**

a. jugar (yo) juego
b. conocer (nosotros) conocemos
c. ir (ellos) ....
d. seguir (tú) ....
e. ir (yo) ....
f. jugar (ustedes) ....
g. conocer (yo) ....
h. seguir (ella) ....
i. ir (tú) ....
j. conocer (ellos) ....
k. seguir (nosotros) ....
l. jugar (usted) ....

2 **Decide what places the following people are going to according to their preferences.**

a. A tus amigos les gusta hacer deporte.
b. A Angelita le gusta leer.
c. A nosotros nos gusta conocer a gente nueva.
d. A ti te gusta ver exposiciones de fotografía.
e. A Ricardo le gusta preparar comida para sus amigos.

3 **Complete the conversation between Graciela and Ana with the correct forms of *seguir*.**

Graciela: No conozco muy bien este centro comercial. ¿Dónde está la zapatería que nos gusta?

Ana: Mira, está ahí. (Nosotras) (1) .... recto y está a la derecha.

Graciela: ¿Hay una tienda de ropa cerca también?

Ana: Creo que sí. Pero yo tengo que ir a la librería. Entonces tú (2) .... por aquí para ir a la tienda y yo (3) .... por la izquierda para ir a la librería.

Graciela: Está bien. Cada una (4) .... su camino y después quedamos en la parada de autobús delante del centro.

4 **Ask your partner if he/she knows (is familiar with) any of the following sports figures and the sport they play. Use the images as clues to the sports played.**

Modelo:
E1: ¿Conoces a Pau Gasol o a Marc Gasol?
E2: Sí, conozco a Pau Gasol y a Marc Gasol.
E1: ¿Qué deporte hacen?
E2: Juegan al básquetbol.

a. Rafael Nadal o David Ferrer
b. Víctor Cruz o Mark Sánchez
c. Lionel Messi o David Beckham
d. Maria Sharapova o Serena Williams
e. José Reyes o David Ortiz
f. Sergio García o Tiger Woods

2. PREPOSITIONS *EN, A, DE*

- As you have seen, certain verbs of motion are often followed by prepositions **a**, **en**, or **de**. Use **en** with modes of transportation.
  *Viajamos **en** coche.* We travel by car.

- Use **a** to express destination.
  *Mis padres van **al** supermercado.* My parents are going to the supermarket.

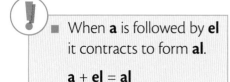

! When **a** is followed by **el** it contracts to form **al**.

a + el = al

de + el = del

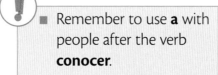

! Remember to use **a** with people after the verb **conocer**.

personal a

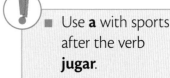

! Use **a** with sports after the verb **jugar**.

- Use **de** to express origin or point of departure.
  *Salgo **de** mi casa a las 9.* I leave my house at 9.

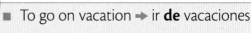

! To go on vacation ➜ ir **de** vacaciones
To take a trip ➜ ir **de** viaje

5 **Complete the sentences with *a, al, en, de* or *del*. *¡Atención!* Not all sentences will need a preposition. Then, with a partner, take turns asking and answering the questions.**

a. ¿Conoces ......a....... muchos estudiantes en tu clase de español?
b. ¿Quieres jugar .... videojuegos después de la escuela o prefieres montar .....en..... bici?
c. ¿A qué hora sale el autobús .....del.... centro comercial?
d. ¿Te gusta jugar .....al...... fútbol americano?
e. ¿Vas .....al..... gimnasio?
f. ¿Conoces .... la ciudad de Nueva York?

6 **Complete the following conversations with the correct verbs and prepositions from the list. Then practice the conversations taking parts with a partner.**

jugamos ○ en ○ ir ○ a ○ conoces ○ de ○ voy ○ sigues ○ en ○ vas ○ vamos

a. » ¿Cómo puedo (1) ....ir.......... a la casa de tu hermano?
» Para ir (2) ....a.......... su casa (3) .... todo recto por la calle Real, giras *(turn)* a la derecha y caminas diez minutos aproximadamente. La casa está (4) ....en.......... la calle Paz. Si *(if)* vas (5) ....en.......... autobús, es mejor.

b. » ¿(6) ....De.......... dónde es Juan?
» ¿(7) ...conoces...... a Juan?
» Claro, todos los domingos (8) .... con él al tenis y en verano (9) .... de vacaciones juntos.

c. » ¿Dónde (10) .....vamos..... ?
» Al campo de fútbol. Mis amigos y yo (11) ....jugamos.... al fútbol por la tarde.

3. ADVERBS OF QUANTITY

- Adverbs of quantity tell how much something is done.

demasiado	*too much*	*Luis trabaja* ***demasiado.***
mucho	*very much, a lot*	*Ana viaja* ***mucho.***
bastante	*enough*	*Pedro estudia* ***bastante.***
poco	*very little, not much*	*Rosa estudia* ***poco.***

- **Muy** can be used to intensify how an action is done (adverb) and a description (adjective).
  Olivia habla ***muy*** *bien. Olivia speaks very well.*
  Es ***muy*** *inteligente. She is very intelligent.*

- **Mucho**, when used after a verb, means very much or a lot. Before a noun, **mucho** expresses quantity and functions as an adjective. Note that, as an adjective, **mucho** must agree with the noun in number and gender.
  - **Adverb:**
    Juan come ***mucho.*** *Juan eats a lot.*
  - **Adjective:**
    Juan come ***muchas palomitas.*** *Juan eats a lot of popcorn.*
    Creo que compras ***muchos zapatos.*** *I think you buy a lot of (many) shoes.*

7 **Choose the correct option in parenthesis.**

a. Mi hermano nunca *(never)* va al gimnasio. No le gusta **poco / mucho** hacer deporte.
b. Jaime come **demasiado / poco**. Solo una ensalada para comer y fruta para cenar.
c. Todos los días leo el periódico y una revista. Leo **poco / bastante**.
d. Mi padre trabaja doce horas al día. Trabaja **demasiado / bastante**.

8 **List the words on the left in the correct column based on whether they are used with *muy* or *mucho/a*. *¡Atención!* Separate by adjectives and nouns. Then check your answers with a partner.**

a. guapa
b. frío
c. divertido
d. simpática
e. sueño
f. trabajador
g. paciencia
h. alegría

Muy	Mucho/a
....	....
....	....
....	....
....	....

9 **Fill in the blanks with *muy* or *mucho/a/os/as*.**

a. Esta chica estudia todos los días. Es ....muy.... inteligente.
b. Mi primo siempre tiene ....mucho.... calor.
c. Duermo cinco horas al día. Tengo ....mucho.... sueño.
d. Mi amigo hace ....muchas.... preguntas; es ....muy.... curioso.

EXTENSIÓN DIGITAL Practice what you have learned with additional materials online.

COMPRENSIÓN DE LECTURA

1 **Before reading, review the reading strategy in Destrezas and follow the suggestion.**

Destrezas

Read for locations

This reading mentions specific places in the city. What places are mentioned? Skim the reading to find those places and mark them on the map. Also, find out the name of the city and where it is located.

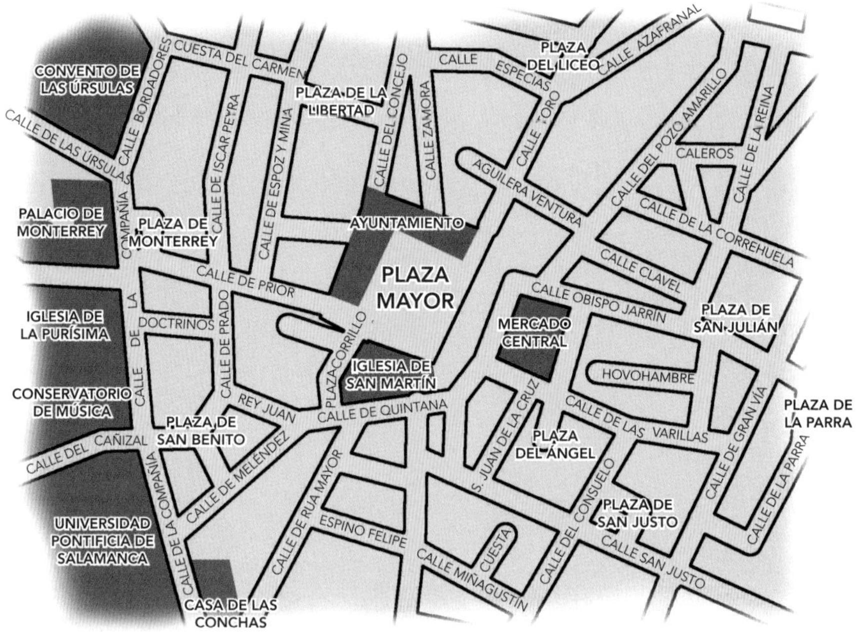

2 **Read the selection about a famous university city and answer the questions that follow.**

Este es el plano del centro de Salamanca, que es una ciudad española muy conocida. Muchos jóvenes estudian aquí, porque su universidad es muy importante. Es la segunda universidad más antigua de España y está al lado del conservatorio. Conozco Salamanca y me gusta pasear por la Plaza Mayor, que está a la izquierda del mercado central. Esta plaza es muy famosa y conocida en el resto de España. Aquí hay muchos turistas que visitan el Ayuntamiento, y muchos estudiantes que tocan la guitarra para divertirse. No es una ciudad muy grande, no tiene metro, así que voy andando a todos los lugares, aunque muchos salmantinos van a trabajar en coche.

1. ¿Dónde está el mercado central?
   a. A la derecha de la Plaza Mayor.
   b. Lejos de la Plaza Mayor.
   c. Encima de de la Plaza Mayor.

2. ¿Hay una estación cerca de la Plaza Mayor?
   a. Sí.
   b. No, no hay.
   c. No, no hay metro.

3. El Ayuntamiento está...
   a. al lado del conservatorio.
   b. a la izquierda del mercado central.
   c. en la Plaza Mayor.

4. ¿Es una ciudad que se puede recorrer...?
   a. a pie
   b. en metro
   c. en tren

5. En Salamanca hay...
   a. mucho turismo.
   b. muchos estudiantes.
   c. mucho turismo y muchos estudiantes.

6. Salamanca tiene...
   a. la universidad más antigua de España.
   b. el segundo conservatorio más antiguo de España.
   c. una Plaza Mayor muy famosa en España.

PRONUNCIACIÓN The sounds of *g, gu* and *j*

1 67 **Listen to the sounds that the following letter combinations make in the words below.**

ge → **ge**nte	ja → **ja**món	ga → **ga**to	gui → **gui**tarra
gi → **gi**rar	jo → **jo**ven	go → **go**rdo	gue → Mi**gue**l
	ju → **ju**eves	gu → **gu**apo	

2 68 **Practice saying the following words aloud with a partner. Then listen to the audio recording to check your pronunciation.**

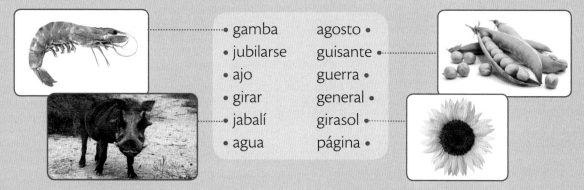

- gamba
- jubilarse
- ajo
- girar
- jabalí
- agua

- agosto
- guisante
- guerra
- general
- girasol
- página

3 **Fill in the blanks with *g* or *j*. Practice saying the words aloud as you complete their spelling.**

a. ca.....ón **b.** o.....o **c.** má.....ico **d.** .....untos **e.** traba.....o **f.** ima.....en

4 **Fill in the blanks with *g* or *gu*. Practice saying the words aloud as you complete their spelling.**

a. .....ato **b.** .....orra **c.** hambur.....esa **e.** .....afas **f.** .....azpacho

EXTENSIÓN DIGITAL
Practice what you have learned with additional materials online.

UN VIAJE DE AVENTURAS

¡Nos gusta el Caribe!

De los carros clásicos al béisb
¡aquí hay de todo!

Estatua de Cristóbal Colón en Puert

- Cristóbal Colón llegó *(arrived)* región y llamó a las islas: Isla (Cuba), la Española (Repúblic Dominicana, Haití) y San Juan (Puerto Rico).
- Puerto Rico es un territorio estadounidense. La capital es Juan.
- En Cuba viven más de 11 mill personas. La capital es La Hab
- República Dominicana está en misma isla que Haití. La capit Santo Domingo.

El Palacio Nacional en Santo Domingo.

La comunidad puertorriqueña celebra en Nueva York.

Fuerte San Felipe del Morro, en San Juan, la capital de Puerto Rico.

¿Sabes que...?

- República Dominicana, Cuba y Puerto Rico fueron parte de España durante casi cuatro siglos *(centuries)*.
- La gente de Puerto Rico se llama «boricua», que es el nombre de los taínos, los habitantes *(inhabitants)* originales de la isla. La palabra significa «gente valiente».
- Los ritmos caribeños como la salsa, el reguetón y la bachata se escuchan por todo el mundo. ¿Conoces esta música?
- Cuba es conocida *(known)* como «el caimán», por la forma de la isla vista *(seen)* desde el aire.

Fuentes: El *Tiempo* de Colombi Banco Mundial.

69 El deporte nacional

béisbol es el
ɘporte nacional
: República
ɔminicana, y se
actica desde
366. El equipo más
ɔnocido se llama
gres del Licey.
ı este país hay
uchos jugadores
mosos, como
fonso Soriano,
berto Pujols y David
rtiz, que juegan
ı Estados Unidos.
ɔs jugadores dominicanos son campeones:
ı 2013 ganaron *(they won)* el Clásico Mundial
: Béisbol, una competición internacional muy
ıportante.

Alfonso Soriano, un famoso jugador dominicano.

Puerto Rico, isla del encanto

Puerto Rico recibe más de tres millones de turistas cada año. La isla ofrece vacaciones para todos los gustos. Si prefieres la naturaleza, visita el bosque tropical El Yunque, onde puedes admirar más de 240 tipos de ɔoles y hermosas cascadas *(waterfalls)*. Si te stan las aventuras, puedes explorar las cuevas *ves)* naturales en el Parque de las Cavernas del Camuy, al noroeste de la isla. Si tu pasión es la ıncia, visita Arecibo, en el norte de Puerto Rico, ra observar las estrellas a través de un enorme diotelescopio. ¡Y hay muchas opciones más!

El Yunque, un bosque tropical en Puerto Rico.

Carros clásicos en La Habana

- En Cuba hay muchos carros antiguos de los años 50. Mucha gente dice que son bonitos, otra gente dice que son demasiado viejos.
- Hay pocos carros nuevos porque la ley no permite la importación.
- En general, los carros están bastante cuidados *(cared for)*.
- Hay muchos taxis que son coches clásicos de colores alegres.
- Hay una competición anual de estos carros en las calles de La Habana. Se llama «Rally de Automóviles Clásicos Cubanos».

Un taxi Chevrolet en la capital cubana.

Indicate whether these statements are true or false. Correct the statements that are false.

1. La gente de Puerto Rico se llama «boricua». T ◯ F ◯
______
2. República Dominicana está en la misma isla que Haití. T ◯ F ◯
______
3. En Cuba es fácil comprar un carro nuevo. T ◯ F ◯
______
4. Arecibo es una zona famosa por sus cuevas naturales. T ◯ F ◯
______
5. Alfonso Soriano es un jugador desconocido. T ◯ F ◯
______

Join the two parts of the sentence.

1. La música del Caribe
2. Isla Juana
3. Santo Domingo
4. El Yunque

a. es la capital de Republica Dominicana.
b. es un bosque tropical puertorriqueño.
c. es famosa en el mundo.
d. es el antiguo nombre de Cuba.

1 Match the words to complete the expressions.

1. ir de............. •
2. ir a .... •
3. ir en.............. •

• a. bote
• b. vacaciones
• c. México

2 70 Read about Lucía's vacation plans.

Las vacaciones de Lucía

Me gusta ir de vacaciones con mis padres. Siempre organizan viajes muy interesantes y diferentes. Este año vamos a ir a México. ¡Me encanta!

¿Y qué voy a hacer? Pues no voy a visitar monumentos ni nada por el estilo. Voy a disfrutar *(enjoy)* de la naturaleza. ¡Voy a ver ballenas y mariposas monarca! ¿Sabes, querido diario, que todos los años, entre octubre y marzo, 300 millones de mariposas monarca viajan desde Canadá hasta México para hibernar? Estas mariposas viajan 4.000 kilómetros (durante más de 25 días) en busca de *(to search of)* una temperatura más cálida. Dicen que es fantástico poder verlas a todas juntas volando *(flying)*. Su destino es lo que se llama el "Santuario de las mariposas monarca", un bosque *(forest)* donde se quedan hasta primavera. A medida que entras en este bosque hay más y más mariposas que cubren las ramas de los árboles, y con la luz *(light)* del sol empiezan a volar *(to fly)*, y todo se vuelve de color naranja. ¿Cómo algo tan pequeño como una mariposa puede volar tantos kilómetros? ¡Es increíble!

También vamos a ver las ballenas grises. En la misma época, muchas de estas ballenas se juntan en las aguas de Baja California para tener sus crías *(young)*. Además, cuando ven gente en un bote, se acercan y muestran la cola *(tail)*. ¡Voy a hacer un montón de fotos!

mariposa

ballena

3 **Check the boxes for the sentences that are correct.**

a. ▢ Lucía está en México.
b. ▢ Todos los años viaja con sus padres a México.
c. ▢ El final de la migración de la mariposa monarca es un bosque.
d. ▢ Las ballenas grises van a las aguas de Baja California para tener sus crías.
e. ▢ Las mariposas viajan en primavera.
f. ▢ Lucía escribe a una amiga sobre sus planes.

4 **Read about the following people and then match the people to the best destination below based on their preferences.**

Elena y Diego
"Nos encanta la aventura y la naturaleza. Siempre vamos de vacaciones a lugares con muchos árboles , flores, ríos y lagos".

Macarena
"Prefiero visitar ciudades y lugares donde puedo aprender sobre la historia y la cultura de esa región".

Daniela
"A mí me encanta tomar el sol y descansar".

Enrique y Marta
"Estamos muy enamorados y queremos un lugar especial y romántico".

Para las vacaciones... ¡elige tu destino favorito!

a. Teotihuacán, es una zona arqueológica a 40 kilómetros de la capital, Tiene muchos restos arqueológicos y puedes aprender mucho sobre la antigua historia de México. Hay edificios estupendos como las pirámides del Sol y la Luna.

b. Guanajuato es un lugar romántico, donde las leyendas y la tradición son los ingredientes principales. Tiene calles tranquilas para caminar durante horas y restaurantes muy íntimos.

c. En Playa de Carmen hay hermosas playas, con aguas de color turquesa del mar Caribe. Puedes descansar y tomar el sol mientras escuchas el relajante sonido del mar.

d. En Chihuahua, las Barrancas del Cobre son un gran espectáculo. Hay grandes montañas y puedes admirar paisajes fantásticos además de observar la naturaleza. Es posible viajar en tren, a caballo, en bicicleta, a pie o en kayak. En la ciudad, la catedral es una de las más importantes del norte de México.

5 **Tell your partner which of the places is the best option for you and explain why.**

Modelo: Yo prefiero ir a... porque...

DESCRIBING WHERE THINGS ARE LOCATED

1 Complete the sentences to describe where these animals are located.

a. El pájaro está .... la rama.

b. El gato está .... la cesta.

c. La jirafa está .... el árbol.

d. El elefante está .... su madre.

e. El perro está .... la mesa.

f. El caballo está .... los árboles.

ASKING AND GIVING DIRECTIONS

2 Complete the conversations with the correct word from the list.

hay ○ recto ○ giras ○ sigues ○ ir ○ izquierda

a. **Alicia:** ¿Cómo puedo .... a la plaza de España?
Enrique: Sigues todo recto, ... a la derecha y allí está la plaza de España.

b. **Beatriz:** ¿Me puedes indicar cómo llegar a Callao?
Samuel: En la primera calle giras a la .... y después todo ....

c. **Liliana:** ¿Dónde .... una farmacia por aquí cerca?
Nicolás: .... todo recto y luego giras a la derecha.

3 Check the boxes for the questions you would use to ask where something is located.

a. ☐ Perdone, ¿para ir a la biblioteca?
b. ☐ Oye, ¿sabes si hay un parque por aquí cerca?
c. ☐ Perdona, ¿sabes dónde está el museo?
d. ☐ Oiga, ¿hay un restaurante cubano en este pueblo?

LOS MEDIOS DE TRANSPORTE Y LA CIUDAD

4 **Use the images below to complete the sentences.**

a. Mi tío va en .... a oficina porque es más rápido.
b. Raquel va en .... todos los días para ir a trabajar.
c. Estudio mejor en la .... que en casa.
d. Compro toda la fruta y la verdura en el ....

IRREGULAR VERBS

5 **Complete the sentences with *hay, está* or *están*.**

a. ¿Dónde .... Javier?
b. En mi calle .... una biblioteca.
c. El cuaderno .... encima de la mesa.
d. Los platos .... en mi casa.
e. No .... farmacia en esta calle.
f. En la Puerta del Sol .... otras paradas de autobús.
g. ¿Dónde .... mis zapatillas favoritas?
h. ¿Dónde .... el supermercado?

6 **Complete the sentences with the correct forms of the verb in parenthesis.**

a. » ¿Cómo (ir, yo) .... al centro comercial?
» Sí, mira, (seguir) .... por la calle Ocho y giras a la derecha en la avenida Juárez.

b. » ¿(Conocer) .... ustedes la tienda Zara?
» Lo siento, no (conocer) .... esa tienda. No somos de aquí.

c. » ¿En qué equipo de básquetbol (jugar) .... LeBron James?
» Creo que él y Dwayne Wade (jugar) .... juntos para los Miami Heat.

d. » ¿Te gusta (seguir) .... los resultados deportivos?
» Sí, (seguir) .... los resultados de la NBA y del tenis.

CULTURA

7 **Answer the following questions about Cuba, Puerto Rico, and the Dominican Republic and compare similarities with your own country or region.**

a. ¿Cómo son los taxis en Cuba? ¿Por qué? ¿Cómo son los taxis en tu ciudad o región?
b. ¿Cuál es el deporte más popular de República Dominicana? ¿Qué otros jugadores dominicanos conoces que juegan en Estados Unidos?
c. ¿De quién reciben estas islas su nombre? ¿Siguen con el mismo *(same)* nombre o tienen uno diferente? ¿De quién recibe tu país su nombre?
d. ¿Qué tipo de música es popular en el Caribe? ¿Es popular en tu ciudad o región también?

EXTENSIÓN DIGITAL
Practice what you have learned with additional materials online.

EN RESUMEN: Vocabulario

Expresiones de lugar *Adverbs of place*

a la derecha de *to the right of*
a la izquierda de *to the left of*
al lado de *next to*
cerca de *close to, near*
debajo de *under, below*
delante de *in front of*
dentro de *inside*
detrás de *behind*
encima de *on top of*

entre *between*
lejos de *far from*

Verbos *Verbs*

conocer *to know, to be familiar with*
girar *to turn*
hay *there is, there are*
ir *to go*
ir a pie *to go on foot*

ir de vacaciones *to go on vacation*
ir de viaje *to go on a trip*
jugar *to play*
seguir *to follow*

Medios de transporte *Means of transportation*

autobús *bus*
avión *airplane*
barco *ship*
metro *subway*
moto *motorcycle*

taxi *taxi*
tren *train*

Descripciones *Descriptions*

barato/a *inexpensive*
caro/a *expensive*
cómodo/a *comfortable*
incómodo/a *uncomfortable*
lento/a *slow*
peligroso/a *dangerous*
rápido/a *fast*
seguro/a *safe, certain*

En la ciudad *In the city*

centro comercial *shopping center, mall*
cine *movie theater*
estación de metro *subway station*
estación de tren *train station*
farmacia *pharmacy*
librería *bookstore*
museo *museum*
parada de autobús *bus stop*

supermercado *supermarket*
tienda de ropa *clothing store*
zapatería *shoe store*

Preposiciones *Prepositions*

a, al *to, to the (masculine)*
de, del *from, from the (masculine)*
en *on*

Adverbios de cantidad *Adverbs of quantity*

bastante *enough*
demasiado *too much*

mucho *very much, a lot*
muy *very*
poco *very little, not much*

Animales y plantas *Animals and plants*

árbol *tree*
flor *flower*
jirafa *giraffe*
lago *lake*
oso *bear*

pájaro *bird*

HAY / ESTÁ(N)

(See page 173)

Existence	Location
hay + **un, una, unos, unas** + noun	**el, la, los, las** + noun + **está(n)**

IRREGULAR VERBS

(See page 180)

	IR	SEGUIR	JUGAR	CONOCER
yo	**voy**	sigo	**juego**	cono**zc**o
tú	**vas**	sigues	**jue**gas	conoces
usted/él/ella	**va**	sigue	**jue**ga	conoce
nosotros/as	**vamos**	seguimos	jugamos	conocemos
vosotros/as	**vais**	seguís	jugáis	conocéis
ustedes/ellos/ellas	**van**	siguen	**jue**gan	conocen

PREPOSITIONS *A, EN, DE*

(See page 182)

Preposition	Use...	
en	with modes of **transportation**	*Viajamos **en** tren. We travel by train.*
a	to express **destination**	*Voy **a** Florida. I'm going to Florida.*
de	to express **origin** or point of **departure**	*Salgo **de** Miami. I'm leaving from Miami.*

ADVERBS OF QUANTITY

(See page 183)

To express how much	
Action Verbs	**demasiado**
	*Luis trabaja **demasiado**. Luis works too much.*
	mucho
	*Ana viaja **mucho**. Ana travels a lot.*
	bastante
	*Pedro estudia **bastante**. Pedro studies enough.*
	poco
	*Luis estudia **poco**. Luis doesn't study much.*

MUY / MUCHO

(See page 183)

- *Él/ella es **muy** inteligente.*
- *Él/ella habla **muy** despacio.*

- *Ellos/ellas son **muy** inteligentes.*
- *Ellos/ellas hablan **muy** despacio.*

- *Hace **mucho** calor.*
- *Hay **mucha** gente.*

- *Juan lee **muchos** libros.*
- *María tiene **muchos** amigos.*

AHORA COMPRUEBA

1 **Place the foods in the list below in the correct food group on the pyramide.**

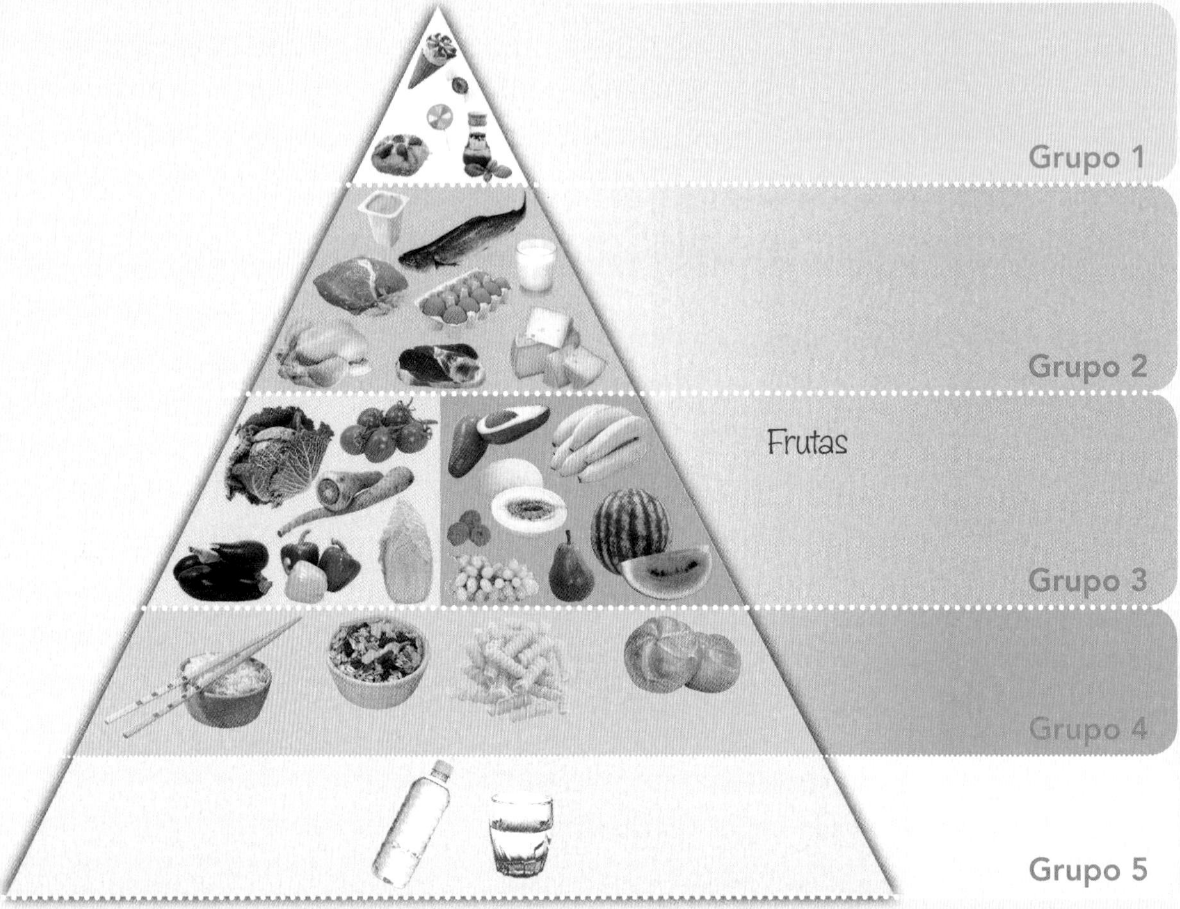

ALIMENTOS
leche o verduras o arroz o frutas o queso o carne o agua o pasta o aceite o pescado o cereales o yogur o pan o huevos o pollo o dulces

2 71 **Listen to a conversation that takes place in the restaurant Comida Sana. Then complete the menu.**

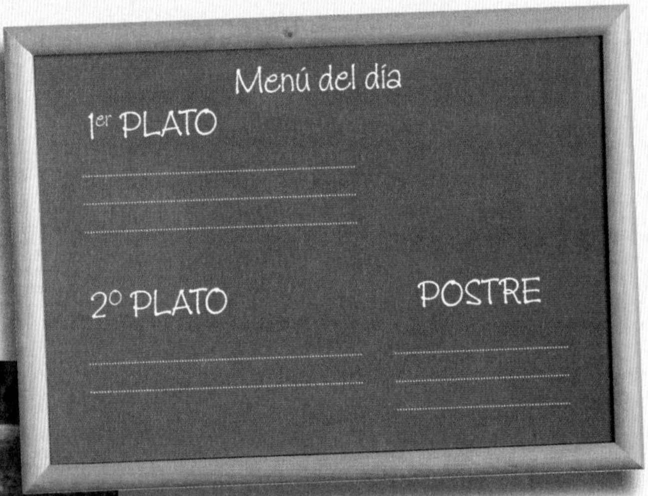

3 **With a partner, prepare a conversation between a waiter and a customer. Then take turns role playing the parts.**

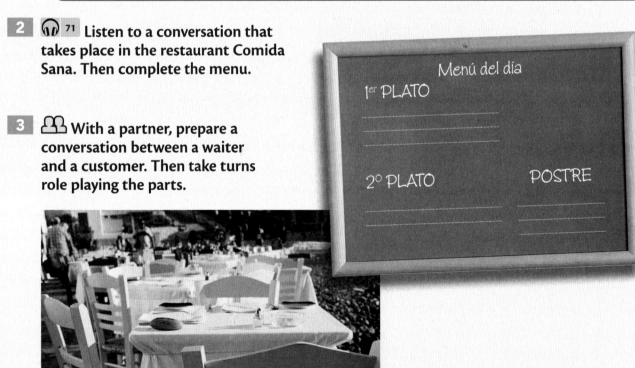

4 72 **Carlos and Julián are going on a trip to Patagonia. Listen to the description of this region and answer the questions. You may have to listen more than once.**

a. ¿Dónde está la Patagonia?
b. ¿Qué hay en la Patagonia?
c. ¿Qué se puede visitar?
d. ¿Cómo es el invierno *(winter)*?
e. ¿Qué animales se pueden ver?
f. ¿Dónde pueden dormir?
g. ¿Hay metro, autobuses o trenes?
h. ¿Necesitan tener buena condición física para este viaje?
i. ¿Qué pueden comer?
j. ¿Qué documentos necesitan para hacer el viaje?

a. ....
b. ....
c. ....
d. ....
e. ....
f. ....
g. ....
h. ....
i. ....
j. ....

5 **Read the conversation between Carlos and Julián and fill in the blanks with the words from the list.**

muchos ○ hay ○ visitamos ○ viven ○ tomamos ○ glaciar
estamos ○ muchas ○ hay ○ viaje ○ vamos

Carlos: Me encanta este viaje. ¿Cómo vamos?
Julián: .... en avión hasta Buenos Aires. Allí .... tres días, ... la ciudad y luego .... otro avión hasta la Patagonia. Seguimos el .... en barco, vemos las ballenas y visitamos el .... Perito Moreno.
Carlos: ¿............... muchas ballenas en la Patagonia?
Julián: Sí, hay .... ballenas y también .... animales que .... en el agua.

6 **Check the boxes of the things Julián and Carlos will need to take on their trip. Work with a partner and decide what they will take and what five items they should leave behind.**

- ☐ una mochila
- ☐ zapatillas
- ☐ camisetas
- ☐ pantalones cortos
- ☐ pantalones largos
- ☐ abrigo
- ☐ protector solar
- ☐ impermeable
- ☐ gafas de sol
- ☐ cámara de fotos
- ☐ gorra
- ☐ champú

UNIDAD 7

¡CUÁNTAS COSAS!

- ¿Cómo es tu habitación?
- ¿Qué cosas tienes en tu habitación?
- ¿Te gusta tener una habitación ordenada o no es importante para ti?

Le encantan la música y la tecnología.

In this unit, you will learn to:

- Describe objects and their uses
- Make comparisons
- Point out things
- Talk about larger quantities (100–999)
- Avoid repetition

Using

- *Para qué* and *para*
- Comparatives
- Demonstrative pronouns
- Direct object pronouns

Cultural Connections

- Share information about gift-giving and holidays in Hispanic countries, and compare cultural similarities

¡ACCIÓN!

SABOR HISPANO

¡Viva el Carnaval!

- Bolivia, Ecuador y Perú

1 **Look at the image below of Manuela and Sara hanging out in Manuela's new room. Then answer the following questions about the things she has in her room.**

a. ¿Dónde están Manuela y Sara? ....

b. ¿Dónde está el póster del concierto? ....

c. ¿Qué hay debajo de la cama? ....

d. ¿Qué hay encima del mueble a la derecha? ....

e. ¿Dónde está la ventana *(window)*? ....

f. ¿Qué más hay en su habitación? ....

2 73 **Listen to the conversation between Manuela and Sara. Then decide whether the sentences below are true (T) or false (F).**

	T	F
a. Manuela no puede guardar su ropa en los cajones.	▢	▢
b. La habitación de Manuela está muy ordenada.	▢	▢
c. La computadora nueva de Manuela es portátil.	▢	▢
d. El nuevo mp4 de Manuela es más grande.	▢	▢
e. El póster es de la hermana de Manuela.	▢	▢
f. Sara tiene muchas cosas en su habitación.	▢	▢

3 **Read the conversation and check your answers for activity 2.**

Manuela: Mira, Sara, esta es mi nueva habitación.
Sara: ¡Qué bonita!, tienes muchas cosas y todo está bastante ordenado, ¿dónde guardas la ropa?
Manuela: La guardo allí, en aquel mueble. Tiene cajones muy grandes y caben muchas cosas. Y bueno, también la pongo debajo de la cama. Shhh… Mi madre se enfada y dice que me va a quitar *(take away)* mi nuevo portátil si no soy más ordenada.
Sara: ¿Tienes portátil? ¿Dónde?
Manuela: Ahí, debajo del escritorio. Todavía está en la caja *(box)*. Es más moderno que la computadora de mesa. Ahora es de mi hermana. La tiene en su habitación.
Sara: ¿Qué es esto? ¿Un regalo para mí?
Manuela: No, es mi nuevo mp4. Este tiene más espacio para mi música.
Sara: ¿Y ese póster? ¿De qué concierto es?
Manuela: Es de uno de los conciertos de Pitbull, ¡mi cantante favorito! Pero tengo uno nuevo que me ha regalado mi padre. No es tan grande como ese, pero es mejor, porque es de este año.
Sara: ¡Cuántas cosas tienes!

4 **Write the word in Spanish for the objects in the images. Then match them to what they are used for.**

1. ....
2. ....
3. ....
4. ....
5. ....
6. ....

1.
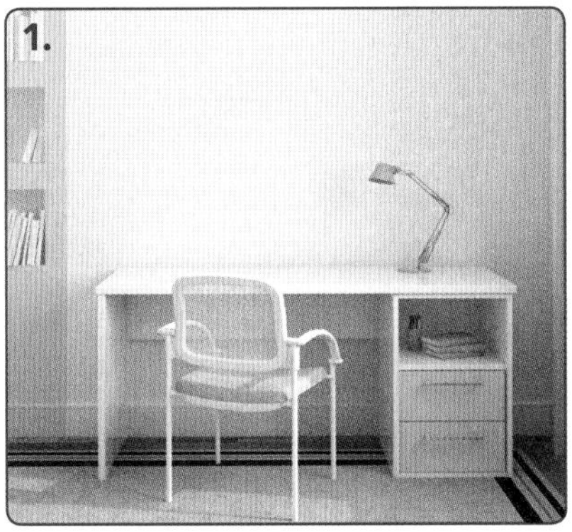
2.

3.

4.

5.
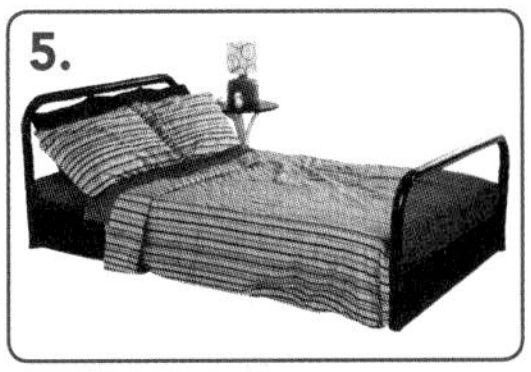
6.

a. ▢ para guardar cosas
b. ▢ para buscar en Internet
c. ▢ para mirarse en él
d. ▢ para dormir
e. ▢ para estudiar o escribir
f. ▢ para leer

5 **With a partner, talk about your own room. Mention at least three items and where they are located. Say what you like about your room and what you don't like.**

Modelo: En mi habitación hay/tengo...

- Prepositions of place
  - delante de
  - encima de
  - dentro de
  - a la izquierda de
  - detrás de
  - debajo de
  - al lado de
  - a la derecha de
- **Hay** *There is/there are*
- **Me gusta** (singular)
- **Me gustan** (plural)

DESCRIBING OBJECTS

- To **describe** shape, dimension, texture, etc.:
  ¿Cómo es? *What's it like?*
  Es... *It's...*

grande *big*	ligero/a *light*
pequeño/a *little*	pesado/a *heavy*
cuadrado/a *square*	útil *useful*
redondo/a *round*	sencillo/a *simple, easy*
rectangular *rectangular*	moderno/a *modern*

- **Function** or use:
  ¿Para qué sirve? / ¿Para qué se usa?
  What's it used for?
  Sirve para... / Se usa para... *It's used for...*

leer *(for) reading*	escribir *(for) writing*
escuchar música *(for) listening to music*	
guardar ropa... *(for) storing clothes,...*	
poner libros... *(for) putting books,...*	

- **Material**
  ¿De qué es? *What's it made of?* ***Es de...*** *It's...*

plástico *plastic* | metal *metal* | cristal *glass* | cuero *leather* | madera *wood*

1 **Fill in the blanks to describe the items below and what they used for.**

¿Cómo es y para qué se usa?

a. El balón .... redondo, ... cuero y .... jugar al fútbol.

b. El portátil .... rectangular, ... metal y plástico y .... trabajar, leer, escribir y conectarse a Internet.

¿Cómo son y para qué sirven?

c. Los CD .... redondos, de plástico y .... reproducir sonido e imágenes.

d. Los estuches .... cuadrados y .... guardar los CD.

2 74 **Adriana is showing her grandmother what she knows about using a computer. Listen to their conversation and fill in the blanks with the missing words. Then take turns role-playing the parts with a partner.**

Adriana: Mira, abuelita, la nueva computadora de Javi.
Abuelita: ¡Qué moderna! ¿Me explicas para qué (1) .... esas cosas?
Adriana: Claro. Mira, esto es el monitor y (2) .... ver las imágenes. Esto se llama "teclado" y se usa (3) .... escribir.
Abuelita: ¿Y eso que mueves con la mano? ¿(4) .... se usa?
Adriana: Esto es el ratón y (5) .... para mover el cursor.
Abuelita: ¡Cuántas (6) .... aprendes de tu hermano!

3 **Let's play. Think of an object in your room or classroom and your partner will try to guess what it is by asking yes or no questions about it.**

Modelo: *¿Es grande? ¿Es redondo?*

COMPARING PEOPLE AND THINGS

*La silla es **más** moderna **que** el sofá.* The chair is more modern than the sofa.

*El sofá es **menos** nuevo **que** la silla.* The sofa is less new than the chair.

*La silla es **tan** cómoda **como** el sofá.* The chair is as comfortable as the couch.

más + adjective / adverb + **que** *more than*

menos + adjective / adverb + **que** *less than*

tan + adjective / adverb + **como** *equal to*

■ Irregular comparatives
- *better* ➡ **mejor** *El portátil es **mejor que** la computadora de mesa.*
- *worse* ➡ **peor** *El equipo del F.C. Barcelona es **peor que** el equipo del Real Madrid.*
- *older* ➡ **mayor** *La abuela de Adriana es **mayor que** Adriana.* (with people)

· younger → menor

4 **Write the number of the word in Spanish that matches the image. Then match each word to its appropriate description.**

a. ☐

b. ☐
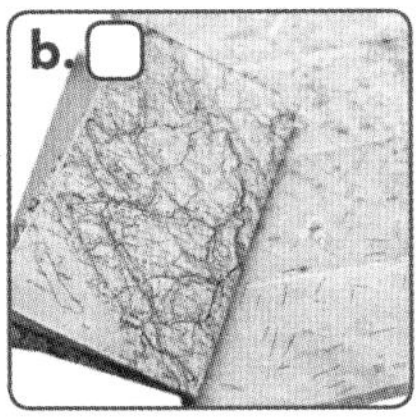

c. ☐

d. ☐

e. ☐

f. ☐

1. el teléfono celular .... •
2. el teléfono fijo .... •
3. el mapa .... •
4. el GPS .... •
5. el portátil .... •
6. la computadora de mesa ... •

- a. Clásico, grande, pesado, sencillo. 40 dólares.
- b. Pesada, grande, resistente. 900 dólares.
- c. Moderno, útil, ligero, pequeño. 200 dólares.
- d. Viejo, pequeño, complicado. 10 dólares.
- e. Moderno, útil, frágil, cómodo. 500 dólares.
- f. Ligero, cómodo, fácil de seguir. 100 dólares.

■ En España: teléfono celular = teléfono móvil

5 **With a partner, take turns comparing the objects in activity 4 using the information in the descriptions provided.**

caro/a ≠ barato/a

Modelo: El mapa es más barato que el GPS.

EXTENSIÓN DIGITAL **Practice what you have learned with additional materials online.**

¡ACCIÓN!

ANTES DEL VIDEO

1 **With a partner, discuss your answers to the following question.**

a. ¿Qué cosas tienes que comprar todos los años antes de empezar las clases?
b. ¿Qué materiales escolares recibes de tu escuela?
c. ¿Qué cosas necesitas llevar a tu clase de español?

2 **Look at the following images from the video and answer the questions.**

a. ¿En qué tipo de tienda estamos?

b. ¿Qué crees que va a comprar esta muchacha?

c. ¿Qué otras cosas venden en la tienda?

d. ¿Cuánto dinero crees que va a gastar en esta tienda?

DURANTE EL VIDEO

3 **Fill in the blanks with the missing words from the video.**

a. Necesito dos. Son de .... y sirven para ....
b. Uno azul para .... y otro .... para corregir.
c. El lápiz se usa para escribir y para dibujar. Es de .... y lo puedes ....
d. Para borrar utilizamos una ....
e. El estuche se utiliza para .... los bolígrafos y los lápices.

DESPUÉS DEL VIDEO

4 **Decide whether the statements are true (T) or false (F).**

	T	F
a. La muchacha compra dos lápices, uno negro y otro rojo.	☐	☐
b. No sabe qué es un lápiz.	☐	☐
c. Compra seis cosas en total.	☐	☐
d. Paga con tarjeta de crédito.	☐	☐
e. En total gasta siete euros.	☐	☐

5 **Indicate the items that you can keep in *un estuche*.**

- un sacapuntas
- un bolígrafo
- una tableta
- un libro
- unas tijeras
- un compás
- una goma de borrar
- un cuaderno

6 **With a partner, prepare a similar role-play at a stationery store and present it to the class.**

EXTENSIÓN DIGITAL **Practice what you have learned with additional materials online.**

1 75 **Listen to the words in Spanish for items typically found at home and at school. Then make a list of the words that are cognates. *¡Atención!* One of the words is a false cognate.**

- Remember **cognates** are words that look and mean the same thing in Spanish and in English.
  estudiante = student
- **False cognates** may look similar but will have different meanings.
  dinero ≠ dinner

Casa

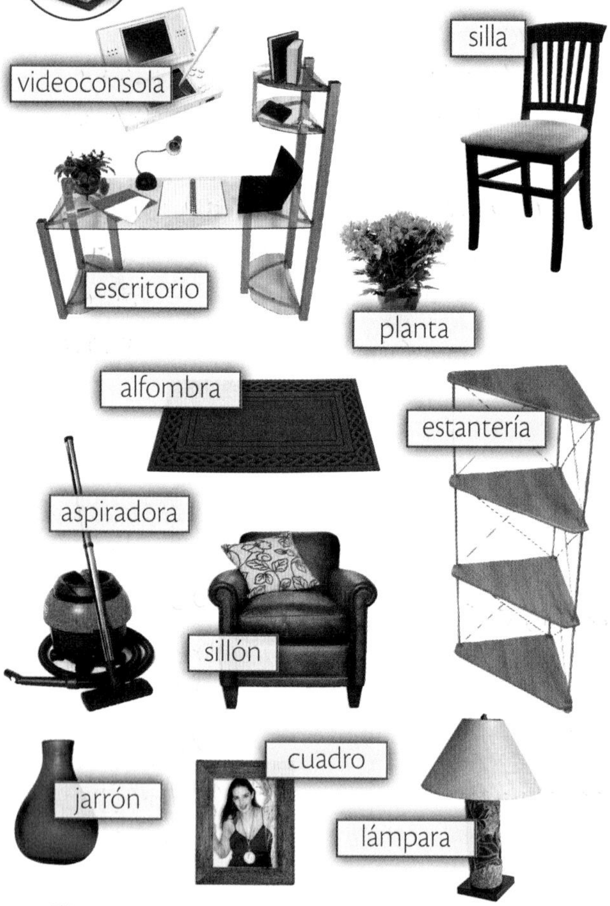

Clase

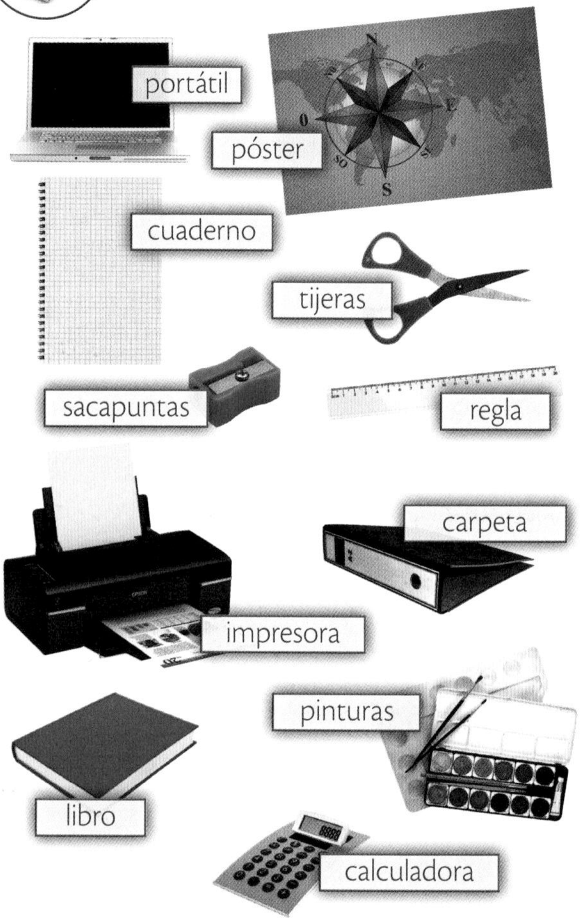

España	Hispanoamérica	España	Hispanoamérica
póster	= cartel, afiche	jarrón	= florero

2 **Complete the chart by placing each of the words above in the appropriate category.**

Material escolar	Muebles	Objetos de decoración	Aparatos

3 **Fill in the blanks with the correct word.**

a. Manuela tiene un .... de un concierto en su habitación.
b. Usa .... para escribir los ejercicios.
c. Este .... de español es muy interesante.
d. En la exposición hay un .... de Picasso.
e. Estas .... no cortan bien.

4 **Select the adjective in each set below that does not relate to the item.**

1. aspiradora...
   a. ruidosa
   b. pesada
   c. frágil
2. computadora...
   a. de mesa
   b. de cristal
   c. portátil
3. planta...
   a. natural
   b. divertida
   c. artificial
4. estanterías...
   a. de madera
   b. de metal
   c. eléctricas
5. silla...
   a. alta
   b. abierta
   c. baja
6. celular...
   a. pequeño
   b. triangular
   c. práctico
7. mesa...
   a. cuadrada
   b. redonda
   c. blanda
8. jarrón...
   a. antiguo
   b. clásico
   c. simpático

5 **Identify the items above described below according to their uses.**

a. Sirve para limpiar la alfombra.
b. Se usa para hacer cálculos en las clases de Álgebra y de Física.
c. Se usan para pintar cuadros.
d. Sirve para guardar libros.
e. Se usa para jugar.
f. Se usa para imprimir fotos, tareas y artículos de Internet.

6 **With a partner, take turns describing the function of different items. *¡Atención!* Your teacher will give each of you a different set of words to describe to your partner and to guess.**

Modelo: tijeras E1: Sirven para cortar papel.
E2: ¿Son las tijeras?
E1: Sí.

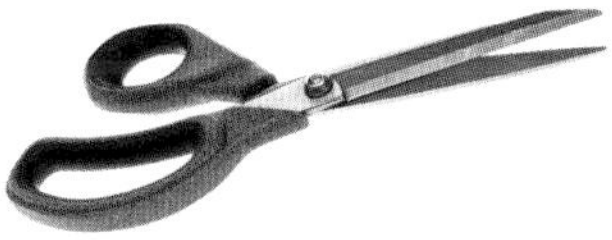

7 **Think about your desk at home or about one you would like to have. What things are on it? What are they like? What about on your bookshelf? Be specific and use as many words from the new vocabulary as possible. Then exchange information with a partner.**

Modelo: En mi escritorio tengo...
En mi estantería tengo...

8 76 **Follow along as you listen to the numbers.**

100	cien	400	cuatrocientos	700	setecientos
101	ciento uno	415	cuatrocientos quince	720	setecientos veinte
200	doscientos	500	quinientos	800	ochocientos
202	doscientos dos	526	quinientos veintiséis	897	ochocientos noventa y siete
300	trescientos	600	seiscientos	899	ochocientos noventa y nueve
303	trescientos tres	669	seiscientos sesenta y nueve	900	novecientos

9 77 **Write the number you hear in the boxes. Then write out the word(s) in Spanish next to the number.**

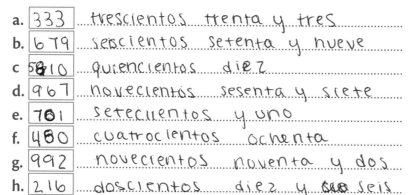

a. 333 trescientos trenta y tres
b. 679 seiscientos setenta y nueve
c. 510 quienecientos diez
d. 967 novecientos sesenta y siete
e. 701 setecuentos y uno
f. 480 cuatrocientos ochenta
g. 992 novecientos noventa y dos
h. 216 doscientos diez y seis

¿Cuál es el límite de velocidad según la señal?

10 **Write out the following numbers.**

a. 185 ciento ochenta y cinco
b. 202 doscientos y dos
c. 450 cuatrocientos cecenta
d. 753 setecientos cetenta y tres
e. 560 quiencientos sesenta
f. 941 novecientos cuarenta y uno

!
- Remember to use **y** only between the tens and ones, not after the hundreds.
  - 180 = ciento ochenta
  - 183 = ciento ochenta y tres

11 **With a partner, take turns saying the numbers on your card to your partner in Spanish. He/she will write out the numbers you say. Then switch roles.**

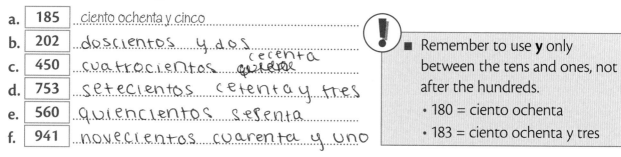

Estudiante 1

349 788 455 519

Los números de tu compañero:

a. 349 trescientos cuarenta y nueve
b. 788 setecientos ochenta y ocho
c 455 cuatrocientos cecenta y cinco
d. 519 quinietos diecinueve

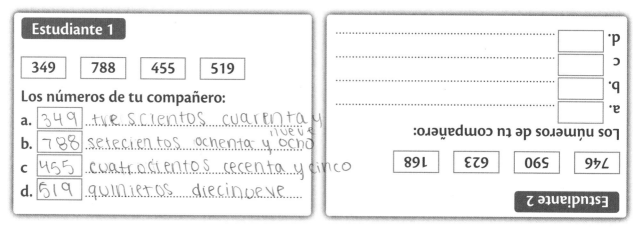

Estudiante 2

746 590 623 168

Los números de tu compañero:

a.
b.
c
d.

12 **Look at the paper currency from different Spanish-speaking countries. With a partner, take turns counting out the bills and totaling the amount shown.**

Modelo: Cien y cien son doscientos nuevos soles.

Nuevos soles de Perú

a.

Pesos de México

b.

Euros de España

c.

Bolivianos de Bolivia

d.

Pesos de Argentina

e.

Dólares de Estados Unidos

f.

Nuevos soles de Perú

g.
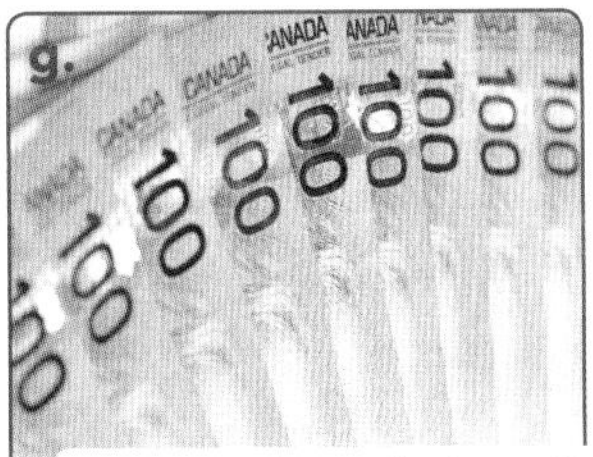

Dólares de Canadá

h.

Bolívares de Venezuela

13 **Take turns asking and answering the following questions about how much these things cost. Use your best guess. Then tell your partner if you think it costs more or less and give the price you think it is.**

Modelo: E1: ¿Cuánto cuesta un portátil sencillo?
E2: Cuesta quinientos cincuenta dólares.
E1: Creo que cuesta más, como seiscientos dólares. / Creo que cuesta menos, como quinientos dólares.

a. una videoconsola de Nintendo
b. unas botas UGG
c. una tableta de Apple
d. un mp4
e. unas zapatillas de deporte
f. una cena en el restaurante más caro de la ciudad

EXTENSIÓN DIGITAL **Practice what you have learned with additional materials online.**

1. DEMONSTRATIVE PRONOUNS

- You learned that demonstrative adjectives point out people and things relative to where the speaker is located. Demonstrative pronouns function in much the same way, except that they replace the noun and stand alone. In Spanish, demonstrative adjectives and pronouns share the same forms.

Location of speaker	Singular		Plural		
	Masculine	Feminine	Masculine	Feminine	
aquí *here*	**este**	**esta**	**estos**	**estas**	*this, these*
ahí *there*	**ese**	**esa**	**esos**	**esas**	*that, those*
allí *over there*	**aquel**	**aquella**	**aquellos**	**aquellas**	*that (over there), those (over there)*

Quiero esa carpeta.
¿Quieres esta o aquella?

Demonstrative adjective

*Quiero **esa** carpeta.*
I want that binder.

- Modifies and agrees with the noun **carpeta**.

Demonstrative pronouns

*¿Quieres **esta** o **aquella**?*
Do you want this one or that one over there?

- Replaces the noun **carpeta**. Must agree in number and gender with the noun it replaces.

» *¿Te gustan **estos zapatos**? Do you like these shoes?*
» *No, prefiero **esos**. No, I prefer those.*

- The neuter pronouns **esto**, **eso** and **aquello** are used when referring to unknown objects (nouns). These pronouns are invariable and can never be used to replace people.

» *¿Qué es **esto**? What's this?*
» ***Esto** es un libro de español. This is a Spanish book.*
» *¿Qué es **aquello**? What's that over there?*
» ***Aquello** es mi escritorio. That's my desk.*

1 **With a partner, read the conversation again between Manuela and Sara (page 199) and identify the demonstrative adjectives and pronouns. Can you find all seven demonstratives? What nouns do the pronouns replace?**

2 **Fill in the blanks with the correct demonstrative or neuter pronoun. *¡Atención!* Use the clues in the sentence that point out location to help you select the correct pronoun.**

a. Esta computadora es muy lenta. .... de ahí es más rápida.
b. ¿Qué .... de allí? No lo veo bien.
c. Aquel pizarrón está muy lejos. .... (de aquí) está más cerca.
d. Aquellos sillones son más modernos que .... (de ahí).
e. Mira, esos CD de ahí son tan baratos como .... (de aquí).
f. Quiero ese bolígrafo, ... que estoy usando no escribe.

3 **You are doing some shopping for yourself and also buying gifts for others. Take turns with a partner recreating the conversations in the following scenarios. Use the correct demonstrative adjectives and pronouns as needed.**

Modelo:

Necesito unas pinturas para mi clase de arte.

Tenemos ..estas.. detrás de mí o ...aquí... en la estantería.

a. Es el cumpleaños de mi abuela. ¿Tienes unas plantas bonitas?

¿Te gustan .... o prefieres .... más grandes?

b. Necesito unas gafas nuevas.

¿Quieres ver .... o ....?

c. Perdone, ¿qué es .... que tiene usted en la mano?

.... es lechuga, para hacer ensalada.

d. ¿Te gustan .... jeans?

Sí, pero, ¿por qué no miras ....?

e. Me encanta .... vestido blanco. ¿Cuánto cuesta?

¿........? Cuesta 120 dólares.

2. DIRECT OBJECT PRONOUNS

- Just as we use subject pronouns to avoid repetition of names, we use direct object pronouns to refer to someone or something already mentioned.

» ¿Dónde guardas **los zapatos**? *Where do you keep **your shoes**?*	Direct object of the sentence.
» **Los** pongo en el armario. *I put **them** in the closet.*	Direct object pronoun replaces the noun.
» ¿Conoces **a Pedro**? *Do you know **Pedro**?*	Direct objects can be people or things. Remember to use **a** before direct objects that are people.
» Sí, **lo** conozco de la escuela. *Yes, I know **him** from school.*	Direct object pronouns must agree with the noun they replace.

- Here are the direct object pronouns in Spanish with their English equivalents.

me	replaces *me*
te	replaces *you (informal)*
lo/la	replaces *you (formal), him, her, it*
nos	replaces *us*
os	replaces *you (plural, Spain)*
los/las	replaces *you (plural), them*

- In Spanish, direct object pronouns are placed before the conjugated verbs.

*Uso **el portátil** todos los días.* → ***Lo** uso todos los días.*

*Guardo **la carpeta** en la mochila.* → ***La** guardo en la mochila.*

*Llamo **a mis amigas** por teléfono.* → ***Las** llamo por teléfono.*

4 **Match the description to the correct item on the right. *¡Atención!* Be sure the direct object pronoun in the sentence agrees with the item it replaces. Then, with a partner, take turns asking each other about the items.**

1. La ponemos encima del escritorio.	a. el portátil
2. Las ponemos en el garaje.	b. la ropa
3. Los guardamos en los estuches.	c. los CD
4. Lo usamos para hacer la tarea.	d. las bicicletas
5. Los vemos en el museo.	e. los cuadros
6. La compramos en el centro comercial.	f. la impresora

Modelo: E1: La tenemos encima de la mesilla para leer por la noche. ¿Qué es?
E2: La lámpara.

5 **With a partner, take turns asking each other where you can buy the following items. Remember to use a direct object pronoun in your answers to avoid repeating the noun.**

Modelo: un cuaderno
E1: ¿Dónde puedo comprar **un cuaderno**?
E2: **Lo** puedes comprar en una librería.

- In Spanish some stores have set names such as:
  una librería
  una zapatería
- A store can also be identified by what is sells:
  una tienda de libros
  una tienda de zapatos

a. unas naranjas y manzanas
b. un regalo para mi madre
c. unas aspirinas para el dolor de cabeza
d. un póster para mi hermano
e. una lámpara
f. un cinturón para mi padre

6 **Using the vocabulary you have learned for clothes, furniture, and school supplies, take turns asking each other about the things you have in the following places. Use the chart to list the items you want to ask your partner about.**

En la habitación	En el armario de la habitación	En el escritorio

Modelo: E1: ¿Tienes **un espejo** en tu habitación?
E2: Sí, **lo** tengo. / No, no **lo** tengo.

7 **Write out the answers to the following questions. Then practice asking and answering the questions with your partner.**

Modelo: E1: ¿Llamas **a tu abuelo** por teléfono?
E2: Sí, **lo** llamo. / No, no **lo** llamo.

a. ¿Entiendes **a la profesora** de español? ....
b. ¿**Me** entiendes cuando hablo español? ....
c. ¿Quién cuida **a los enfermos** en el hospital? ....
d. ¿**Te** cuida tu madre cuando estás enfermo/a? ....
e. ¿Visitas **a tus tíos y primos** mucho? ....
f. ¿Quién **te** visita en casa? ....

COMPRENSIÓN DE LECTURA

1 **Before reading, review the reading strategy in Destrezas and follow the suggestion.**

Destrezas

Scanning for specific information

Use the comprehension questions at the end of a reading to help you decide what information to search for as you read.

List some key words or phrases you should focus your attention on.

....

....

Sesenta piscinas abren sus puertas en Madrid

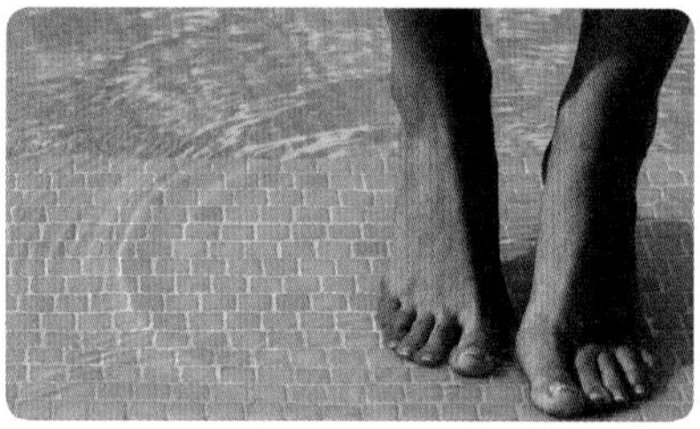

En Madrid, como en muchas otras ciudades grandes, las piscinas de verano están preparadas para abrir al público. El primer día, el 29 de mayo, se celebra con una jornada de puertas abiertas en la que los usuarios no pagan la entrada. El resto de la temporada los precios serán los mismos que el ayuntamiento de la Comunidad de Madrid aprobó el año pasado. La entrada incluye el uso de las instalaciones deportivas. El precio es de 4,35 euros para adultos, 2,65 euros la entrada infantil, 3,50 euros los jóvenes y 1,35 euros los mayores de 65 años. Las personas con discapacidad tienen la entrada gratuita, si presentan el carné de deporte especial. El horario de las piscinas es de 11:00h a 21:00h durante los tres meses de verano, hasta el 5 de septiembre. Además, hay cursos de natación, y otras actividades deportivas durante los meses de julio y agosto. Por otra parte, el ayuntamiento de Madrid asegura que hay socorristas en todas las piscinas.

Fuente: adaptado de www.20minutos.es

2 **Read the article again and complete the sentences with the correct information.**

1. Las piscinas públicas abren...
a. a principios de mayo.
b. a finales de mayo.
c. a mediados de mayo.

2. El primer día de piscina...
a. es gratuito para todo el mundo.
b. es la mitad del precio.
c. cuesta 4,35€ para los adultos.

3. Las personas con discapacidad...
a. entran gratis los días de fiesta.
b. no pagan si presentan un carné.
c. no entran gratis, tienen un descuento.

4. Con 9 años pagas...
a. 4,35€.
b. 2,65€.
c. 3,50€.

5. Todas las piscinas tienen...

a.

b.

c.

PRONUNCIACIÓN Word stress and the written accent

- All words in Spanish have a syllable that is pronounced with more stress than the other syllables in the word. For most words, the stressed syllable is the second to the last syllable.

__pe__-rro *__ca__-sa* *ar-__ma__-rio* *as-pi-ra-__do__-ra*

- In some cases, a written accent is needed to identify the stressed syllable. You will learn more about these later. For now, you should know to pronounce the syllable marked with an accent more strongly.

__ár__bol *ja__rrón__* *bo__lí__grafo*

1 **Practice saying the following words aloud with a partner. Mark the syllable with the most stress in its pronunciation.**

a.

JARRÓN

b.

CUADERNO

c.
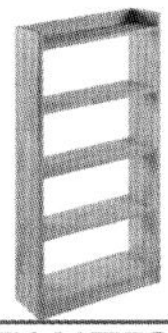
ESTANTERÍA

d.

ESPAÑOL

e.

PLANTA

f.

SILLA

g.

HERMANO

h.

MALETA

i.
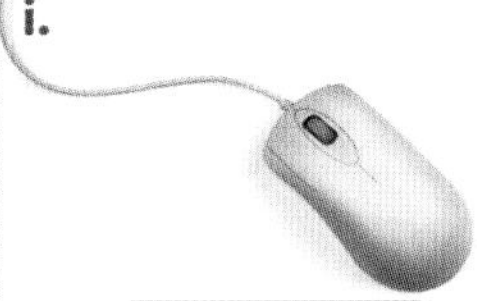
RATÓN

NÚMEROS

k.

LÁMPARA

l.

PORTÁTIL

2 **What other words have you learned that have written accents? List them here and then compare your list with your partner.**

EXTENSIÓN DIGITAL

Practice what you have learned with additional materials online.

¡VIVA EL CARNAVAL!

El carnaval de Oruro

El carnaval de Oruro, Bolivia

- En la ciudad de Oruro se celebr
carnaval muy famoso: el carnav
Oruro.
- En 2001 la UNESCO declaró est
celebración Obra Maestra del
Patrimonio Oral e Intangible de
Humanidad.
- Se celebra durante la semana a
de la Cuaresma *(Lent)* y dura oc
días.
- Durante los desfiles *(parades)* de
carnaval, se baila la Diablada.
La gente baila con máscaras y u
de diablo.

Bailarines en el carnaval de Cartagena de Indias, Colombia.

Desfile del carnaval de Gran Canaria, islas Canarias, España.

Desfile de carnaval en Pisac, Perú.

¿Sabes que...?

- A unos 24 km al norte de Quito está el monumento La Mitad del Mundo, que marca la línea imaginaria del ecuador.
- La papa es original de Perú. Más de 3.000 clases de papas se cultivan hoy día en Perú. De allí viene el dicho *(saying)* popular: "Soy más peruano que la papa".
- Machu Picchu, la ciudad perdida de los incas, y las islas de los Uros en el Lago Titicaca son dos de los lugares más populares y famosos de Perú.
- Entre Perú y Bolivia se encuentra el Lago Titicaca, el lago más grande de América del Sur.

78 ¡Mi celebración favorita!

lia es una chica 17 años. Vive San Luis de avalo, Ecuador. a habla de celebración vorita.

Festival de Inti Raymi en Otavalo, Ecuador

ónde está San is de Otavalo?

lia: Está en el norte mi país, Ecuador, la provincia de babura.

ómo es tu ciudad?

lia: Es muy bonita. Está entre montañas y al do de un volcán. Otavalo es una zona turística. ucha gente visita mi ciudad!

uál es el evento más especial?

lia: Inti Raymi. También se llama el Festival l Sol. Es el evento más importante en mi munidad. Comienza con el solsticio de verano, 22 de junio. Esta celebración es una explosión colores, música y tradiciones indígenas. ¡Es mi sta favorita!

El carnaval de Barranquilla

lola! Soy Manuel y vivo en Barranquilla, lombia. Mi ciudad es caribeña y está al norte Colombia. Es un lugar muy importante rque allí celebramos el carnaval de rranquilla. Los personajes más famosos del rnaval son la reina *(queen)* del carnaval y el ablo *(devil)* Arlequín. La reina es el personaje ás querido y el diablo es el personaje enos popular. ¡Todos temen al diablo! A me gusta esta celebración porque me cantan los disfraces *(costumes)*. ¡Me gusta ntarme de verde! ¿Te gusta disfrazarte? ¿Qué fraz te gusta?».

Participante en el carnaval de Barranquilla.

El carnaval de las islas Canarias

- Cada mes de febrero, Santa Cruz de Tenerife, una de las dos capitales de las islas Canarias, celebra su carnaval.
- Este carnaval es el segundo más grande del mundo. El primero es el de Río de Janeiro, Brasil.
- El carnaval tiene dos partes: el carnaval oficial y el carnaval de la calle. En el carnaval oficial participan más de 100 grupos. El carnaval de la calle está abierto a todo el mundo y participan miles de personas.
- Este carnaval se celebra desde el siglo XVII.
- Los ingredientes más importantes del carnaval son: los disfraces, el maquillaje *(make-up)*, la música y la danza.

Esta fiesta es un evento enorme y se necesita un año para organizarlo.

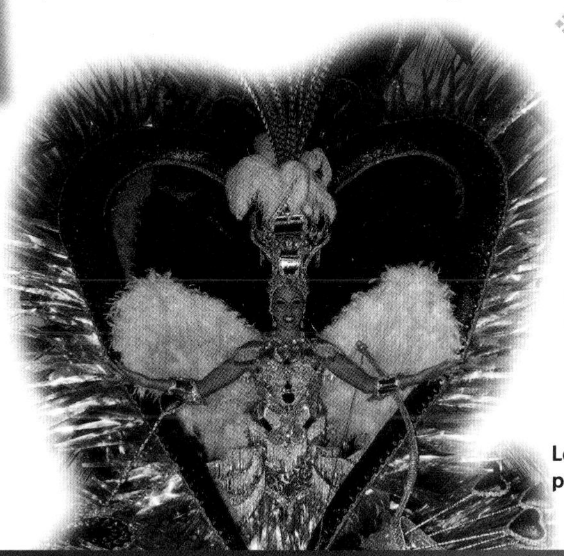

La reina del carnaval, protagonista de la fiesta.

¿True or false?

1. Oruro está en Bolivia. T ◯ F ◯
2. Barranquilla es una ciudad colombiana. T ◯ F ◯
3. El carnaval de Oruro es uno de los más importantes del mundo. T ◯ F ◯
4. En las islas Canarias el carnaval se celebra desde el siglo XV. T ◯ F ◯
5. El personaje más querido del carnaval de Barranquilla es el diablo. T ◯ F ◯

Complete this email with the following words. *¡Atención!* Not all the words will be used.

Ecuador * este * oeste * Otavalo * Perú
las islas Canarias * Barranquilla * Estados Unidos

«¡Hola! Hoy visito el carnaval de Oruro en Bolivia. ¿Sabes que Bolivia está en el ______________, cerca del océano Pacífico? El carnaval de Oruro es importante. Otros carnavales importantes son el de ______________ y el de ______________. Podemos verlos otro año. Ahora en junio, viajo hasta ______________ para ver el Festival del Sol, Inti Raymi, en ______________. ¡Hasta pronto!».

1 79 **Read the description about a special day celebrated in many parts of the world.**

Un día solo para mamá

En mayo celebramos en muchos países de Hispanoamérica el Día de la Madre. Es un día muy bonito porque toda mi familia se reúne para comer y mamá prepara su especialidad: carne asada con papas y ensalada. Después del postre es el momento de sacar los regalos.

Papá es el más conservador, siempre elige *(chooses)* una docena de rosas rojas. Mi hermana mayor adora los perfumes fuertes *(strong)*, es una romántica y cada año regala a mi madre uno nuevo. Mamá siempre sonríe *(smiles)* agradecida, pero luego no lo usa. Mis abuelos son más prácticos y prefieren los accesorios: una bufanda de lana *(wool)*, un reloj, un libro de cocina… A mi tía Rosa, la hermana de mi madre, le gusta comprar regalos a todos. Ella siempre le compra cada año una novela histórica a mi madre. La tía Rosa es muy intelectual. Yo soy el más modesto, porque tengo menos dinero, pero también soy el más original de todos. En clase de Arte siempre preparo un regalo hecho a mano. A veces es un jarrón de arcilla, otras veces un cuadro de madera, o un collar *(necklace)* con piezas de ámbar. Cuando mamá lo recibe me sonríe satisfecha. Se siente orgullosa *(proud)* y muy contenta de ser, por un día, el centro de atención de todos nosotros. Terminamos la comida todos contentos y después vemos una película: mi madre siempre la elige, claro.

2 **List the presents mentioned in the reading with a brief description.**

3 **Match the members of the family with their personality traits.**

1. El padre es... .... •
2. La hermana es... .... •
3. La tía Rosa es... .... •
4. Los abuelos son... .... •
5. El autor del relato es... .... •

- • a. intelectual.
- • b. modesto y original.
- • c. romántica.
- • d. conservador.
- • e. prácticos.

4 **Each of the mother's gifts serves a purpose. Use the expressions from the list to describe the purpose of each gift.**

decorar un lugar ○ preparar diferentes tipos de comida ○ entretenerse ○ leer ○ estar más guapa ○ vestirse ○ saber la hora ○ poner flores ○ no tener frío ○ poner fotos

a. Una docena de rosas sirve para decorar un lugar.
b. ....
c. ....
d. ....
e. ....
f. ....
g. ....
h. ....
i. ....

4 **With a partner, discuss the types of presents you typically receive from your family and how they relate to your particular personality.**

Modelo: Mi madre me regala... porque soy... y me gusta(n)...

EVALUACIÓN

DESCRIBING OBJECTS AND THEIR USES

1 Write the word from the list that matches the description given.

un cuaderno ○ unas gafas ○ un periódico ○ un libro ○ una televisión
un autobús ○ una computadora ○ una planta ○ una regla

a. Es rectangular, de metal y cristal, y sirve para ir de un lugar a otro. ➡ una computadora
b. Es grande, cuadrada, de cristal y plástico, y sirve para ver noticias. ➡ Una televisión
c. Es mediano, de papel y sirve para leer noticias. ➡ un libro
d. Es pequeña de plástico y sirve para dibujar líneas rectas. ➡ un cuaderno
e. Es pequeño, de papel y sirve para leer historias. ➡ unas gafas

MAKING COMPARISONS

2 Using the prices indicated, fill in the blanks to compare the items.

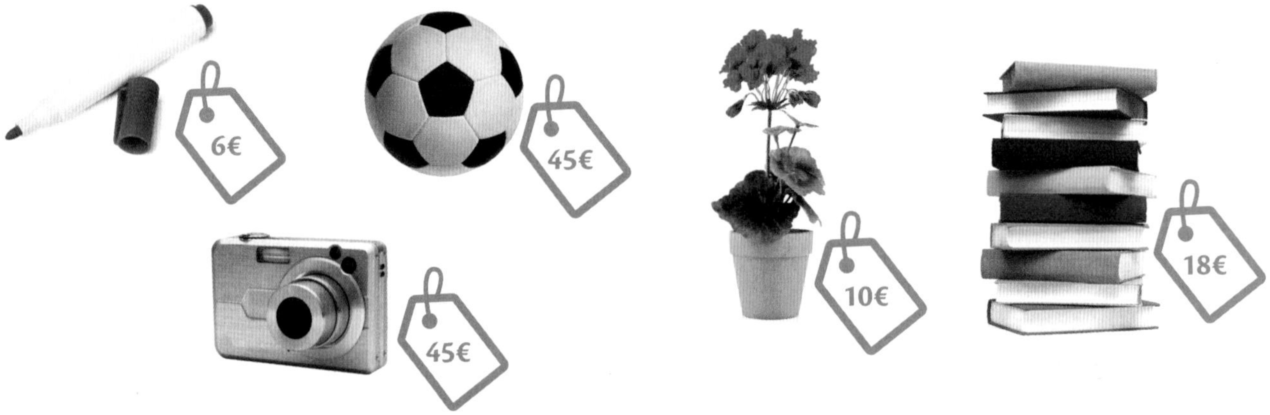

a. La cámara es mas cara que los libros.
b. El balón es tan caro con la cámara.
c. El precio del rotulador es .... que el de la cámara.
d. La planta es menos barata que el balón.
e. Comprar un balón es mas barato que comprar una planta y unos libros.
f. El precio de la cámara es .... que el de la planta.

DEMONSTRATIVE PRONOUNS

3 Fill in the blanks with the correct demonstrative pronoun.

a. Esa botella, no. Quiero aquella que está allí.
b. Ese de ahí es mi hermano.
c. Busco un libro. ¿Cuánto cuestan este que están aquí en la mesa?
d. Esta que tienes aquí son revistas de la semana pasada.
e. Esa de ahí es la profesora de español.

DIRECT OBJECT PRONOUNS

4 **Fill in the blanks with the correct direct object pronoun.**

a. » ¿Dónde compras el periódico?
» ..lo.. compro siempre en el quiosco cerca de casa.

b. » ¿Dónde nos llevas?
» ..los.. llevo a mi habitación.

c. » ¿Cuándo ves a Carlos?
» ..lo.. veo esta tarde, después de clase.

d. » ¿Dónde tienes las plantas?
» ..las.. tengo en la cocina, al lado de la ventana.

e. » ¿Me ves mucho en Facebook?
» No, solo ..lo.. veo en Twitter.

f. » ¿Usas mucho la computadora?
» Bueno, ..la.. uso dos horas al día.

5 **Answer the questions using a direct object pronoun in your response.**

a. ¿Quieres el lápiz?
No, gracias, no ....lo............

b. ¿Tienes flores para mí?
No, no ....los..........

c. ¿Ves a Pedro en el gimnasio?
No, no ....lo.........

d. ¿Me llamas esta noche?
No, no ....la..........

e. ¿Invitas a tus amigos a la fiesta?
No, no ....las..........

f. ¿Conoces a María y Ana?
No, no ....las..........

NÚMEROS DEL 100 AL 999

6 **Write out the numbers in Spanish.**

a. 475 ....cuatrocientos setenta y cinco....
b. 823 ....ochocientos viente trés....
c. 914 ....novecientos cuatorce....
d. 561 ....quinientos seisenta y uno....

CULTURA

7 **Answer the following questions about Bolivia, Ecuador, and Peru, and compare similarities with your own country or region.**

a. ¿En qué países de América del Sur celebran el carnaval? ¿Hay una celebración similar en tu región? ¿Cómo es? ¿Llevan disfraces?
b. ¿Cómo se llama la danza más popular durante los desfiles de carnaval? ¿Qué representa?
c. ¿Qué elementos tienen en común todas las celebraciones de carnaval en el mundo hispano?
d. ¿Dónde está el Lago Titicaca? ¿Por qué es interesante?
e. ¿Qué recursos *(resources)* naturales tiene Bolivia? ¿Cuál crees que es más importante?
f. ¿Qué alimento cultivan en Perú? ¿En qué parte de Estados Unidos se cultiva también?

EXTENSIÓN DIGITAL
Practice what you have learned with additional materials online.

EN RESUMEN: Vocabulario

Descripciones *Descriptions*

abierto/a *open*
cuadrado/a *square*
frágil *fragile*
ligero/a *light*
moderno/a *modern*
pesado/a *heavy*

práctico/a *practical*
rectangular *rectangular*
redondo/a *round*
ruidoso/a *noisy*

sencillo/a *simple, plain*
útil *useful*
viejo/a *old*

Materiales *Materials*

el cristal *glass*
el cuero *leather*

la madera *wood*
el metal *metal*
el plástico *plastic*

Comparativos *Comparatives*

más... que *more... than*
mayor *older*

mejor *better*
menos... que *less... than*
peor *worse*
tan... como *as... as*

Verbos *Verbs*

guardar *to put away*
llamar *to call*
poner *to put, to place*

usar *to use*

Objetos y cosas *Objects and things*

la aspiradora *vacuum cleaner*
la calculadora *calculator*
la carpeta *binder, folder*

el cuadro *frame, painting*
el escritorio *desk*
el estuche *case*
la impresora *printer*
el jarrón *vase*
la lámpara *lamp*
el monitor *monitor*
las pinturas *paints*
la planta *plant*
el portátil *laptop*
el póster *poster*
el ratón *mouse*

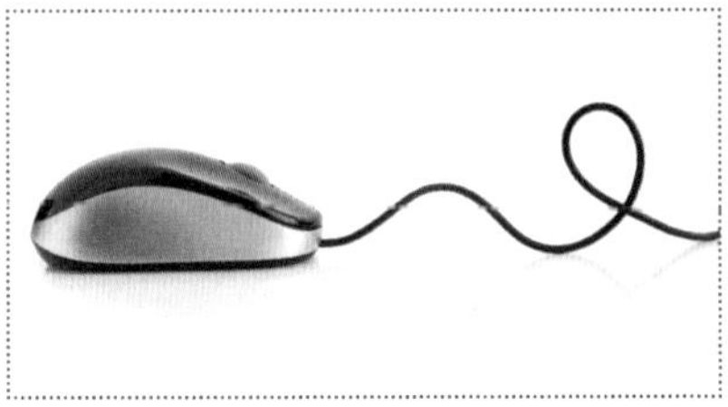

la regla *ruler*
el sacapuntas *pencil sharpener*
el sillón *armchair*
el teclado *keyboard*
el teléfono celular (móvil) *cell phone*
las tijeras *scissors*

la videoconsola *video game console*

Demostrativos *Demonstratives*

aquel/aquella, aquellos/as *that one (over there), those ones (over there)*

aquello *that (over there)*
ese/esa, esos/as *that one, those ones*
eso *that*
este/esta, estos/as *this one, these ones*
esto *this*

COMPARATIVES (WITH ADJECTIVES AND ADVERBS)

(See page 201)

- **más... que** → *Julián es **más** rápido **que** Pedro.* — *more... than*
- **menos... que** → *Pedro camina **menos** lento **que** Julián.* — *less... than*
- **tan... como** → *Julián es **tan** divertido **como** Pedro.* — *as... as*

NUMBERS (100-999)

(See page 206)

100	cien	400	cuatrocientos	700	setecientos
101	ciento uno	415	cuatrocientos quince	720	setecientos veinte
200	doscientos	500	quinientos	800	ochocientos
202	doscientos dos	526	quinientos veintiséis	897	ochocientos noventa y siete
300	trescientos	600	seiscientos	899	ochocientos noventa y nueve
303	trescientos tres	669	seiscientos sesenta y nueve	900	novecientos

1,000 = mil

DEMONSTRATIVE PRONOUNS

(See page 208)

	Singular		Plural		
	Masculine	Feminine	Masculine	Feminine	Neuter
Aquí (cerca)	**este**	**esta**	**estos**	**estas**	**esto**
Ahí (intermedio)	**ese**	**esa**	**esos**	**esas**	**eso**
Allí (lejos)	**aquel**	**aquella**	**aquellos**	**aquellas**	**aquello**

- Demonstrative pronouns

» ¡Hola, Encarna! ¿Cómo estás?
» Muy bien, gracias. Mira, **esta** es Manuela, mi hermana.

» ¿Te gustan estos plátanos?
» No, me gustan **aquellos**.

- Neuter pronouns

» ¿Qué es **esto**?
» Es una lámpara.

» ¿Qué es **eso**?
» Es un celular.

» ¿Qué es **aquello**?
» Son unas zapatillas.

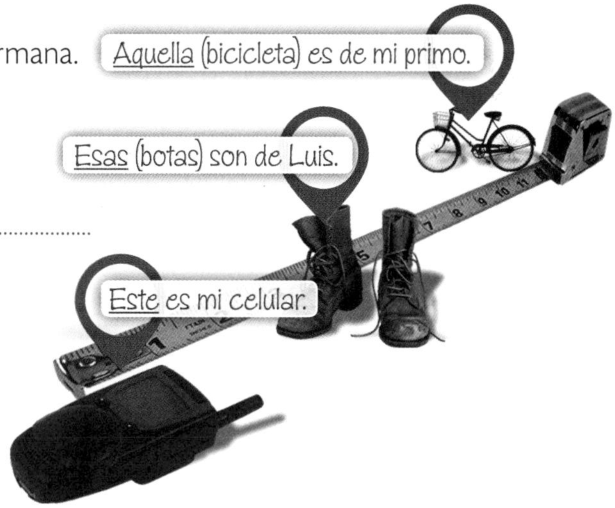
Aquella (bicicleta) es de mi primo.
Esas (botas) son de Luis.
Este es mi celular.

DIRECT OBJECT PRONOUNS

(See page 210)

me
te
lo/la
nos
os
los/las

» ¿Tienes el libro de Matemáticas?
» Sí, **lo** tengo en mi casa.

» ¿Quién compra la tarta de cumpleaños?
» **La** compramos nosotros.

UNIDAD
8 ¿QUÉ TIEMPO VA A HACER?

- ¿Te gusta pasear por la playa?
- ¿Vas a la playa o a la piscina en enero o en agosto
- ¿Qué otras actividades haces en enero? ¿Y en agosto?

Paseando por la playa en enero en Valparaíso, Chile.

In this unit, you will learn to:

- Express obligation, needs, and give advice
- Make plans about what you are going to do and when
- Talk about the weather and the seasons

Using

- *Hay que, tener que* and *deber* + infinitive
- *Ir a* + infinitive
- Weather expressions with *hace, hay,* and *está*

Cultural Connections

- Share information about weather and climate in Hispanic countries, and compare cultural similarities

¡ACCIÓN!

SABOR HISPANO

Paisajes y climas extremos

- Paraguay, Uruguay, Argentina y Chile

1 **Look at the image below of people on an outing in Patagonia, Chile. Then answer the questions based on what you see or can infer from the image.**

a. ¿Cuántas personas hay en la foto?
b. ¿Crees que son amigos o es una familia?
c. ¿Están en las montañas o en la costa?
d. ¿Qué ropa crees que llevan?
e. ¿Qué crees que llevan en las mochilas?
f. ¿Por qué están allí?

2 80 **Listen to the conversation between Javi and his mother and fill in the blanks with the missing words.**

Javi: ¡Hola, mamá!
Madre: Hola, Javi, ¿qué tal la escuela?
Javi: Pues, bien, como siempre.
Madre: Y ese papel, ¿qué es?
Javi: Ah, es para la (1) .... de este fin de semana. Vamos toda la clase.
Madre: ¿Y a dónde van, Javi?
Javi: Pues, vamos a (2) .... el Parque Nacional La Campana.
Madre: Muy bien. Y, ¿qué necesitas?
Javi: El (3) .... dice que **tenemos que llevar** unos (4) .... y unas bebidas.
Madre: Pero en la montaña normalmente hace (5) .... Yo creo que **debes llevar** un anorak, los guantes y el (6) ....
Javi: Está bien, mamá. También quiero hacer fotos.
Madre: Bueno, puedes usar mi (7) ....
Javi: ¡Fenomenal! Muchas gracias.
Madre: ¿Cuánto **hay que pagar** por la excursión?
Javi: Muy poco, solo (8) .... ¡Ah! Vamos a salir el sábado a las (9) .... de la mañana.
Madre: Entonces, esa noche tienes que acostarte (10) ....

3 **Indicate whether the following sentences are true (T) or false (F).**

	T	F
a. Javi va de excursión a la montaña.	☐	☐
b. No tiene que llevar comida.	☐	☐
c. Su madre le aconseja llevar ropa para el frío.	☐	☐
d. La excursión cuesta 128 pesos.	☐	☐
e. Javi lleva la cámara de fotos de su madre.	☐	☐

4 **Match the two columns to make complete sentences. Then read the sentences aloud with a partner.**

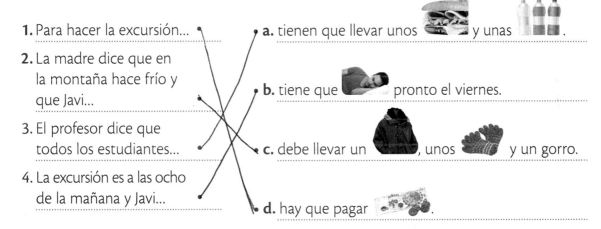

1. Para hacer la excursión...

2. La madre dice que en la montaña hace frío y que Javi...

3. El profesor dice que todos los estudiantes...

4. La excursión es a las ocho de la mañana y Javi...

a. tienen que llevar unos 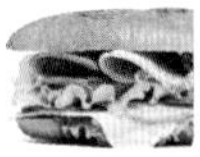 y unas .

b. tiene que  pronto el viernes.

c. debe llevar un , unos  y un gorro.

d. hay que pagar .

5 **The Aconcagua Provincial Park in the Andes mountains of Argentina draws hikers to its popular trails. Use the image to plan an outing to this park. First, fill in the information in the chart. Then, with a partner, discuss what each of you are going to bring.**

Modelo: E1: ¿Qué ropa vas a llevar?
E2: Voy a llevar... ¿Y tú?

! ■ The verb **llevar** means *to wear or to carry, take along.*

Parque provincial Aconcagua.

Ropa: ....
Comida: los sandwiches, agua, las frutas, la carne, la leche
Equipo (*equipment*): ....
¿Algo más? ....

DESCRIBING THE WEATHER

¿Qué tiempo hace? *What's the weather like?*

Hace

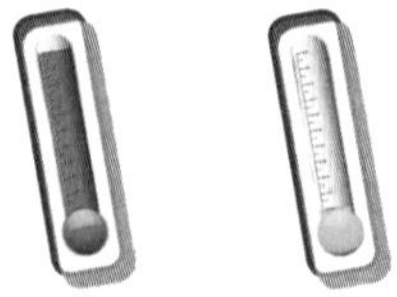

calor / frío
It's hot / It's cold

sol / viento
It's sunny / It's windy

buen tiempo
The weather is good.

mal tiempo
The weather is bad

Hay

nieve *There's snow. (It's snowy)*

niebla *There's fog. (It's foggy)*

tormenta *There's a storm. (It's stormy)*

Está

nublado *It's cloudy.*

Llueve

En el norte de España **llueve** mucho.
In northern Spain, it rains a lot.

Nieva

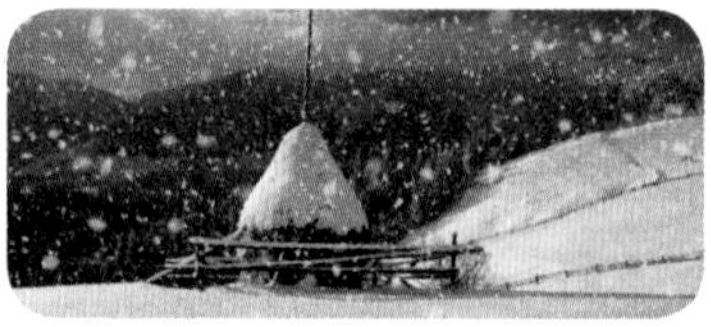

Nieva mucho en las montañas de los Andes.
It snows a lot in the Andes mountains.

1 **Fill in the blanks with the correct word to complete the sentences.**

a. Mañana voy a la playa porque .... calor.
b. En esta época .... nieve en la montaña.
c. Cerca de la costa .... nublado.
d. Hoy necesito el paraguas *(umbrella)* porque ....
e. Es difícil jugar al tenis cuando .... viento.

2 **With a partner, take turns describing the weather in your area today and during different months of the year. Talk about what clothes you typically need to wear.**

La ropa ➡ Unidad 3

Modelo:
E1: En agosto hace mucho calor.
E2: Hay que llevar pantalones cortos y una camiseta.

a. hoy
b. julio
c. noviembre
d. abril
e. febrero
f. mayo

Otras palabras útiles:

- **anorak** *ski jacket*
- **chanclas** *flip-flops*
- **gafas de sol** *sunglasses*
- **gorro** *knitted hat*
- **guantes** *gloves*
- **impermeable** *raincoat*
- **paraguas** *umbrella*

TALKING ABOUT THE WEATHER

¡Qué frío / calor (hace)!	*It's so cold / hot!*
¡Qué frío / calor tengo!	*I'm so cold / hot!*
¿Tienes frío / calor?	*Are you cold / hot?*
Hace mucho (muchísimo) frío / calor.	*It's very (really) cold / hot.*
¡Cuánto llueve!	*It's really raining!*
¿Qué día / tiempo hace?	*What's the day / weather like?*
Hace un día muy bueno / malo.	*It's a nice / bad day.*
Estamos a 20 grados.	*It's 20 degrees.*
No hace nada de frío / calor.	*It's not at all cold / hot.*

!

- To convert degrees Celsius to Fahrenheit:
  1. Multiply Celsius temperature by 1.8.
  2. Add 32.
  20°C x 1.8 = 36 + 32 = 68 °F

3 81 **Listen to the weather report for Argentina. Then write the letter of the correct weather symbol missing on the weather map according to the report. *¡Atención!* Not all boxes nor all symbols will be used.**

a.	lluvia	**e.**	calor
b.	nieve	**f.**	nublado
c.	viento	**g.**	sol
d.	tormenta	**h.**	frío

4 **With a partner, take turns asking each other about the weather in the cities on each of your cards.**

Modelo: *¿Qué tiempo hace en...?*

Estudiante A

Sevilla 42°C	Buenos Aires 31°C
☐ Londres	☐ Roma
Caracas 29°C	Oslo 2°C
☐ México D.F.	☐ Barcelona

Estudiante B

☐ Sevilla	☐ Buenos Aires
Londres 13°C	Roma 15°C
☐ Caracas	☐ Oslo
México D.F. 12°C	Barcelona 16°C

ANTES DEL VIDEO

1 **With a partner, take turns asking and answering the following questions.**

a. ¿Qué tiempo hace hoy?
b. ¿Qué ropa llevas cuando llueve?
c. ¿Qué ropa llevas cuando hace frío?
d. ¿Llevas paraguas cuando llueve?

2 **Look at the following images from the video and answer the questions.**

a. ¿Qué lleva la muchacha?
b. ¿Adónde crees que va?
c. ¿Con quién crees que habla?
d. ¿Qué tiempo crees que hace?
e. ¿Qué necesita llevar?

DURANTE EL VIDEO

3 **Watch the first part of the segment and choose the correct response to the questions.**

1. ¿Adónde va Olga?
a. ☑ A la biblioteca.
b. ☑ A casa de una compañera de clase.
c. ☐ Al supermercado.

2. ¿Qué se pone?
a. ☐ Los zapatos.
b. ☐ Las zapatillas de deporte.
c. ☑ Las botas.

3. ¿Por qué decide llevar impermeable?
a. ☐ Por si hace frío.
b. ☑ Por si llueve mucho.
c. ☐ Por si hace un poco de calor.

4. Al final, ¿lleva paraguas?
a. ☐ Sí.
b. ☐ No.

4 **Read the following comments and check off the name of the person who said each one.**

la mamá (M)

Olga (O)

	M	O
a. Tenemos que presentar un trabajo para el próximo viernes.	☒	☑
b. Mira, el cielo está muy oscuro, yo creo que va a llover, ¿eh?	☑	☐
c. Me llevo el impermeable por si hace un poco de frío también.	☐	☑
d. ¿Tú vas a salir?	☐	☑
e. No me gusta mucho la lluvia, la verdad…	☑	☐
f. Sí, vamos a ir con el coche.	☑	☐
g. ¿Y te va a acompañar papá?	☐	☑
h. Nos vemos a la hora de la cena.	☐	☑
i. A las nueve, ¿eh?	☑	☐

DESPUÉS DEL VIDEO

5 **Match what Olga and her mother are going to do. *¡Atención!* Answers may be used more than once.**

1. Olga va a… b. c. a.
2. La madre va a… d.

- **a.** salir.
- **b.** estudiar.
- **c.** ir a casa de Aida.
- **d.** comprar al supermercado.

6 **Answer the following questions about what Olga and her mother have to do.**

a. ¿Qué tienen que hacer Olga y Aida para la escuela?
b. ¿Por qué tiene que volver Olga a casa a las nueve?
c. ¿Por qué tiene que ir la mamá al supermercado?
d. ¿Qué hay que hacer todos los días?

EXTENSIÓN DIGITAL **Practice what you have learned with additional materials online.**

1 82 **Listen to the following audio recordings about average weather patterns in the northern hemisphere. Fill in the blanks with the missing words and then match the season to its description.**

1.

La primavera

2.

El verano

3.

El otoño

4.

El invierno

a. Es especialmente duro en la zona ......norte...... e interior, con temperaturas bajo cero y ......nieve...... frecuente. También son habituales otros fenómenos como el ......viento......, la ......niebla...... o el hielo. En el sur es más suave.

b. Es bastante inestable. Hace ......calor......, frío, viento, pero también ......llueve...... mucho y a veces ......nieva...... Es una época perfecta para ver el campo verde y lleno de flores. Las temperaturas varían entre los 15 y los 25 ......grados......

c. Es un periodo muy caluroso, especialmente en el sur y el interior. Hace muy ......buen...... ......tiempo...... con temperaturas entre los 35 y los 40 grados. También son frecuentes las ......tormentas...... con rayos y truenos.

d. Normalmente hace ......frío......, pero no demasiado. ......llueve...... bastante y también nieva, especialmente en el ......norte...... Además, son frecuentes las nieblas. Las temperaturas están entre los 5 y los 20 grados.

2 **Match the weather phenomenon to its definition. Use the context above to help you with the meaning. Then check your answers with a partner.**

1. inestable ......d......
2. bajo cero ......a......
3. el relámpago ......f......
4. el trueno ......b......
5. caluroso/a ......c......
6. el hielo ......e......

- a. temperatura menos de cero grados
- b. el ruido que se escucha durante una tormenta
- c. mucho calor
- d. no es estable
- e. agua helada (*frozen*)
- f. el rayo de luz (*light*) que sale durante una tormenta

3 **Fill in the blanks with a word from the list in activity 2.**

a. En verano el tiempo es ......caluroso......
b. En Tierra del Fuego están ......bajo cero...... porque está cerca de Antártica.
c. ¿Los ves? Hay muchos ......relámpago...... con esta tormenta.
d. No puedo dormir con todos estos ......truenos......
e. En esta época el tiempo es muy ......inestable...... Hoy llueve y mañana hace sol.

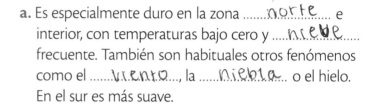

4 With a partner, form logical sentences by combining elements from the columns below.

When or Where		Verb	Intensity of Weather	Weather Condition
				frío
En invierno				calor
En verano				nieve
En la costa		hace	demasiado/a/s a lot	lluvia
En el interior		hay	mucho/a/s very	hielo
En el norte	no	está	bastante/s enough	sol
En el sur		llueve	un poco (de) little	viento
En el este		nieva	nada (de) none	niebla
En el oeste				nubes
				nublado

Modelo: *En el norte hace bastante frío.*

5 Arrange the following words to form logical sentences about the weather.

a. bastante / frío / hace / montaña / En / la → En la montaña hace bastante frío
b. todo / el / hace / sur / tiempo / En / el / buen / año → ....
c. pero / también / la / hace / mucho / calor / hace / En / playa / viento → ....
d. En / norte / en / el / hay / y / niebla / invierno / lluvia → ....
e. mal / llueve / tiempo / y / En / hace / interior / el → ....

6 Complete the following sentences to explain what you and others do or don't do in different weather conditions. Then take turns exchanging information with a partner.

a. Cuando llueve yo... llevo bootas
b. Cuando hace mal tiempo, mis amigos y yo... vamos el cine
c. En verano, mi familia... vamos la piscina
d. Cuando hace mucho calor, los estudiantes... van al la playa
e. Cuando hay niebla, no puedo... no voy el escuela
f. Cuando hace mucho sol, me gusta... comer helado

GRAMÁTICA

1. IR A + INFINITIVE

- The construction **ir a** + ***infinitive*** is used to talk about future plans and what you are going to do.
  *Esta tarde **voy a ver** una película. This afternoon, I am going to see a movie.*
  *Hace mucho frío. Creo que **va a nevar**. It's very cold. I think it's going to snow.*

ir → voy
ser → soy
estar → estoy
Dar → doy
Ponerse → to become

yo	**voy**	+ **a** + infinitive
tú	**vas**	
usted/él/ella	**va**	
nosotros/as	**vamos**	
vosotros/as	**vais**	
ustedes/ellos/ellas	**van**	

- Use the following time expressions to talk about the future.

hoy *today*	
mañana *tomorrow*	
ahora *now*	
esta mañana / tarde / noche / semana *this morning / afternoon / night / week*	
este lunes / mes / año *this Monday / month / year*	
la semana / el mes / el año **que viene** *the upcoming week / month / year*	
la próxima semana *next week*	
el próximo jueves / invierno / año *next Thursday / Winter / year*	

***El mes que viene** voy a correr en un maratón. This month coming up, I'm going to run in a marathon.*
***Esta tarde** voy a jugar al tenis. This afternoon, I'm going to play tennis.*
***El próximo año** voy a estudiar francés. Next year, I'm going to study French.*
*Son las doce, **ahora** voy a comer. It's twelve o'clock. I'm going to eat.*

Me pongo contenta cuadon despues, como de desauno.

Lloro cuando mi perro muero.

1 **Match the sentences to describe what people are going to do in each situation.**

Modelo: Mañana es domingo. ➡ Mi familia y yo vamos a visitar a mis abuelos.

1. La próxima semana no tenemos clase. ....•	• a. Voy a invitar a unos amigos a casa para celebrarlo.
2. Este viernes es el cumpleaños de Dani. ....•	• b. Va a tomar una aspirina.
3. A mi padre le encanta cocinar. ....•	• c. Pero el lunes va a llover.
4. Estoy de mal humor. ....•	• d. Esta noche va a preparar arepas de carne.
5. Julia tiene dolor de cabeza. ....•	• e. Vamos a ir de excursión de martes a jueves.
6. Va a hacer buen tiempo este fin de semana...•	• f. No voy a salir con mis amigos.

2 **Read the e-mail Inés writes to her friend Elena about all the plans she has for next year. Fill in the blanks with the correct form of *ir a* + infinitive.**

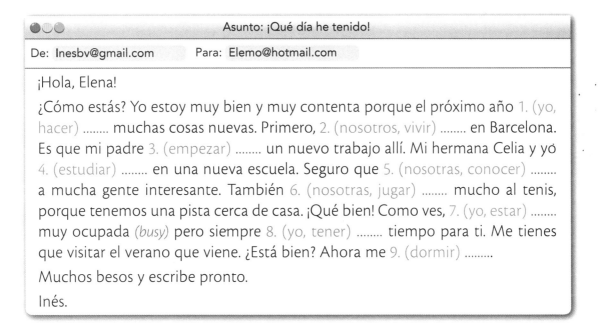

Asunto: ¡Qué día he tenido!

De: Inesbv@gmail.com Para: Elemo@hotmail.com

¡Hola, Elena!

¿Cómo estás? Yo estoy muy bien y muy contenta porque el próximo año 1. (yo, hacer) .... muchas cosas nuevas. Primero, 2. (nosotros, vivir) .... en Barcelona. Es que mi padre 3. (empezar) .... un nuevo trabajo allí. Mi hermana Celia y yo 4. (estudiar) .... en una nueva escuela. Seguro que 5. (nosotras, conocer) .... a mucha gente interesante. También 6. (nosotras, jugar) .... mucho al tenis, porque tenemos una pista cerca de casa. ¡Qué bien! Como ves, 7. (yo, estar) .... muy ocupada (*busy*) pero siempre 8. (yo, tener) .... tiempo para ti. Me tienes que visitar el verano que viene. ¿Está bien? Ahora me 9. (dormir) ....

Muchos besos y escribe pronto.

Inés.

3 **Describe how the following people are feeling based on what they are going to do or not do. Combine elements from each column to form six logical sentences. Then create one of your own (¿...?). Share your sentences with the class.**

Modelo: Tú estás nervioso porque vas a hablar en público.

A	B	C	D
yo	contento/a	(no) ir a	llamar a los padres
tú	nervioso/a		salir con los amigos
el profesor	de mal humor		cantar en el concurso (*contest*) *La Voz* de la televisión
la profesora	preocupado/a		hacer deporte y llover mucho
mis padres	enfadado/a		conocer al presidente de Estados Unidos
ustedes/ellos/ellas	de buen humor		hacer sol y calor para ir a la playa
¿...?			hablar en público
			¿...?

4 **With a partner, take turns saying where the following people are going and what they are going to do there. Use the image and your imagination to include as much information as possible.**

Modelo:

El muchacho va al parque. Va a jugar fútbol. Después...

Me pongo nerviosa cuando tengo una presentation de baile.

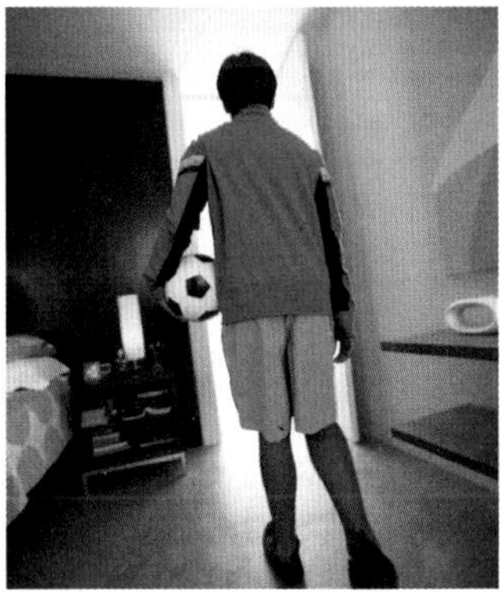

Alicia

los amigos

el cocinero

Esteban

Raúl

los estudiantes

5 **Create a schedule for the activities you are planning to do next week and list them under the correct day. Then, with a partner, take turns inviting each other to join you that day for that activity. *¡Atención!* If you have other plans, be sure to tell your partner what you are going to do instead.**

Modelo: E1: ¿Quieres estudiar para el examen conmigo el lunes?
E2: No puedo. El lunes voy a cenar con mi familia.

! **conmigo** → with me

L	M	X	J	V
E1: Estudiar para el examen.				
E2: Cenar con mi familia favorita.				

2. *HAY QUE, TENER QUE* AND *DEBER* + INFINITIVE

- To express obligation or what is necessary for all, use **hay que** + infinitive.
  En la clase de español ***hay que hablar*** *español.*
  In Spanish class, everyone needs to speak Spanish.
  Cuando hace calor ***hay que llevar*** *ropa ligera.*
  When it's hot, it's necessary to wear light clothing.

2 sentences for each

- To express obligation or what is necessary for a particular person, use **tener que** + infinitive.
  Para mis exámenes ***tengo que*** *estudiar mucho. I have to study a lot for my tests.*
  Tienes que ser *más paciente. You need to be more patient.*

- To express obligation in terms of making a recommendation or giving someone advice, use **deber** + infinitive.
  Si estás muy cansado, ***debes dormir*** *más. If you are very tired, you should sleep more.*
  Los estudiantes ***deben hacer*** *la tarea. Students should do homework.*

ir + a + inf.

6 Fill in the blanks with the correct verb. *¡Atención!* There may be more than one possibility.

a. Estoy muy ocupado, ...tengo..... que estudiar mucho.
b. Si vienes al cumpleaños, ...debes...... traer *(bring)* un regalo para Ana.
c. Me encanta la piscina. Pero, ¿cuánto ....tengo.... que pagar?
d. Lo siento, ahora no puedo hablar. ....Hay....... que ir a casa.

7 Read the following situations and decide what the people involved have to do and what they shouldn't do. Share your answers with the class. Who made the best recommendations?

Modelo: Tu hermana necesita un teléfono celular nuevo.
Tiene que ir a una tienda especializada.
No debe comprar un teléfono caro.

a. Tu amigo tiene un examen difícil mañana.
Él ...estudia..... No ...ver a television.....
b. No hay comida en casa.
Tú ...vas a supermacardo..... No ....
c. Tus abuelos vienen a visitar y la casa está completamente desordenada.
Todos ....limpiar..... No ....
d. Vamos de excursión al Gran Cañón del Colorado.
Nosotros ...vama a picar..... No ....

Indicate the tasks below that you regularly have to do. Then exchange information with a partner and add when you normally do these things.

en mi casa
Cuando no comida' mi madre va al supermercado

son noche mi padre prepara la ~~comida de~~ la ~~cena~~ cena

- ☐ pasear al perro
- ☐ hacer deporte
- ☑ preparar la comida
- ☐ trabajar
- ☐ hacer la cama
- ☐ ir al supermercado
- ☐ pasar la aspiradora a la habitación
- ☐ lavar *(wash)* la ropa
- ☐ poner los platos en el lavaplatos
- ☐ ir a clase de...

En la Mañana voy a clase de español.

Modelo:

E1: *Tengo que poner los platos en el lavaplatos todos los días. ¿Y tú?*

E2: *Yo no tengo que poner los platos en el lavaplatos pero tengo que pasar la aspiradora a mi habitación los sábados.*

9 **What recommendations would you make to a group of exchange students from Argentina visiting your region (state, city, etc.)? With a partner, list four or five recommendations of places to visit and things to do. Then share them with the class and vote on the five best ideas.**

Modelo: *Ustedes deben ir al museo de arte. Hay cuadros muy famosos.*

Lugares	Actividades

10 **As a community service project, you have been asked to prepare a poster for healthy habits to present to elementary school students. With a partner, prepare a list of five or six healthy habits that would apply to everyone. Then share your ideas with the class.**

Hay que comer muchas verduras.

1 **Choose either option A or B and ask your partner for his/her recommendations. Use the expressions below as a guide.**

Modelo:

a. Para ir a la montaña

E1: ¿Qué necesito para ir a la montaña?

E2: Para ir a la montaña debes llevar botas.

b. Para ir a la playa

E1: ¿Qué necesito para ir a la playa?

E3: Para ir a la playa tienes que usar protector solar.

(No) debes...

(No) tienes que...

(No) hay que...

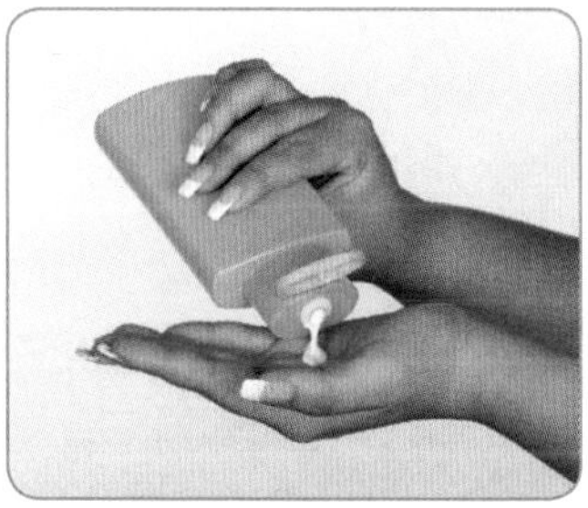

usar protector solar

tomar el sol con precaución

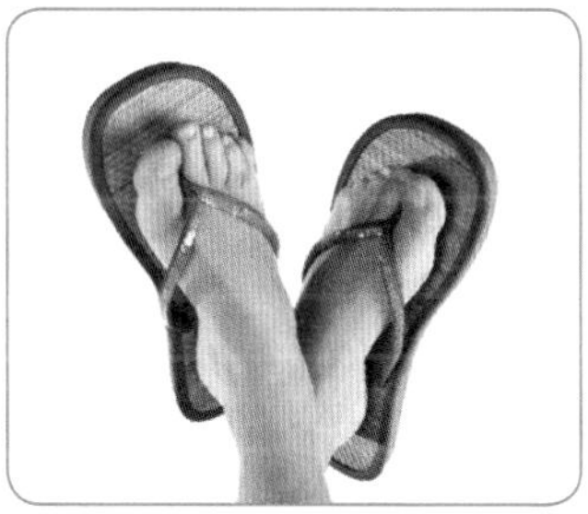

ir en chanclas

llevar botas

ponerse gafas de sol

llevar dinero

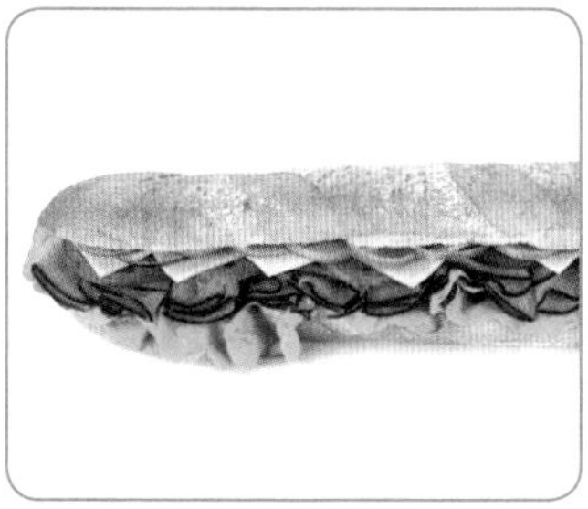

llevar unos bocadillos

llevar una mochila

usar vasos de cristal

EXPRESIÓN E INTERACCIÓN ESCRITAS

1 **Below are a series of photos from the place you vacation each summer and where you are going to go again this summer. Before writing about your plans, review the writing strategy in Destrezas and follow the suggestion.**

Destrezas

Organize key ideas before writing

List the words and phrases that you will need to write your description. Once you see your ideas laid out, you can start to organize them for your writing. Jot down some of these ideas under each of the photos.

2 **Using the information you prepared, write a paragraph about your vacation destination. Use the suggestions below as a guide.**

- Cómo es el tiempo normalmente en ese lugar.
- Cómo es la ciudad.
- Con quién vas.
- Qué haces allí normalmente.
- Qué vas a hacer este verano allí.

esta
· Mi ciudad es pequeña, ~~es~~ también abburrida porque hay nada poder. no hay nada hace
· El tiempo es hace calôr, frío, viento y fresco.
· Yo voy la lago con mis amigos.
· Yo nado y juego al lacrosse.
· Yo voy a jugar al lacrosse en Nuevo Yorke.

PRONUNCIACIÓN The sounds *n* and *ñ*

- The letter **n** in Spanish generally sounds like the *n* in the English word *nice*.
  - **n**atación • **n**aranja • ca**n**sado • exame**n** • **n**unca = jamás
- The letter **ñ** does not exist in English. Its sound in Spanish is similar to *ny* in the English word *canyon*.
  - ca**ñ**ón • se**ñ**ora • ni**ñ**o • ba**ñ**o • a**ñ**o

El cañón de Cotahuasi en Perú.

1 83 **Number the words below in the order you hear them. Listen to the difference in pronunciation between *n* and *ñ*.**

7 peña	5 maño	8 cana	6 mino
3 mano	2 caña	1 Miño	4 pena

2 84 **Listen to each pair of words and write in the missing consonant. *¡Atención!* Listen carefully as one of the words in the pair will contain *ñ* and the other can be any consonant.**

a. niño / nicho
b. España / Espada
c. catto / caño
d. moño / mocho
e. uña / hucha
f. baña / baya

EXTENSIÓN DIGITAL
Practice what you have learned with additional materials online.

PAISAJES Y CLIMAS EXTREMOS

El Cono Sur

Las Catedrales de Roca, en Salar de Tara, Chile.

- Los países hispanohablantes q forman el Cono Sur *(Southern C* son: Paraguay, Argentina, Chile Uruguay.
- Estos países ofrecen una natur increíble, desde el desierto más árido del mundo, hasta la cordi *(mountain range)* más alta del hemisferio sur, pasando por los glaciares más activos del plane
- El idioma oficial es el español, también se hablan dialectos o lenguas indígenas como el gu (en Paraguay y Argentina), el es rioplatense (en Uruguay y Arge el quichua (en Argentina) o la l mapuche (en Chile).

Glaciar Perito Moreno en Patagonia, Argentina.

Pueblo Blanco en Punta del Este, Uruguay.

Las cataratas del Iguazú, entre Paraguay, Brasil y Argentina.

¿Sabes que...?

- ✓ El Cono Sur experimenta todos los climas posibles, desde el tropical hasta el frío más extremo y la nieve.
- ✓ Los paisajes del Cono Sur son los más diversos del mundo. Aquí hay glaciares, desiertos, selvas *(jungles)*, montañas, cordilleras y playas.
- ✓ Paraguay tiene unas de las más altas temperaturas del planeta 45 °C (113 °F). Algunos puntos de Chile alcanzan *(reach)* los -37 °C (-35 °F).

85 Estaciones del sur

Árbol de Navidad en la Casa Rosada, Buenos Aires, Argentina.

Cono Sur tiene ;taciones muy arcadas. Sin nbargo *(however)*, ı diciembre, enero febrero hace calor en junio, julio y gosto hace frío. 'or qué? Porque los aíses que forman el ono Sur pertenecen hemisferio sur. to significa que ientras en la mayor ırte de EE.UU. las mperaturas son ıjas en diciembre, ıero y febrero, en Argentina, por ejemplo, son altas. or eso en este territorio geográfico... ¡hay que celebrar Navidad en la playa y hay que llevar abrigos *(coats)* ı agosto!

¡*Sandboarding* en el desierto de Atacama!

«¡Hola! Me llamo Luca y soy de Buenos Aires, Argentina. La semana próxima voy a ir de viaje con mis amigos Suso, Chico y David. Vamos a ir al desierto de Atacama, en Chile. Este desierto es el lugar más seco *(dry)* del planeta. ¿Qué vamos a hacer allí? ¡Vamos a vivir una aventura extraordinaria! Vamos a practicar el deporte de moda en ese país: el *sandboarding*. Es como el *snowboarding* pero se practica en la arena *(sand)*, no en la nieve».

:hico practica el *sandboarding* ı desierto de Atacama, Chile.

tes: Oficina de Turismo de Ushuaia, ıa de Turismo de Argentina, *onely Planet*, Turismo Paraguay, ıoles en el Mundo (RTVE).

Ushuaia: el fin del mundo

- Ushuaia, en Tierra del Fuego, Argentina, es la ciudad más al sur del mundo.
- Esta ciudad es conocida como el fin del mundo, por su localización, en el extremo sur del continente americano.
- En Ushuaia hay ríos, lagos y glaciares.
- Aquí nieva mucho y las temperaturas son frías durante todo el año, con una temperatura media de 5,7 °C (42 °F).
- Cuando visitas este lugar, recibes un sello en tu pasaporte donde pone... ¡fin del mundo!

Un letrero anunciador de Ushuaia.

Link the two parts of the sentence.

1. En el Cono Sur b.
2. El idioma oficial de esta región d.
3. Hay temperaturas e.
4. En el Cono Sur se practican c.
5. Los paisajes del Cono Sur ~~a~~ e.

a. muy extremas.
b. hay cuatro países.
c. deportes extremos.
d. es el español.
e. son muy variados.

Fill in the blank with the correct information from the readings. Then complete the sentences to describe how it is where you live.

1. En Ushuaia, las temperaturas son frías durante todo el año. En mi ciudad las temperaturas son differentes.
2. En el desierto de Atacama hace mucho seco. En mi país hay ~~donde~~ un poco ~~de~~ los desiertos.
3. En Argentina, durante el verano hace ~~calor~~ frío. En mi país verano es en julio y agusto.

1 **In groups of three, take turns talking about which of the following activities do you normally do on weekends.**

Modelo:

E1: Normalmente escucho música los fines de semana, ¿y tú?
E2: Yo, también.
E3: Yo, no. Normalmente practico deporte.

a. escuchar música
b. practicar deporte
c. ir al cine
d. ir a la biblioteca
e. ir a clase
f. estudiar

Use **también** and **tampoco** to agree with what a person says.
Use **sí** and **no** to disagree with what a person says.

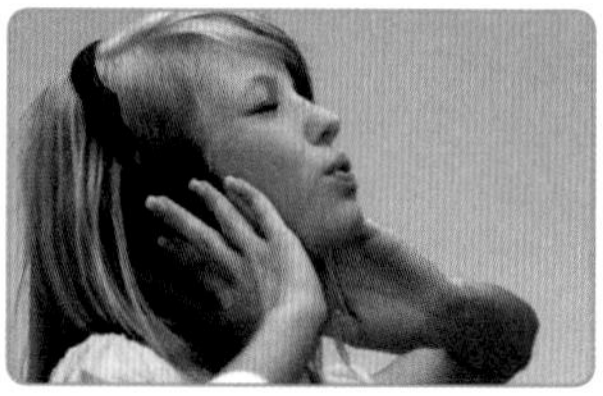

2 86 **Read about Marta, Luisa and Cristina and what they typically do on weekends.**

¿Quedamos para estudiar?

Son las cinco de la tarde y, como todos los viernes, Marta, Luisa y Cristina quedan en el parque para planear el finde. Pero esta vez va a ser diferente. Las muchachas no tienen mucho tiempo para salir a divertirse, porque la próxima semana tienen que hacer tres exámenes. La idea es reunirse para estudiar. Sin embargo, las jóvenes no se ponen de acuerdo, porque Cristina y Luisa tienen algunas cosas que hacer. La madre de Cristina trabaja este sábado y la muchacha tiene que cuidar a su hermano pequeño, porque la guardería está cerrada. Por su parte, Luisa va a ir al dentista y después va a acompañar a sus padres al supermercado. Marta es la única que tiene la mañana libre, pero quiere esperar a sus amigas porque le gusta estudiar mucho en equipo. Además, a Marta le encantan las Matemáticas y prefiere ayudar a sus compañeras. Así que las tres muchachas van a intentar verse el sábado por la tarde en la biblioteca del barrio. Si todo va bien, el domingo van a tener tiempo para salir, después de una tarde de trabajo en equipo. ¡La unión hace la fuerza!

3 Decide if the following sentences are true (T) or false (F) based on the reading.

	T	F
a. Las muchachas van a estudiar el sábado por la mañana.		
b. Marta va a ir al dentista con Luisa.		
c. Marta tiene más tiempo libre que Luisa y Cristina.		
d. Cristina tiene que llevar a su hermano a la guardería.		
e. A Marta no le gustan las Matemáticas.		
f. Las muchachas van a estudiar juntas.		

4 Complete the chart with the things Marta, Luisa and Cristina have to do.

	Marta	Luisa	Cristina
El sábado por la mañana.	No tiene nada que hacer.		
El sábado por la tarde.	van a tener tiempo para salir		

5 Select the correct completion.

a. Las muchachas son muy...
- responsables.
- vagas.

b. Las muchachas tienen muchas...
- tareas.
- obligaciones.

c. A Marta le gustan mucho...
- las Matemáticas.
- los estudios.

d. La madre de Cristina tiene que...
- trabajar.
- cuidar al hermano pequeño.

e. Las muchachas van a tener tiempo para salir...
- el domingo.
- el sábado.

f. Ahora ellas están en...
- el parque.
- la biblioteca.

6 Write about your own weekend. Make a list of your plans and another list of the things you have to do. Share your lists with the class to see who has the most free time.

Planes	Obligaciones

EVALUACIÓN

TALKING ABOUT THE WEATHER

1 **Fill in the blanks with the missing words.**

a. ¿ Hace calor en esta ciudad?
b. ¿Y mi jersey? ¡Qué frío hace!
c. En verano a veces ~~manas~~ hay tormentas.
d. Esta nublado y no se ve nada.
e. ~~Hace~~ Estamos a 25 grados.

2 **Look at the weather map of Spain and describe the weather in each of the regions.**

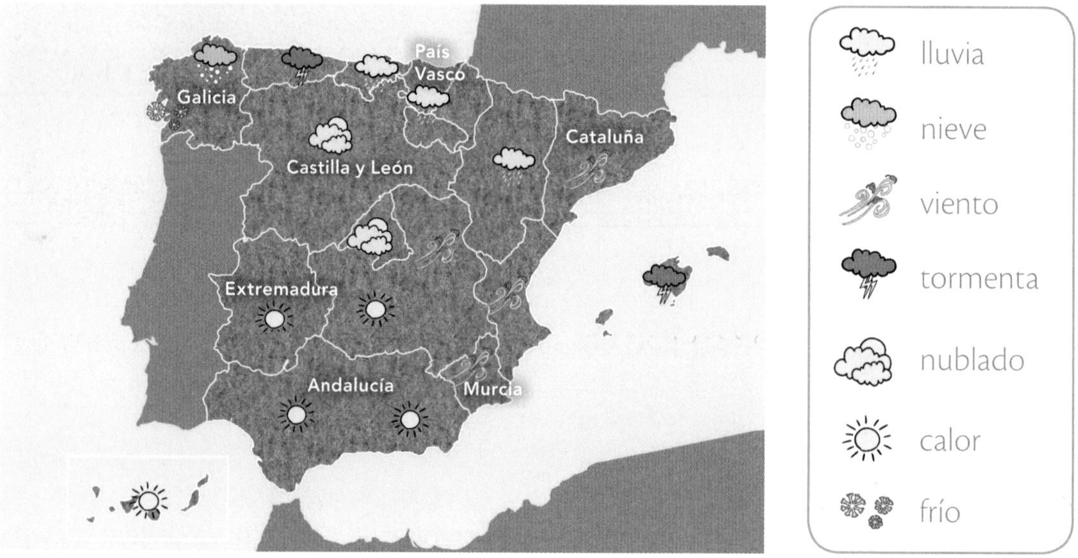

a. En Galicia .... nieve y también .... frío
b. En el País Vasco hoy .... lluvia
c. En Cataluña .... hace buen tiempo pero .... viento
d. En Castilla y León el cielo .... nublado
e. En Extremadura y Andalucía .... ~~hace~~ calor
f. En Murcia hoy va a .... hay un poco de .... viento

HAY QUE, TENER QUE, DEBER + INFINITIVE

3 **Enrique needs to clean up his act. Look at the list of things he currently does that he needs to improve. Complete the sentences with what Enrique should do and has to do.**

a. No estudia mucho. ➔ Enrique tiene que estudiar más.
b. Llega siempre tarde al colegio. ➔ Al colegio hay que llegar puntual.
c. Nunca ordena su habitación. ➔ Enrique debe ordenar su habitación.
d. Nunca hace los deberes. ➔ Enrique debes hacer la tarea.
e. Habla mal a su hermana. ➔ No tiene que hablar mal a su hermana.
f. No hace deporte. ➔ Que debe hacer deporte.

IR A + INFINITIVE

4 Answer the questions with the correct form of *ir a* + infinitive.

Modelo:
¿Qué vas a hacer el próximo mes? Voy a ir a la ciudad con mis padres.

a. ¿Qué van a hacer esta tarde?
→ ....Va a.... estudiar con Andrés.
b. ¿Qué va a hacer la madre de Javi mañana?
→ ....Va a.... ir al dentista.
c. ¿Qué película vais a ver esta noche?
→ ..Vamos a.. ver una película en casa.
d. ¿Qué vamos a hacer ahora?
→ .... leer un texto.
e. ¿Dónde vas a comer el sábado?
→ ....Voy a.... comer en un restaurante mexicano.

5 Write sentences about what you are going to do this weekend. Use the cues in parenthesis.

a. (correr / parque) → Soy voy a correr en el parque.
b. (jugar / fútbol) → En domingo tengo jugar al fútbol.
c. (visitar / abuelos) → Siempre soy visito mis abuelos.
d. (hacer / tarea) → Son las ocho en la noche tengo hacer mucha la tarea
e. (ir de excursión / con la clase) → ....
f. (lavar el carro / padre) → Tengo lavar el carro for mi padre.

CULTURA

6 Answer the following questions about Chile, Paraguay, Argentina and Uruguay and compare similarities with your own country or region.

a. ¿Qué tipo de paisajes *(landscapes)* hay en el Cono Sur? ¿Y en tu región?
b. ¿Qué país tiene una de las más altas temperaturas? ¿Cuál es la temperatura en Fahrenheit? ¿Cuál es la temperatura más alta en tu ciudad?
c. ¿Qué deporte está de moda *(is in)* y dónde lo practican? ¿Existe este deporte en Estados Unidos?
d. ¿Por qué ponen "el fin del mundo" en los pasaportes de los turistas que visitan Ushuaia?
e. ¿Qué tiempo hace en el Cono Sur los meses de enero y febrero? ¿Y en tu región?
f. ¿Qué cataratas famosas hay en esta zona? ¿Qué cataratas hay en tu país?

EXTENSIÓN DIGITAL
Practice what you have learned with additional materials online.

Verbos *Verbs*

deber *should / must*
decir *to say*

ir de excursión *to go on an excursion or an outing*
lavar *to wash*

llevar *to take, to carry, to wear*
pagar *to pay*
traer *to bring*
venir *to come*

El tiempo atmosférico *The weather*

bajo cero *below zero*
está nublado *it is cloudy*

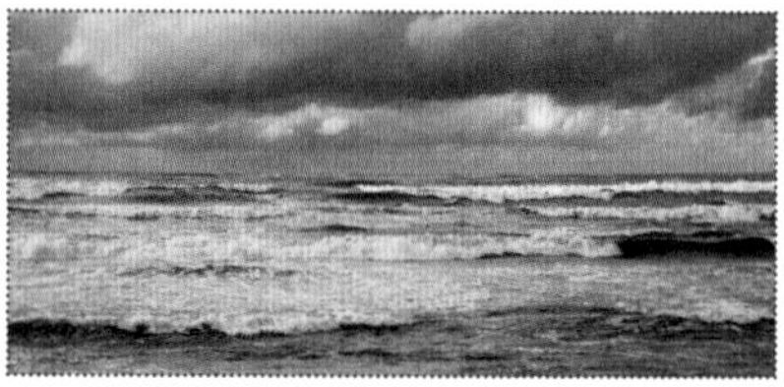

grados *degrees*
hace buen tiempo *the weather is nice*
hace calor *it is hot*
hace frío *it is cold*
hace mal tiempo *the weather is bad*
hace sol *it is sunny*
hace viento *it is windy*
el hielo *ice*

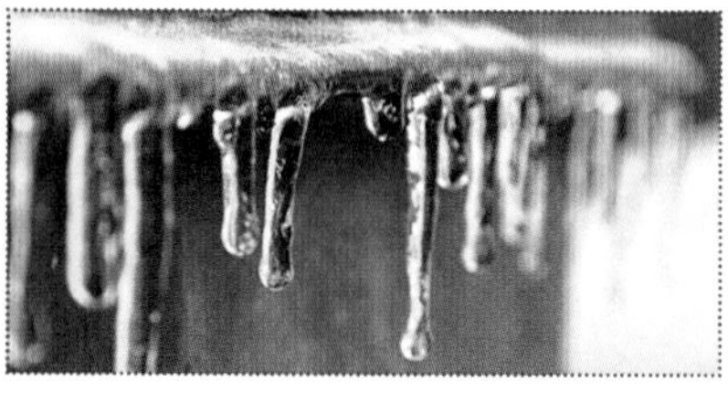

llueve (llover o>ue) *it is raining*
la lluvia *rain*
la niebla *fog*
nieva *it is snowing*
la nieve *snow*
el relámpago *lightning*
la temperatura *temperature*

la tormenta *storm*
el trueno *thunder*

Las estaciones del año *Seasons of the year*

el invierno *winter*
el otoño *autumn or fall*
la primavera *spring*
el verano *summer*

Descripciones *Descriptions*

caluroso/a *hot*
inestable *unstable*
ocupado/a *busy*

Expresiones temporales *Expressions of time*

ahora *now*
hoy *today*
mañana *tomorrow, morning*
próximo/a *next*
que viene *upcoming, next*

La ropa *Clothes*

el anorak *ski jacket*
las chanclas *flip flops*
las gafas de sol *sunglasses*
el gorro *knitted hat*
los guantes *gloves*
el impermeable *raincoat*
el paraguas *umbrella*

Palabras y expresiones útiles *Useful words and expressions*

¡Cuánto llueve! *It's really raining!*
Hace mucho frío / calor. *It's very cold / hot.*

Estamos a 20 grados. *It's 20 degrees.*
Hace muchísimo frío / calor. *It's really very cold / hot.*
Hace un día muy bueno / malo. *It's a nice / bad day.*
No hace nada de frío / calor. *It's not at all cold / hot.*
¡Qué frío hace! *It's so cold!*
¡Qué calor! *It's so hot!*
¡Qué frío / calor tengo! *I'm so cold / hot!*
¿Qué día / tiempo hace? *What's the day / weather like?*
¿Tienes frío / calor? *Are you cold / hot?*

TALKING ABOUT FUTURE PLANS AND HAPPENINGS

(See page 232)

ir a + infinitive	*Saying what you and others are going to do*	***Voy a ir*** *al cine con mis amigos.*
	Describing what is going to happen	*Hay nubes en el cielo,* ***va a llover.***
	With time expressions	*Esta tarde* ***voy a jugar*** *al tenis.*

EXPRESSING OBLIGATION

(See page 235)

hay que + infinitive

To express obligation or what is necessary for all

Hay que hacer *la tarea.*

tener que + infinitive

To express obligation or a need for a particular person

Tengo que *estudiar mucho para ciencias.*

deber que + infinitive

To express obligation in terms of making a recommendation or giving advice

Si tienes hambre, ***debes comer*** *algo.*

Irregular verbs: *decir, traer, venir*

DECIR *(to say)*	TRAER *(to bring)*	VENIR *(to come)*
digo	**traigo**	**vengo**
dices	traes	vienes
dice	trae	viene
decimos	traemos	venimos
decís	traéis	venís
dicen	traen	vienen

La mamá de Olga ***dice*** *que va a llover. Olga's mom says it's going to rain.*
*¿****Traes*** *un regalo para Ana? Are you bringing a present for Ana?*
Mis amigos ***vienen*** *a mi casa para estudiar. My friends are coming to my house to study.*
El verano que ***viene*** *vamos a ir a Madrid. This summer coming up (next summer), we are going to go to Madrid.*

1 87 **Listen to the following people talk about their homes. Then answer the following questions.**

Isabel

a. ¿De qué parte de la casa habla Isabel?
b. ¿Por qué le gusta mucho?
c. ¿Por qué quiere cambiar su escritorio?

Sara

a. ¿Dónde está Sara?
b. ¿Por qué le encanta ese lugar?
c. ¿Para qué usan la mesa de la terraza?

Javi

a. ¿Qué piensan los padres del escritorio de Javi?
b. ¿Qué hace Javi todas las mañanas?
c. ¿Qué va a hacer Javi para tener más espacio?

2 **Look at Sara's and Javier's living rooms and label in Spanish all the items you recognize.**

Salón de Sara

Salón de Javi

3 **Compare Sara's and Javier's living rooms by completing the sentences. Use the cues in parenthesis.**

a. El salón de Sara es (grande).. .
b. El salón de Javi es (moderno).. .
c. Las plantas de Sara son (pequeñas) ....
d. En el salón de Javi hay (cuadros) ....
e. El teléfono de Javi es (antiguo) ....
f. El sofá de Sara es (cómodo) ....

4 **Fill in the blanks with *ir a* + infinitive.**

a. Mi madre (ir) .... a Londres la próxima semana.
b. Mi hermana y yo la (llamar) .... todos los días.
c. Mis padres (comprar) .... una televisión nueva.
d. Juan, ¿qué (hacer) .... este fin de semana?
e. Ustedes viajan mucho. ¿Dónde (viajar) .... este verano?
f. Este sábado Lucía y Marta (estudiar) .... a la biblioteca.

5 **Fill in the blanks with the number of the correct expression.**

1. tienes que	**2.** hay que	**3.** debes

a. Si quieres estar sano, ...3.......... tener una dieta equilibrada.
b. Para aprobar todas las asignaturas .... estudiar día a día.
c. Para escribir bien .... leer mucho.
d. .... ver poco la televisión.
e. En los viajes, ... comer lo que come la gente del país al que vas.
f. Si no quieres resfriarte, ... llevar ropa de abrigo.

6 88 **Listen to the following description and select the appropriate recommendation.**

Cantabria

Ávila

Andalucía

- **a.** Si vas a viajar al norte de España, tienes que llevar un paraguas. Si visitas esa zona, debes visitar sus montañas; son preciosas.
- **b.** Si vas a viajar al sur de España, tienes que usar un protector solar y llevar ropa de verano.
- **c.** Si vas a viajar allí este fin de semana, tienes que conducir con precaución y debes llevar ropa para el frío.

7 **Write the advice you would give the following people based on what they tell you.**

a. Mi habitación está muy desordenada. ....

b. No hago mi tarea. ....

c. Voy a esquiar. ....

d. Esta semana tengo cuatro exámenes. ....

APÉNDICES

- Resumen y expansión gramatical
- Tabla de verbos
- Glosario

UNIDAD 1

ARTICLES

	Indefinite articles		Definite articles	
	Masculine	Feminine	Masculine	Feminine
Singular	**un**	**una**	**el**	**la**
Plural	**unos**	**unas**	**los**	**las**

SUBJECT PRONOUNS

Singular	Plural
yo	**nosotros/nosotras**
tú	**vosotros/vosotras**
usted/él/ella	**ustedes/ellos/ellas**

PRESENT TENSE

	LLAMAR(SE)	SER	TENER
yo	**me** llam**o**	**soy**	**tengo**
tú	**te** llam**as**	**eres**	t**ie**n**es**
usted/él/ella	**se** llam**a**	**es**	t**ie**n**e**
nosotros/as	**nos** llam**amos**	**somos**	ten**emos**
vosotros/as	**os** llam**áis**	**sois**	ten**éis**
ustedes/ellos/ellas	**se** llam**an**	**son**	t**ie**n**en**

NUMBERS 0-31

0	cero	8	ocho	16	dieciséis	24	veinticuatro
1	uno	9	nueve	17	diecisiete	25	veinticinco
2	dos	10	diez	18	dieciocho	26	veintiséis
3	tres	11	once	19	diecinueve	27	veintisiete
4	cuatro	12	doce	20	veinte	28	veintiocho
5	cinco	13	trece	21	veintiuno	29	veintinueve
6	seis	14	catorce	22	veintidós	30	treinta
7	siete	15	quince	23	veintitrés	31	treinta y uno

EXPANSIÓN GRAMATICAL

Interrogative words:

- **¿Cuánto, cuánta, cuántos, cuántas** + noun? *How much? How many?*
  ¿Cuántos años tienes? How (many years) old are you?
- **¿Cuál, cuáles** + verb? *What?*
  ¿Cuál es tu comida favorita? What is your favorite food?

- **¿Qué** + verb/noun? *What?*
  ¿Qué haces? *What do you do?*
  ¿Qué hora es? *What time is it?*
- **¿Dónde** + verb? *Where?*
  ¿Dónde vives? *Where do you live?*
- **¿Cómo** + verb? *How?*
  ¿Cómo estás? *How are you?*
- **¿Quién** + verb? *Who?*
  ¿Quién es esa muchacha? *Who is that girl?*

UNIDAD 2

GENDER, NUMBER, AND AGREEMENT OF NOUNS AND ADJECTIVES

Singular	
Masculine	Feminine
-o	**-a**
el bolígraf**o**	**la** cámar**a**

Plural		
Masculine/Feminine		
Termina en vocal: **+s**	Termina en consonante: **+es**	Termina en z: **-ces**
Ends in a vowel: +s	*Ends in a consonant: +es*	*End in a z: -ces*
mesa / mesa**s**	actor / actor**es**	lápiz / lápi**ces**

Feminine forms of adjectives

Adjectives that end in **–o** change to **–a**: *blanc**o** / blanc**a**.*

Adjectives that end in **–e**, no change: *elegante.*

Adjectives that end in a consonant, no change: *fácil.*

Nationalites that end in a consonant, add **–a**: *franc**és** / franc**esa**.*

Plural forms of nouns and adjectives

Words that end in a vowel, add **–s**: *moren**o** / moren**os**.*

Words that end in consonant, add **–es**: *jove**n** / jóven**es**.*

AGREEMENT

Singular			
Masculine	Feminine	Masculine/ Feminine	
-o	**-a**	**-e**	**-consonante**
el carro bonit**o**	**la silla** bonit**a**	**el carro** grande	**el carro** azul
		la silla grande	**la silla** azul
los carros bonit**os**	**las sillas** bonit**as**	**los carros** grande**s**	**los carros** azul**es**
		las sillas grande**s**	**las sillas** azul**es**

EXPANSIÓN GRAMATICAL

- Generally, nouns with the following endings are masculine:
  –o: *el libr**o**, el ded**o**, el diner**o**, el vas**o**, el bolígraf**o**...*
  –aje: *el pais**aje**, el vi**aje**, el gar**aje**, el equip**aje**, el pe**aje**...*
  –an: *el pl**an**, el p**an**...*
  –or: *el pint**or**, el am**or**, el dol**or**, el err**or**, el señ**or**, el televis**or**, el ordenad**or***
- Generally, nouns with the following endings are feminine:
  –a: *la mes**a**, la cas**a**, la caj**a**, la crem**a**, la niñ**a**, la chaquet**a**, la sop**a**...*
  –dad, **–tad**, **–ción**, **–sión**: *la e**dad**, la ciu**dad**, la ver**dad**, la amis**tad**, la can**ción**, la traduc**ción**, la televi**sión**, la deci**sión**, la expre**sión**...*
- **Exceptions**
  El problema, ***el*** día, ***el*** mapa, ***el*** diploma.
  La mano, ***la*** radio.

PRESENT TENSE OF –*AR* VERBS AND *ESTAR*

	HABLAR	ESTAR (irregular)
yo	habl**o**	**estoy**
tú	habl**as**	**estás**
usted/él/ella	habl**a**	**está**
nosotros/as	habl**amos**	**estamos**
vosotros/as	habl**áis**	**estáis**
ustedes/ellos/ellas	habl**an**	**están**

EXPANSIÓN GRAMATICAL

Uses of the present tense:

- To talk about habitual actions that you and others generally do (or don't do).
  *Todos los días **me levanto** a las 7:30. Every day, I get up at 7:30.*
- To express an ongoing action.
  *Andy y Carmen **viven** en Cartagena. Andy and Carmen live (are living) in Cartagena.*
- To describe or define.
  *"Casa" es el lugar donde **vivimos**. Home is the place where we live.*
  ***Tiene** dormitorios, cocina, baño y salón. It has bedrooms, a kitchen, bath and living room.*

UNIDAD 3

PRESENT TENSE OF –*ER* AND –*IR* VERBS

	COMER	VIVIR
yo	com**o**	viv**o**
tú	com**es**	viv**es**
usted/él/ella	com**e**	viv**e**
nosotros/as	com**emos**	viv**imos**
vosotros/as	com**éis**	viv**ís**
ustedes/ellos/ellas	com**en**	viv**en**

POSSESSIVE ADJECTIVES

	Singular		Plural	
	Masculine	Feminine	Masculine	Feminine
my	**mi** carro	**mi** casa	**mis** carros	**mis** casas
your	**tu** carro	**tu** casa	**tus** carros	**tus** casas
his/her/your (for.)	**su** carro	**su** casa	**sus** carros	**sus** casas
our	**nuestro** carro	**nuestra** casa	**nuestros** carros	**nuestras** casas
your (pl., Spain)	**vuestro** carro	**vuestra** casa	**vuestros** carros	**vuestras** casas
their/your (pl.)	**su** carro	**su** casa	**sus** carros	**sus** casas

DEMONSTRATIVE ADJECTIVES

Location of speaker	Singular		Plural		
	Masculine	Feminine	Masculine	Feminine	
aquí *here*	**este**	**esta**	**estos**	**estas**	*this, these*
ahí *there*	**ese**	**esa**	**esos**	**esas**	*that, those*
allí *over there*	**aquel**	**aquella**	**aquellos**	**aquellas**	*that (over there), those (over there)*

UNIDAD 4

STEM-CHANGING VERBS

	ENTENDER	VOLVER	PEDIR
	e ➔ ie	**o ➔ ue**	**e ➔ i**
yo	ent**ie**ndo	v**ue**lvo	p**i**do
tú	ent**ie**ndes	v**ue**lves	p**i**des
usted/él/ella	ent**ie**nde	v**ue**lve	p**i**de
nosotros/as	entendemos	volvemos	pedimos
vosotros/as	entendéis	volvéis	pedís
ustedes/ellos/ellas	ent**ie**nden	v**ue**lven	p**i**den

EXPANSIÓN GRAMATICAL

Other stem-changing verbs in Spanish:

- **e ➔ ie:**
  - cerrar *(to close) cierro, cierras... / cerramos*
  - comenzar *(to begin, start) comienzo, comienzas... / comenzamos*
  - despertarse *(to wake up) me despierto, te despiertas... / nos despertamos*
  - divertirse *(to have fun) me divierto, te diviertes... / nos divertimos*
  - empezar *(to begin, start) empiezo, empiezas... / empezamos*

encender (to turn on) *enciendo, enciendes... / encendemos*
mentir (to lie) *miento, mientes... / mentimos*
querer (to want) *quiero, quieres... / queremos*
recomendar (to recommend) *recomiendo, recomiendas... / recomendamos*
sentarse (to sit down) *me siento, te sientas... / nos sentamos*
sentirse (to feel emotion) *me siento, te sientes... / nos sentimos*

- **o → ue:**

acordarse (to remember) *me acuerdo, te acuerdas... / nos acordamos*
acostarse (to go to bed) *me acuesto, te acuestas... / nos acostamos*
contar (to count) *cuento, cuentas... / contamos*
resolver (to resolve) *resuelvo, resuelves... / resolvemos*
soñar (to dream) *sueño, sueñas... / soñamos*
volar (to fly) *vuelo, vuelas... / volamos*
llover (to rain) *llueve*
morir (to die) *muero, mueres... / morimos*
probar (to try, to taste) *pruebo, pruebas... / probamos*

- **e → i:**

despedirse (to say good-bye) *me despido, te despides... / nos despedimos*
repetir (to repeat) *repito, repites... / repetimos*
vestirse (to get dressed) *me visto, te vistes... / nos vestimos*

THE VERBS *HACER* AND *SALIR*

	HACER	SALIR
yo	**hago**	**salgo**
tú	haces	sales
usted/él/ella	hace	sale
nosotros/as	hacemos	salimos
vosotros/as	hacéis	salís
ustedes/ellos/ellas	hacen	salen

EXPANSIÓN GRAMATICAL

- Other verbs with irregular **yo** forms:

caer (to fall) *caigo*
estar (to be) *estoy*
tener (to come) *tengo*
venir (to have) *vengo*
traer (to bring) *traigo*
poner (to put, to place) *pongo*

REFLEXIVE VERBS

	LEVANTARSE
yo	**me** levanto
tú	**te** levantas
usted/él/ella	**se** levanta
nosotros/as	**nos** levantamos
vosotros/as	**os** levantáis
ustedes/ellos/ellas	**se** levantan

UNIDAD 5

INDIRECT OBJECT PRONOUNS

yo	(a mí)	**me**	*(to me, for me)*
tú	(a ti)	**te**	*(to you, for you)*
usted/él/ella	(a usted/él/ella)	**le**	*(to you/him/her, for you, him, her)*
nosotros/as	(a nosotros/as)	**nos**	*(to us, for us)*
vosotros/as	(a vosotros/as)	**os**	*(to you, for you, Spain)*
ustedes/ellos/ellas	(a ustedes/ellos/ellas)	**les**	*(to you pl./them, for you pl./them)*

VERBS *GUSTAR, ENCANTAR* AND *DOLER*

A mí		me		
A ti		te	**encanta(n)**	Ø
A usted/él/ella	(no)	le		muchísimo
A nosotros/as		nos		mucho
A vosotros/as		os	**gusta(n)**	bastante
A ustedes/ellos/ellas		les		un poco
				nada

- The verb **doler** (o → ue) follows the same pattern.

*SHOWING AGREEMENT AND DISAGREEMENT

- Use **también** and **tampoco** to agree with what a person says.
- Use **sí** and **no** to disagree with what a person says.

» Yo tengo carro.
» **Yo, también.**

» Este año no voy a ir de vacaciones.
» **Nosotros, tampoco.**

» Yo tengo carro.
» **Yo, no.**

» Este año no voy de vacaciones.
» **Nosotros, sí.**

» A mí me encanta ir a la playa por la tarde.
» **A mí, también.**

» No me gustan los gatos.
» **A mí, tampoco.**

» A mí me encanta ir a la playa por la tarde.
» **A mí, no.**

» No me gustan los gatos.
» **A mí, sí.**

USES OF *SER* AND *ESTAR*

*

SER

- Use **ser** to describe a characteristic of a person, place, or thing.
  *María **es** una chica muy divertida.*
  *Los leones **son** animales salvajes.*

ESTAR

- Use **estar** to describe a person's mood or feelings.
  *Hoy **estoy** muy cansado.*
  ***Estamos** nerviosos por el examen.*

EXPANSIÓN GRAMATICAL

- To identify a person or thing.
  *La chica a la derecha **es** María. The girl on the right is Maria.*
- To express an opinion or judgment.
  ***Es** bueno estudiar. It's good to study.*
- To indicate where an event takes place.
  *¿Dónde **es** la fiesta de fin de curso? Where is the end of year party?*
- To express origin.
  *Señores, ¿ustedes **son** de Zaragoza? Gentlemen, are you from Zaragoza?*
- To indicate possession.
  ***Es** de mi madre. It's my mother's. (It belongs to my mother.)*
- To express time.
  ***Son** las tres y cuarto de la tarde. It's quarter past three in the afternoon.*

- To express location.
  ***Estoy** aquí. I'm here.*
  *Mi casa **está** cerca del centro. My house is close to downtown.*
- To express an opinion.
  *No **estoy** de acuerdo contigo. I don't agree with you.*
- To say how you and others are feeling.
  *Mi abuela **está** bien. My grandmother is fine (well).*

UNIDAD 6

* *HAY / ESTÁ(N)*

Existence

Use **hay** to talk or ask about what there is/are. Hay is invariable.
*En mi clase **hay** muchos libros.*
In my class, there are many books.

hay + **un, una, unos, unas** + noun

Location

Use **estar** to talk or ask about where people or things are located.
*Los libros **están** en la estantería.*
The books are in the bookcase.

el, la, los, las + noun + **está(n)**

IRREGULAR VERBS

	IR	SEGUIR	JUGAR	CONOCER
yo	**voy**	**sigo**	**jue**go	cono**zco**
tú	**vas**	**si**gues	**jue**gas	conoces
usted/él/ella	**va**	**si**gue	**jue**ga	conoce
nosotros/as	**vamos**	seguimos	jugamos	conocemos
vosotros/as	**vais**	seguís	jugáis	conocéis
ustedes/ellos/ellas	**van**	**si**guen	**jue**gan	conocen

EXPANSIÓN GRAMATICAL

- Other verbs with **–zc** in the **yo** form:
  - **agradecer** (to be grateful) *agradezco*
  - **conducir** (to drive) *conduzco*
  - **producir** (to produce) *produzco*
  - **traducir** (to translate) *traduzco*

- Other verbs with **–gu** ➡ **g** in the **yo** form:
  - **conseguir** (to attain, to get) *consigo*
  - **distinguir** (to distinguish) *distingo*

PREPOSITIONS *A, EN, DE*

Preposition	Use...	
en	with modes of **transportation**	*Viajamos **en** tren. We travel by train.*
a	to express **destination**	*Voy **a** Florida. I'm going to Florida.*
de	to express **origin** or point of **departure**	*Salgo **de** Miami. I'm leaving from Miami.*

ADVERBS OF QUANTITY

To express how much	
Action Verbs	**demasiado**
	*Luis trabaja **demasiado**. Luis works too much.*
	mucho
	*Ana viaja **mucho**. Ana travels a lot.*
	bastante
	*Pedro estudia **bastante**. Pedro studies enough.*
	poco
	*Luis estudia **poco**. Luis doesn't study much.*

MUY/MUCHO

MUY

- **Muy** is invariable and can be used before adjectives to express *very*.
  - *Él/ella es **muy** inteligente.*
  - *He/she is very intelligent.*
  - *Ellos/ellas son **muy** inteligentes.*
  - *They are very intelligent.*
- And before adverbs to express *how*.
  - *Él/ella habla **muy** despacio. He/She speaks slowly.*
  - *Ellos/ellas hablan **muy** despacio.*
  - *They speak slowly.*

MUCHO

- Use **mucho** after a verb to express *how much*. As an adverb, it does not change form.
  - *Juan come **mucho**. Juan eats a lot.*
- Use **mucho** before a noun to express *how many*. Here it functions as an adjective and must agree with the noun in number and gender.
  - *Juan lee **muchos** libros. Juan reads many books.*
  - *Hay **mucha** gente. There are many people.*
  - *María tiene **muchos** amigos.*
  - *Maria has many friends.*

UNIDAD 7

COMPARATIVES (WITH ADJECTIVES AND ADVERBS)

- **más... que** → *Julián es **más** rápido **que** Pedro.* *more... than...*
- **menos... que** → *Pedro camina **menos** lento **que** Julián.* *less... than...*
- **tan... como** → *Julián es **tan** divertido **como** Pedro.* *as... as...*

EXPANSIÓN GRAMATICAL

To compare quantities (with nouns):

- **más... que** → *Julián tiene **más** tiempo libre **que** Pedro. Julián has more free time than Pedro.*
- **menos... que** → *Julián tiene **menos** tiempo libre **que** Pedro. Julián has less free time than Pedro.*
- **tanto/a/os/as... como** → *Julián tiene **tanto** tiempo libre **como** Pedro. Julián has as much free time as Pedro.*

To compare actions (with verbs)

- **... más que** → *Julián estudia **más que** Pedro. Julián studies more than Pedro.*
- **... menos que** → *Julián habla **menos que** Pedro. Julián talks less than Pedro.*
- **... tanto como** → *Julián come **tanto como** Pedro. Julián eats as much as Pedro.*

✱ DEMONSTRATIVE PRONOUNS

	Singular		Plural		
	Masculine	Feminine	Masculine	Feminine	Neuter
Aquí (cerca)	**este**	**esta**	**estos**	**estas**	**esto**
Ahí (intermedio)	**ese**	**esa**	**esos**	**esas**	**eso**
Allí (lejos)	**aquel**	**aquella**	**aquellos**	**aquellas**	**aquello**

- **Este**, **esta**, **estos**, **estas**, and **esto** refer to a person or thing that is next to the speaker. They correspond to the adverb, **aquí**.
  Este *es mi celular. This is my cell phone.*
- **Ese**, **esa**, **esos**, **esas**, and **eso** refer to a person or thing that is near the speaker. They correspond to the adverb **ahí**.
  Esas *son las botas de Luis. Those are Luis's boots.*
- **Aquel**, **aquella**, **aquellos**, **aquellas** and **aquello** refer to a person or thing that is farther away from the speaker. They correspond to the adverb, **allí**.
  Aquella *es la bicicleta de mi primo.*
  That over there is my cousin's bicycle.

Aquella bicicleta es de mi primo.
Esas botas son de Luis.
Este es mi celular.

Demonstrative pronouns

» ¡Hola, Encarna! ¿Cómo estás?
Hi, Encarna! How are you?
» Muy bien, gracias. Mira, **esta** es Manuela, mi hermana.
Fine, thanks. This is Manuela, my sister.

» ¿Te gustan estos tomates?
Do you like these tomatoes?
» No, me gustan **aquellos**.
No, I like those (over there).

Neuter pronouns

» ¿Qué es **esto**? *What is this?*
» Es una lámpara. *It's a lamp.*

» ¿Qué es **eso**? *What is that?*
» Es un celular. *It's a cell phone.*

» ¿Qué es **aquello**? *What is that (over there)?*
» Son unas zapatillas. *They're sneakers.*

DIRECT OBJECT PRONOUNS

me
te
lo/la
nos
os
los/las

» ¿Tienes el libro de Matemáticas? *Do you have the math book?*
» Sí, **lo** tengo en mi casa. *Yes, I have it at home.*

» ¿Quién compra la tarta de cumpleaños? *Who is buying the birthday cake?*
» **La** compramos nosotros. *We are buying it.*

NUMBERS (100-999)

100	cien	400	cuatrocientos	700	setecientos
101	ciento uno	415	cuatrocientos quince	720	setecientos veinte
200	doscientos	500	quinientos	800	ochocientos
202	doscientos dos	526	quinientos veintiséis	897	ochocientos noventa y siete
300	trescientos	600	seiscientos	899	ochocientos noventa y nueve
303	trescientos tres	669	seiscientos sesenta y nueve	900	novecientos

EXPRESSING OBLIGATION

hay que + infinitive	To express obligation or what is necessary for all	***Hay que hacer*** *la tarea.*
tener que + infinitive	To express obligation or a need for a particular person	***Tengo que estudiar*** *mucho para Ciencias.*
deber que + infinitive	To express obligation in terms of making a recommendation or giving advice	*Si tienes hambre,* ***debes comer*** *algo.*

TALKING ABOUT FUTURE PLANS AND HAPPENINGS

ir + infinitive	*Saying what you and others are going to do*	***Voy a ir*** *al cine con mis amigos.*
	Describing what is going to happen	*Hay nubes en el cielo,* ***va a llover****.*
	With time expressions	*Esta tarde* ***voy a jugar al tenis****.*

IRREGULAR VERBS: *DECIR, TRAER, VENIR*

DECIR	TRAER	VENIR
d**i**go	**traigo**	**vengo**
d**i**ces	traes	v**ie**nes
d**i**ce	trae	v**ie**ne
decimos	traemos	venimos
decís	traéis	venís
d**i**cen	traen	v**ie**nen

Present indicative of regular verbs

–AR CANTAR	–ER COMER	–IR VIVIR
cant**o**	com**o**	viv**o**
cant**as**	com**es**	viv**es**
cant**a**	com**e**	viv**e**
cant**amos**	com**emos**	viv**imos**
cant**áis**	com**éis**	viv**ís**
cant**an**	com**en**	viv**en**

Present tense of regular reflexive verbs

BAÑARSE	DUCHARSE	LAVARSE	LEVANTARSE	PEINARSE
me baño	**me** ducho	**me** lavo	**me** levanto	**me** peino
te bañas	**te** duchas	**te** lavas	**te** levantas	**te** peinas
se baña	**se** ducha	**se** lava	**se** levanta	**se** peina
nos bañamos	**nos** duchamos	**nos** lavamos	**nos** levantamos	**nos** peinamos
os bañáis	**os** ducháis	**os** laváis	**os** levantáis	**os** peináis
se bañan	**se** duchan	**se** lavan	**se** levantan	**se** peinan

Present tense of irregular reflexive verbs

ACORDARSE	ACOSTARSE	DESPERTARSE	REÍRSE	VESTIRSE
me ac**ue**rdo	**me** ac**ue**sto	**me** desp**ie**rto	**me** r**í**o	**me** v**i**sto
te ac**ue**rdas	**te** ac**ue**stas	**te** desp**ie**rtas	**te** r**í**es	**te** v**i**stes
se ac**ue**rda	**se** ac**ue**sta	**se** desp**ie**rta	**se** r**í**e	**se** v**i**ste
nos acordamos	**nos** acostamos	**nos** despertamos	**nos** reímos	**nos** vestimos
os acordáis	**os** acostáis	**os** despertáis	**os** reís	**os** vestís
se ac**ue**rdan	**se** ac**ue**stan	**se** desp**ie**rtan	**se** r**í**en	**se** v**i**sten

Verbs like *gustar*

DOLER	ENCANTAR	MOLESTAR	PARECER
me duele/duelen	**me** encanta/encantan	**me** molesta/molestan	**me** parece/parecen
te duele/duelen	**te** encanta/encantan	**te** molesta/molestan	**te** parece/parecen
le duele/duelen	**le** encanta/encantan	**le** molesta/molesta	**le** parece/parecen
nos duele/duelen	**nos** encanta/encantan	**nos** molesta/molestan	**nos** parece/parecen
os duele/duelen	**os** encanta/encantan	**os** molesta/molestan	**os** parece/parecen
les duele/duelen	**les** encanta/encantan	**les** molesta/molestan	**les** parece/parecen

Irregular verbs in the present indicative

CERRAR	PROTEGER	COMENZAR	CONCLUIR
ci**e**rro	prote**j**o	comi**e**nzo	conclu**y**o
ci**e**rras	proteges	comi**e**nzas	conclu**y**es
ci**e**rra	protege	comi**e**nza	conclu**y**e
cerramos	protegemos	comenzamos	concluimos
cerráis	protegéis	comenzáis	concluís
ci**e**rran	protegen	comi**e**nzan	conclu**y**en

CONDUCIR	CONOCER	CONSTRUIR	CONTRIBUIR
condu**zc**o	cono**zc**o	constru**y**o	contribu**y**o
conduces	conoces	constru**y**es	contribu**y**es
conduce	conoce	constru**y**e	contribu**y**e
conducimos	conocemos	construimos	contribuimos
conducís	conocéis	construís	contribuís
conducen	conocen	constru**y**en	contribu**y**en

DAR	DECIR	DESTRUIR	DORMIR
doy	**digo**	destru**y**o	d**ue**rmo
das	d**i**ces	destru**y**es	d**ue**rmes
da	d**i**ce	destru**y**e	d**ue**rme
damos	decimos	destruimos	dormimos
dais	decís	destruís	dormís
dan	d**i**cen	destru**y**en	d**ue**rmen

EMPEZAR	ENCONTRAR	ENTENDER	ESTAR
empi**e**zo	enc**ue**ntro	enti**e**ndo	**estoy**
empi**e**zas	enc**ue**ntras	enti**e**ndes	**estás**
empi**e**za	enc**ue**ntra	enti**e**nde	**está**
empezamos	encontramos	entendemos	**estamos**
empezáis	encontráis	entendéis	**estáis**
empi**e**zan	enc**ue**ntran	enti**e**nden	**están**

HACER	HUIR	IR	JUGAR
hago	hu**y**o	**voy**	j**ue**go
haces	hu**y**es	**vas**	j**ue**gas
hace	hu**y**e	**va**	j**ue**ga
hacemos	huimos	**vamos**	jugamos
hacéis	huis	**vais**	jugáis
hacen	hu**y**en	**van**	j**ue**gan

MERENDAR	OÍR	PEDIR	PENSAR
mer**ie**ndo	**oigo**	p**i**do	p**ie**nso
mer**ie**ndas	o**y**es	p**i**des	p**ie**nsas
mer**ie**nda	o**y**e	p**i**de	p**ie**nsa
merendamos	oímos	pedimos	pensamos
merendáis	oís	pedís	pensáis
mer**ie**ndan	o**y**en	p**i**den	p**ie**nsan

PERDER	PODER	PONER	QUERER
p**ie**rdo	p**ue**do	**pongo**	qu**ie**ro
p**ie**rdes	p**ue**des	pones	qu**ie**res
p**ie**rde	p**ue**de	pone	qu**ie**re
perdemos	podemos	ponemos	queremos
perdéis	podéis	ponéis	queréis
p**ie**rden	p**ue**den	ponen	qu**ie**re

RECORDAR	SABER	SALIR	SER
rec**ue**rdo	**sé**	**salgo**	**soy**
rec**ue**rdas	sabes	sales	**eres**
rec**ue**rda	sabe	sale	**es**
recordamos	sabemos	salimos	**somos**
recordáis	sabéis	salís	**sois**
rec**ue**rdan	saben	salen	**son**

SERVIR	SOÑAR	TENER	TRADUCIR
s**i**rvo	s**ue**ño	**tengo**	tradu**zc**o
s**i**rves	s**ue**ñas	t**ie**nes	traduces
s**i**rve	s**ue**ña	t**ie**ne	traduce
servimos	soñamos	tenemos	traducimos
servís	soñáis	tenéis	traducís
s**i**rven	s**ue**ñan	t**ie**nen	traducen

TRAER	VENIR	VER	VOLVER
traigo	**vengo**	**veo**	v**ue**lvo
traes	v**ie**nes	ves	v**ue**lves
trae	v**ie**ne	ve	v**ue**lve
traemos	venimos	vemos	volvemos
traéis	venís	veis	volvéis
traen	v**ie**nen	ven	v**ue**lven

A

a la derecha de (6)	*to the right of*
a la izquierda de (6)	*to the left of*
A mí, también. (5)	*Me too.*
A mí, tampoco. (5)	*Me neither.*
¿A qué hora...? (4)	*At what time...?*
a, al (6)	*to, to the (masculine)*
abierto/a (3, 7)	*open (place/thing) / outgoing (person)*
(el) abrigo (3)	*coat*
abrir (3)	*to open*
(la) abuela (3)	*grandmother*
(el) abuelo (3)	*grandfather*
(los) abuelos (3)	*grandparents*
aburrido/a (2, 3)	*boring*
acostarse (o>ue) (4)	*to go to bed*
actor / actriz (1)	*actor / actress*
Adiós. (1)	*Good-bye.*
ahí (3)	*there*
ahora (8)	*now*
al lado de (6)	*next to*
alegre (5)	*happy*
allí (3)	*over there*
almorzar (o>ue) (4)	*to have lunch*
alto/a (3)	*tall*
amable (3)	*polite*
amar (2)	*to love*
amarillo (2)	*yellow*
amigo/a (1)	*friend*
anaranjado / naranja (2)	*orange*
(el) animal (2)	*animal*
(el) anorak (8)	*ski jacket*
antipático/a (3)	*disagreeable*
aprender (3)	*to learn*
aquel/aquella, aquellos/as (7)	*that one (over there), those ones (over there)*
aquello (7)	*that (over there)*
aquí (3)	*here*
(el) árbol (6)	*tree*
(el) armario (2)	*closet*
(el) arroz (5)	*rice*
Arte (2)	*art*
Artes y letras (2)	*arts and humanities*
asistir (3)	*to attend*
(la) aspiradora (7)	*vacuum cleaner*
(el) autobus (6)	*bus*
(el) avión (6)	*airplane*
azul/es (2, 3)	*blue*

B

bailar (2)	*to dance*
bajo cero (8)	*below zero*
bajo/a (3)	*short*
(el) baloncesto / (el) básquetbol (2)	*basketball*
(la) bañera (2)	*bathtub*
barato/a (6)	*inexpensive*
(la) barba (3)	*beard*
(el) barco (6)	*ship*
bastante (6)	*enough*
beber (3)	*to drink*
(el) béisbol (2)	*baseball*
bibliotecario/a (1)	*librarian*
bienvenidos (0)	*welcome*
(el) bigote (3)	*mustache*
Biología (2)	*biology*
blanco (2)	*white*
(la) boca (3)	*mouth*
(el) bolígrafo (0)	*pen*
bombero/a (4)	*firefighter*
bonito/a (2)	*beautiful, pretty*
(el) borrador (0)	*eraser*
(la) bota (3)	*boot*
(el) brazo (5)	*arm*
Buenas noches. (1)	*Good evening/night.*
Buenas tardes. (1)	*Good afternoon.*
Buenos días. (1)	*Good morning.*
(la) bufanda (3)	*scarf*

C

(la) cabeza (5)	*head*
(el) calcetín (3)	*sock*
(la) calculadora (7)	*calculator*
caluroso/a (8)	*hot*
calvo (3)	*bald*
(la) cama (2)	*bed*
(la) cámara (2)	*camera*
caminar (2)	*to walk*
(la) camisa (3)	*shirt*
(la) camiseta (3)	*t-shirt*
cantante (1)	*singer*
cantar (2)	*to sing*
(la) carne (5)	*meat*
caro/a (6)	*expensive*
(la) carpeta (0, 7)	*binder, folder*
castaño/a (3)	*light brown*
(la) cebolla (5)	*onion*
cenar (4)	*to have dinner*
(el) centro comercial (6)	*shopping center, mall*
cerca de (6)	*close to, near*
cerrar (e>ie) (4)	*to close*
(las) chanclas (8)	*flip-flops*
(la) chaqueta (3)	*jacket*
chatear con amigos (5)	*to chat (online) with friends*
chileno/a (1)	*Chilean*
chino/a (1)	*Chinese*
Ciencias (2)	*science*
(el) cine (6)	*movie theater*
(el) cinturón (3)	*belt*
(la) ciudad (2)	*city*
claro/a (3)	*light*
cocinero/a (4)	*cook*
comer (3)	*to eat*
(la) comida (2)	*food, meal*
¿Cómo...? (2)	*How...?*
¿Cómo está? (1)	*How do you do? (formal)*
¿Cómo se dice... en español? (0)	*How do you say... in Spanish?*
¿Cómo se escribe... en español? (0)	*How do you spell... in Spanish?*
¿Cómo te llamas? (1)	*What's your name?*
cómodo/a (6)	*comfortable*
completa (0)	*complete*
comprar (2)	*to buy*
conocer (6)	*to know, to be familiar with*
contento/a (5)	*cheerful*
(la) corbata (3)	*tie*
corto/a (3)	*short*
Creo que... (2)	*I believe that...*
(el) cristal (7)	*glass*
(el) cuaderno (0)	*notebook*
cuadrado/a (7)	*square*
(el) cuadro (7)	*frame, painting*
¿Cuál...? (2)	*Which one...?*
¿Cuándo es tu cumpleaños? (1)	*When is your birthday?*
¿Cuánto...? (2)	*How much...?*
¿Cuánto cuesta? (2)	*How much does it cost?*
¡Cuánto llueve! (8)	*It's really raining!*
¿Cuántos...? (2)	*How many...?*
¿Cuántos años tienes? (1)	*How old are you?*
(el) cuarto de baño (2)	*bathroom*
cubano/a (1)	*Cuban*
(el) cuello (5)	*neck*
(el) cuero (7)	*leather*

D

de buen humor (5)	*in a good mood*
¿De dónde...? (2)	*Where ... from?*
¿De dónde eres? (1)	*Where are you from?*
de la mañana (4)	*a.m.*
de la noche (4)	*p.m.*
de la tarde (4)	*p.m.*
de mal humor (5)	*in a bad mood*
de, del (6)	*from, from the (masculine)*
debajo de (6)	*under, below*
deber (8)	*should / must*
decir (8)	*to say*
(el) dedo (5)	*finger*
delante de (6)	*in front of*
delgado/a (3)	*thin*
demasiado (6)	*too much*
dentro de (6)	*inside*
desayunar (4)	*to have breakfast*
descansar (2)	*to rest*
despertarse (e>ie) (4)	*to wake up*

detrás de (6)	*behind*
(el) diccionario (0)	*dictionary*
difícil (2)	*difficult*
discutir (3)	*to argue*
divertido/a (2, 3)	*fun*
doler (o>ue) (5)	*to hurt*
domingo (4)	*Sunday*
dominicano/a (1)	*Dominican*
¿Dónde...? (2)	*Where...?*
¿Dónde vives? (1)	*Where do you live?*
dormir (o>ue) (4)	*to sleep*
(el) dormitorio (2)	*bedroom*
(la) ducha (2)	*shower*
ducharse (4)	*to shower*

E

ecuatoriano/a	*Ecuadorian*
Educación Física (2)	*physical education*
él (1)	*he*
el/la/los/las (1)	*the*
ella (1)	*she*
ellas (1)	*they (females)*
ellos (1)	*they (males or mixed)*
empezar (e>ie) (4)	*to start, begin*
en (6)	*on*
En mi opinion... (2)	*In my opinion...*
en punto (4)	*sharp*
Encantado/a (1)	*Delighted.*
encantar (5)	*to love*
encima de (6)	*on top of*
enfermero/a (1)	*nurse*
entender (e>ie) (4)	*to understand*
entre (6)	*between*
Es la una. (4)	*It's one o'clock.*
escribe (0)	*write*
escribir (3)	*to write*
(el) escritorio (7)	*desk*
escucha (0)	*listen*
escuchar (2)	*to listen*
(la) escuela (2)	*school*
ese/esa, esos/as (7)	*that one, those ones*
eso (7)	*that*
(la) espalda (5)	*back*
Español (2)	*Spanish*
español/a (1)	*Spanish*
(el) espejo (2)	*mirror*
(la) esposa (3)	*wife*
(el) esposo (3)	*husband*
¿Está bien así? (0)	*Is this right?*
está nublado (8)	*it is cloudy*
está/están (0)	*is/are located*
(la)estación de metro (6)	*subway station*
(la) estación de tren (6)	*train station*
Estamos a 20 grados (8)	*It's 20 degrees*
(la) estantería (2)	*shelf*
estar (2)	*to be*
estar bien (2)	*to be fine*
estar contento/a (2)	*to be happy*
estar enfermo/a (2)	*to be sick*
estar triste (2)	*to be sad*
este/esta, estos/as (7)	*this one, these ones*
esto (7)	*this*
(el) estómago (5)	*stomach*
(el) estuche (7)	*pencil case*
(el) estudiante (0)	*student (male)*
(la) estudiante (0)	*student (female)*
estudiar (2)	*to study*
(la) estufa (2)	*stove*

F

fácil (2)	*easy*
(la) falda (3)	*skirt*
fantástico/a (2)	*fantastic*
(la) farmacia (6)	*pharmacy*
favorito/a (2)	*favorite*
feo/a (3)	*unattractive*
fíjate (0)	*look at*
(el) fin de semana (4)	*weekend*
(la) flor (6)	*flower*
frágil (7)	*fragile*
francés / francesa (1)	*French*
fuerte (3)	*strong*
(el) fútbol (2)	*soccer*
(el) fútbol americano (2)	*football*
futbolista (1)	*soccer player*

G

(las) gafas (3)	*glasses*
(las) gafas de sol (8)	*sunglasses*
(los) garbanzos (5)	*chickpeas*
(el) gato (2)	*cat*
genial (2)	*great*
Geografía (2)	*geography*
girar (6)	*to turn*
(el) golf (2)	*golf*
(la) goma de borrar (0)	*pencil eraser*
gordo/a (3)	*overweight*
(la) gorra (3)	*baseball cap*
(el) gorro (8)	*knitted hat*
(los) grados (8)	*degrees*
grande/s (2, 3)	*big*
gris (2)	*grey*
(los) guantes (8)	*gloves*
guapo/a (2, 3)	*attractive, handsome / pretty*
guardar (7)	*to put away*
gustar (5)	*to like*

H

(la) habitación (2)	*room*
habla (0)	*speak*
hablador/a (3)	*talkative*
hablar (2)	*to speak*
Hace buen tiempo. (8)	*The weather is nice.*
Hace calor. (8)	*It is hot.*
Hace frío. (8)	*It is cold.*
Hace mal tiempo. (8)	*The weather is bad.*
Hace muchísimo frío/calor. (8)	*It's really very cold/hot.*
Hace mucho frío/calor. (8)	*It's very cold/hot.*
Hace sol. (8)	*It is sunny.*
Hace un día muy bueno/malo. (8)	*It's a nice/bad day.*
Hace viento. (8)	*It is windy.*
hacer (4)	*to do, to make*
hacer ciclismo (5)	*to bike*
hacer deporte (4)	*to play sports*
hacer esquí (5)	*to ski*
hacer fotos (5)	*to take pictures*
hacer judo (5)	*to practice judo*
hacer la tarea (4)	*to do homework*
hacer natación (5)	*to practice swimming*
hacer yoga (5)	*to practice yoga*
(la) hamburguesa (5)	*hamburger*
Hasta luego. (1)	*See you later.*
Hasta pronto. (1)	*See you soon.*
hay (6)	*there is, there are*
(el) helado (5)	*ice cream*
(la) hermana (3)	*sister*
(el) hermano (3)	*brother*
(los) hermanos (3)	*siblings*
(el) hielo (8)	*ice*
(la) hija (3)	*daughter*
(el) hijo (3)	*son*
(los) hijos (3)	*children*
Historia (2)	*history*
Hola, mi nombre es… (0)	*Hi, my name is…*
(el) horno (2)	*oven*
hoy (8)	*today*
(los) huevos (5)	*eggs*

I

(el) impermeable (8)	*raincoat*
importante (2)	*important*
(la) impresora (7)	*printer*
incómodo/a (6)	*uncomfortable*
indio/a (1)	*Indian*
inestable (8)	*unstable*
Informática (2)	*computer science*
informático/a (4)	*computer technician*
inteligente (3)	*intelligent*
interesante (2)	*interesting*
(el) invierno (8)	*winter*
ir (6)	*to go*
ir a pie (6)	*to go on foot*
ir de compras (5)	*to go shopping*
ir de excursión (8)	*to go on an excursion or an outing*
ir de vacaciones (6)	*to go on vacation*
ir de viaje (6)	*to go on a trip*
italiano/a (1)	*Italian*

J

japonés / japonesa (1)	*Japanese*
(el) jarrón (7)	*vase*
(los) jeans (3)	*jeans*

(el) jersey (3)	*sweater*
jirafa (6)	*giraffe*
joven (3)	*young*
jueves (4)	*Thursday*
jugar (6)	*to play*
jugar a los bolos (5)	*to bowl, go bowling*
jugar a videojuegos (5)	*to play videogames*

L

(el) lago (6)	*lake*
(la) lámpara (7)	*lamp*
(el) lápiz (0)	*pencil*
largo (3)	*long*
(el) lavabo (2)	*sink*
lavar (8)	*to wash*
(la) leche (5)	*milk*
lee (0)	*read*
leer (3)	*to read*
lejos de (6)	*far from*
lento/a (6)	*slow*
levantarse (4)	*to get up*
(la) librería (6)	*bookstore*
ligero/a (7)	*light*
liso/a (3)	*straight*
lunes (4)	*Monday*

LL

llamar (7)	*to call*
llamar(se) (1)	*to be called*
llevar (3)	*to wear*
llevar (8)	*to take, to carry, to wear*
llueve (llover o>ue) (8)	*it is raining*
(la) lluvia (8)	*rain*

M

(la) madera (7)	*wood*
(la) madre (3)	*mother*
maleducado/a (3)	*rude*
(la) mano (5)	*hand*
(la) manzana (5)	*apple*
mañana (8)	*tomorrow, morning*
marca (0)	*mark*
(el) marcador (0)	*marker*
(los) mariscos (5)	*shellfish, seafood*
marrón/marrones (2, 3)	*brown*
martes (4)	*Tuesday*
más... que (7)	*more... than*
Matemáticas (2)	*math*
mayor (3)	*old*
mayor (7)	*older*
mecánico/a (4)	*mechanic*
médico/a (1, 4)	*doctor*
mejor (7)	*better*
menos... que (7)	*less... than*
menos cuarto (4)	*quarter to*
(la) mesa (0, 2)	*desk, table*
mesero/a (4)	*waiter/waitress*
(la) mesilla (2)	*bedside table*
(el) metal (7)	*metal*
(el) metro (6)	*subway*
mexicano/a (1)	*Mexican*
miércoles (4)	*Wednesday*
Mira, este/esta es... (1)	*Hey, this is...*
Mira, estos/estas son... (1)	*Hey, these are...*
Mire, le presento a (al)... (1)	*Look, I'd like to introduce you to...*
(la) mochila (0)	*backpack*
moderno/a (7)	*modern*
(el) monitor (7)	*monitor*
montar en bici (5)	*to ride a bike*
moreno/a (3)	*dark brown*
(la) moto (6)	*motorcycle*
(el) mp4 (0)	*mp4*
mucho (6)	*very much, a lot*
(el) mundo hispano (0)	*Hispanic world*
(el) museo (6)	*museum*
Música (2)	*music*
muy (6)	*very*

N

(la) naranja (5)	*orange*
(la) nariz (3)	*nose*
navegar por el mar (5)	*to sail*
navegar por Internet (4, 5)	*to go on the Internet*
negro/s (2, 3)	*black*
nervioso/a (5)	*nervous*
(la) nieb(la) (8)	*fog*
(la) nieta (3)	*granddaughter*
(el) nieto (3)	*grandson*
(los) nietos (3)	*grandchildren*
nieva (8)	*it is snowing*
(la) nieve (8)	*snow*
No entiendo. (0)	*I don't understand.*
No hace nada de frío/calor. (8)	*It's not at all cold/hot.*
nosotros/as (1)	*we*

O

ocupado/a (8)	*busy*
(los) ojos (3)	*eyes*
oscuro/a (3)	*dark*
(el) oso (6)	*bear*
(el) otoño (8)	*autumn or fall*

P

(el) padre (3)	*father*
(los) padres (3)	*parents*
pagar (8)	*to pay*
(el) país (0)	*countrie*
(el) pájaro (6)	*bird*
(las) palomitas (5)	*popcorn*
(el) pantalón de vestir (3)	*dress pants*
(las) papas fritas (5)	*french fries*
(la) papelera (0)	*wastepaper basket*
(las) papitas fritas (5)	*potato chips*
Para mí, ti, él... (2)	*For me, you, him,...*
(la) parada de autobús (6)	*bus stop*
(el) paraguas (8)	*umbrella*
(el) parque (2)	*park*
pasear (2)	*to stroll*
(el) pecho (5)	*chest*
pedir (e>i) (4)	*to ask for, to order*
peligroso/a (6)	*dangerous*
pelirrojo/a (3)	*red hair*
pensar (e>ie) (4)	*to think*
peor (7)	*worse*
pequeño/a (2, 3)	*small, little*
pero (1)	*but*
perro (1)	*dog*
peruano/a (1)	*Peruvian*
pesado/a (7)	*heavy*
(el) pescado (5)	*fish*
(el) pie (5)	*foot*
Pienso que... (2)	*I think that...*
(la) pierna (5)	*leg*
(el) pimiento (5)	*pepper*
(las) pinturas (7)	*paints*
(el) pizarrón (0)	*blackboard*
(la) planta (7)	*plant*
(el) plástico (7)	*plastic*
poco (6)	*very little, not much*
poder (o>ue) (4)	*to be able, can*
(el) pollo (5)	*chicken*
poner (7)	*to put, to place*
por la mañana (4)	*in the morning*
por la noche (4)	*at night*
por la tarde (4)	*in the afternoon*
por qué (2)	*why*
(el) portátil (7)	*laptop*
(el) póster (7)	*poster*
(el) postre (5)	*dessert*
práctico/a (7)	*practical*
preferir (e>ie) (4)	*to prefer*
pregunta (0)	*ask*
preocupado/a (5)	*worried*
(la) primavera (8)	*spring*
(el) primo/a (3)	*cousin*
profesor/a (0, 1)	*teacher*
próximo/a (8)	*next*
¿Puede escribirlo en el pizarrón? (0)	*Can you write it on the blackboard?*
¿Puede repetir, por favor? (0)	*Can you please repeat?*
puertorriqueño/a (1)	*Puerto Rican*

Q

¿Qué...? (2)	*What...?*
¡Qué calor! (8)	*It's so hot!*
¿Qué día es hoy? (1)	*What's today's date?*
¿Qué día/tiempo hace? (8)	*What's the day/ weather like?*
¡Qué frío hace! (8)	*It's so cold!*
¡Qué frío/calor tengo! (8)	*I'm so cold/hot!*
¿Qué haces? (1)	*What do you do?*

¿Qué hora es? (4)	*What time is it?*
¿Qué significa...? (0)	*What does... mean?*
¿Qué tal estás? (1)	*How are you doing?*
¿Qué tal? (1)	*What's up?*
que viene (8)	*upcoming, next*
quedar (4)	*to meet up with someone*
querer (e>ie) (4)	*to want*
(el) queso (5)	*cheese*

R

rápido/a (6)	*fast*
(el) ratón (7)	*mouse*
recepcionista (4)	*receptionist*
rectangular (7)	*rectangular*
redondo/a (7)	*round*
(la) regla (7)	*ruler*
relaciona (0)	*match*
(el) relámpago (8)	*lightning*
repetir (e>i) (4)	*to repeat*
rizado/a (3)	*curly*
(la) rodilla (5)	*knee*
rojo/a (2)	*red*
rubio/a (3)	*blonde*
ruidoso/a (7)	*noisy*

S

sábado (4)	*Saturday*
(el) sacapuntas (7)	*pencil sharpener*
salir (4)	*to go out, to leave*
(el) salón (2)	*living room*
(las) sandalias (3)	*sandals*
seguir (6)	*to follow*
seguro/a (6)	*safe, certain*
sencillo/a (7)	*simple, plain*
señor (Sr.) (1)	*Mr.*
señora (Sra.) (1)	*Mrs.*
señorita (Srta.) (1)	*Miss./Ms.*
ser (1)	*to be*
servir (e>i) (4)	*to serve*
Sí, claro. (0)	*Yes, of course.*
Sí, está bien. (0)	*Yes, it's fine.*
(la) silla (0)	*chair*
(el) sillón (7)	*armchair*
simpático/a (3)	*likeable*
(la) sobrina (3)	*niece*
(el) sobrino (3)	*nephew*
(el) sofá (2)	*sofa*
Son las dos. (4)	*It's two o'clock.*
(el) supermercado (6)	*supermarket*

T

(el) tablero de anuncios (0)	*bulletin board*
(la) tableta (0)	*tablet*
también (1)	*also*
tan... como (7)	*as... as*
(la) tarta de chocolate (5)	*chocolate cake*
(el) taxi (6)	*taxi*
(el) teclado (7)	*keyboard*
(el) teléfono celular (móvil) (7)	*cell phone*
(la) temperatura (8)	*temperature*
tener (1, 3)	*to have*
tener calor (3)	*to be warm*
tener frío (3)	*to be cold*
tener hambre (3)	*to be hungry*
tener que (4)	*to have to (do something)*
tener sed (3)	*to be thirsty*
tener sueño (3)	*to be sleepy*
tener... años (1) (3)	*to be... years old*
(el) tenis (2)	*tennis*
tenista (1)	*tennis player*
(la) tía (3)	*aunt*
tienda de ropa (6)	*clothing store*
¿Tienes frío/calor? (8)	*Are you cold/hot?*
(las) tijeras (7)	*scissors*
tímido/a (3)	*shy*
(el) tío (3)	*uncle*
todos los días (4)	*every day*
tomar el sol (5)	*to sunbathe*
tomar tapas (5)	*to eat tapas (small dishes of food)*
(los) tomates (5)	*tomatoes*
(la) tormenta (8)	*storm*
trabajador/a (3)	*hard-working*
trabajar (2)	*to work*
traer (8)	*to bring*
(el) traje (3)	*suit*
tranquilo/a (5)	*quiet, calm*
(el) tren (6)	*train*
triste (5)	*sad*
(el) trueno (8)	*thunder*
tú (1)	*you (informal)*

U

un/una (1)	*a, an*
un poco (3)	*a little*
una camisa blanca (3)	*a white shirt*
unos/unas (1)	*some, a few*
usar (7)	*to use*
usted (1)	*you (formal)*
ustedes (1)	*you, you all (plural)*
útil (7)	*useful*

V

vago/a (3)	*lazy*
venir (8)	*to come*
ver (3)	*to see*
ver un concierto (5)	*to go to a concert*
ver una exposición (5)	*to go to an exhibit*
ver una película (5)	*to see a movie*
(el) verano (8)	*summer*
verde/s (2, 3)	*green*
(las) verduras (5)	*vegetables*
(el) vestido (3)	*dress*
vestirse (e>i) (4)	*to get dressed*
veterinario/a (4)	*veterinarian*
viajar (2)	*to travel*
(la) videoconsola (7)	*video game console*
viejo/a (7)	*old*
viernes (4)	*Friday*
vivir (3)	*to live*
(el) vóleibol (2)	*volleyball*
volver (o>ue) (4)	*to return*
vosotros/as (1)	*you (plural, Spain)*

Y

y cuarto (4)	*quarter past/after (the hour)*
y media (4)	*half past (the hour)*
yo (1)	*I*
(el) yogur (5)	*yogurt*

Z

(la) zanahoria (5)	*carrot*
zapatería (6)	*shoe store*
(las) zapatillas de deporte (3)	*sneakers*
(los) zapatos de tacón (3)	*high-heeled shoes*

The authors wish to thank to many peoples who assisted in the photgraphy used in the textbook. Credit is given to photographers and agencies below.

Page 5 (Jupiterimages, Col. Stockbyte / mediaphotos, Col. iStock) | **Page 18** (Monkey Business Images, Col. Monkey Business) | **Page 19** (Judy Tillinger, Col. iStock / Misha Shiyanov, Col. Hemera / Photooiasson, Col. iStock / Rui Dias-aidos, Col. Hemera / Creatas, Col. Creatas / Jack Hollingsworth, Col. Digital Vision) | **Page 20** (Zdenka Darula, Col. iStock) | **Page 21** (Monkey Business Images, Col. Monkey Business) | **Page 22** (Jack Hollingsworth, Col. Digital Vision / Danilo Sanino, Col. iStock / David Sacks, Col. Digital Vision / Goranmihajlovski, Col. iStock / James Thew, Col. iStock / Seamartini, Col. iStock / Traveler1116, Col. iStock / Fuse, Col. Fuse / Jupiterimages, Col. Photos.com) | **Page 23** (Karam Miri, Col. Hemera / Pepj, Col. iStock / Zager, Col. iStock) | **Page 24** (Pedro Antonio Salaverría, Col. Hemera) | **Page 25** (James Woodson, Col. Photodisc) | **Page 27** (Tetra Images, Col. Tetra images / Mike Flippo, Col. Hemera) | **Page 30** (Elxeneize / FrontPage / Michal Szymanski / Narongsak Nagadhana) | **Page 31** (Iakov Filimonov) | **Page 32** (Divvector, Col. iStock / Dorling Kindersley, Col. Dorling Kindersley R / Ivan Gusev, Col. Hemera / Juris Sturainis, Col. iStock / Maria Holdren, Col. iStock / Marina Lvova, Col. iStock / Rambo182, Col. iStock / Sputnikos, Col. iStock / Ssstep, Col. iStock) | **Page 33** (Clemens Posch, Col. iStock / David Naylor, Col. iStock / Fredy Sujono, Col. iStock / Joachim Angeltun, Col. iStock / Mart_m, Col. iStock / Mrdoggs, Col. iStock / Robert Marfin, Col. iStock) | **Page 37** (Phovoi R., Col. Panthermedia) | **Page 51** (matthewennisphotography, Col. iStock / Jack Hollingsworth, Col. Digital Vision / michaeljung, Col. iStock / Serban Bogdan, Col. iStock / Serban Bogdan, Col. iStock) | **Page 57** (Yuri Arcurs, Col. Panthermedia / Wavebreakmedia ltd, Col. Panthermedia / Gerit Schulze, Col. Panthermedia) | **Page 58** (Brand X Pictures, Col. Stockbyte / Daniel Ernst, Col. iStock / Andreas Rodriguez, Col. iStock / efesan, Col. iStock / Eric Isselée, Col. iStock / ferlistockphoto, Col. iStock) | **Page 60** (Jupiterimages, Col. Photos.com) | **Page 62** (Fuse, Col. Fuse) | **Page 63** (Joan Quevedo Fle, Col. iStock / Luciano Mortula, Col. iStock / Mike Watson Images, Col. moodboard / Roger Jegg, Col. Panthermedia) | **Page 64** (Roger Jegg, Col. Panthermedia / Steve Corrigan, Col. iStock / Rafa Irusta, Col. iStock / Jcb Prod, Col. Panthermedia / Zoonar/E.Lam, Col. Zoonar) | **Page 65** (Joe Belanger, Col. iStock / Nelson Mejia, Col. iStock) | **Page 66** (Rafa Irusta, Col. iStock) | **Page 68** (Adogslifephoto, Col. iStock / Alexandr Mitiuc, Col. iStock / Dlrz4114, Col. iStock / Ljupco, Col. iStock) | **Page 69** (Brand X Pictures, Col. Stockbyte / Scott Griessel, Col. Panthermedia / Wavebreakmedia Ltd, Col. Wavebreak Media / Marko Beric, Col. iStock / poligonchik, Col. iStock) | **Page 70** (Jcb Prod, Col. Panthermedia / Jonathan Ross, Col. Pantehermedia / Memendesign, Col. iStock / Rtimages, Col. iStock / Maksym Bondarchuk, Col. iStock / Brian McEntire, Col. iStock / karam miri, Col. iStock /Beatriz González, Col. Edinumen / Red_Hayabusa, Col. iStock / JohnMartinBradley, Col. iStock / karam miri, Col. iStock / Design Pics, Col. Design Pics) | **Page 71** (Buenaventuramariano, Col. iStock / Ralf Broskvar, Col. iStock) | **Page 73** (-M-i-s-h-a-, Col. iStock / Smithore, Col. iStock / Coprid, Col. iStock) | **Page 75** (Andreaortizg, Col. iStock / Nicolas Mccomber, Col. iStock / Xixinxing, Col. iStock / Monkey Business Images, Col. Monkey Business) | **Page 78** (Jane Rix, Col. Shutterstock, Inc. / Andrij Vatsyk / Jose Ignacio Soto / Pabkov / Iakov Filimonov) | **Page 79** (Fotoluminate Llc, Col. Shutterstock, Inc. / Circumnavigation / Lisa A) | **Page 80** (Jcb Prod, Col. Panthermedia / Brigitte Meckle, Col. Panthermedia / Rosamund Parkinson, Col. Panthermedia / ttatty, Col. iStock / TamA!s Ambrits, Col. iStock / efesan, Col. iStock / Elena Elisseeva, Col. Panthermedia) | **Page 81** (Artur Bogacki, Col. Panthermedia / Elena Elisseeva, Col. Panthermedia) | **Page 84** (velviaphoto, Col. iStock / Stockbyte, Col. Stockbyte / Ivan Marjanovic, Col. iStock / Jack Hollingsworth, Col. Photodisc) | **Page 88** (Jeremy Woodhouse, Col. Blend Images) | **Page 89** (Creatista, Col. Shutterstock, Inc. / Steve Hix/fuse, Col. Fuse / Ryan Mcvay, Col. Photodisc) | **Page 91** (Francesco Ridolfi, Col. iStock / Kati Neudert, Col. iStock) | **Page 92** (Gelpi José Manuel, Col. Panthermedia / Monkey Business Images, Col. Monkey Business) | **Page 93** (Ingram Publishing, Col. Ingram Publishing / Daniel Loncarevic, Col. iStock) | **Page 97** (Fuse, Col. Fuse) | **Page 98** (Adisa, Col. iStock / Anastasiya Maksymenko, Col. Panthermedia / Elnur Amikishiyev, Col. iStock / Harald Hinze, Col. Panthermedia / Ron sumners, Col. Panthermedia / Toni Anett Kuchinke, Col. Panthermedia) | **Page 99** (Fuse, Col. Fuse) | **Page 101** (Monkey Business Images, Col. Monkey Business) | **Page 103** (Yamini Chao, Col. Photodis / Jacek Chabraszewski, Col. iStock) | **Page 105** (Ingram Vitantonio Cicorella, Col. Panthermedia) | **Page 106** (Ahturner, Col. Shutterstock, Inc. / Littleny / Stanislaw Tokarski / Trappy76) | **Page 107** (Monkey Business Images, Col. Monkey Business / Bettina Baumgartner, Col. Shutterstock, Inc. / Moreno Novello / Nathalie Speliers Ufermann) | **Page 110** (Wavebreakmedia ltd, Col. Panthermedia / Wavebreakmedia ltd, Col. Panthermedia) | **Page 112** (Alexander Potapov, Col. iStock / Eldad Carin, Col. iStock / Michaeljung, Col. iStock / Murali Nath, Col. iStock) | **Page 113** (Ryan Mcvay, Col. Photodisc / John Lund/sam Diephuis, Col. Blend Images / Wavebreakmedia Ltd, Col. Wavebreak Media) | **Page 117** (Diego Cervo, Col. Panthermedia / Elena Elisseeva, Col. Panthermedia / stokkete, Col. iStock) | **Page 124** (monkeybusinessimages, Col. iStock / Diego Cervo, Col. Panthermedia) | **Page 131** (Tijana87, Col. iStock) | **Page 133** (Marcus Grip, Col. Shutterstock) | **Page 136** (Franck Camhi, Col. Panthermedia / Erik Reis, Col. iStock / Cathy Yeulet, Col. Panthermedia / Wavebreakmedia Ltd, Col. Wavebreak Media) | **Page 138** (Alexander Raths, Col. iStock / Andreas Rodriguez, Col. iStock / Purestock, Col. Purestock / Ryan McVay, Col. Photodisc / Stewart Cohen, Col. Blend Images / PIKSEL, Col. iStock / Kim Carson, Col. Photodisc / castillodominici, Col. iStock / John Howard, Col. Digital Vision / Rastan, Col. iStock / Catherine Yeulet, Col. iStock) | **Page 142** (Lite Productions, Col. Lite Productions) | **Page 143** (Jacob Wackerhausen, Col. iStock) | **Page 145** (Big Cheese Photo, Col. Big Cheese Photo / Mike Watson Images, Col. moodboard / Dimamorgan12, Col. iStock / Jupiterimages, Brand X, Col. Stockbyte / Kraig Scarbinsky, Col. Photodisc) | **Page 146** (Yael Weiss, Col. iStock / Jodi Matthews, Col. iStock / Jodi Matthews, Col. iStock / Jodi Matthews, Col. iStock) | **Page 147** (Grishal, Col. iStock / Joe Gough, Col. iStock / Montserrat Cobos Rodriguez, Col. iStock / Serghei Platonov, Col. iStock / Marek Uliasz, Col. iStock) | **Page 150** (mangostock, Col. iStock / Salih Külcü, Col. Panthermedia / Chrisboswell, Col. iStock / Oscar I. Miranda, Col. Panthermedia / Vadim petrakov, Col. Panthermedia) | **Page 151** (Andrey gontarev, Col. Panthermedia / Bartekszewczyk, Col. iStock) | **Page 152** (Anna1311, Col. iStock / Beti Gorse, Col. iStock / Dfstyle, Col. iStock / Galayko Sergey, Col. iStock / Maksym Narodenko, Col. iStock / Natikka, Col. iStock / Slav, Col. iStock / Stefano Tiraboschi, Col. iStock / Thomas Northcut, Col. Photodisc / Top Photo Corporation, Col. Top Photo Group / Juanmonino, Col. iStock) | **Page 153** (Alinamd, Col. iStock / Donhype, Col. iStock / Michel Aubry, Col. iStock / Michelle Harvey, Col. iStock / Mikafotostok, Col. iStock / Nilsz, Col. iStock / Purestock, Col. Purestock / Reinhold Mäller, Col. iStock /

Vadym Boyshenko, Col. iStock / Yalcinsonat1, Col. iStock) | **Page 154** (Jacek Chabraszewski, Col. iStock) | **Page 157** (Creatas, Col. Creatas / Bartłomiej Szewczyk, Col. iStock / Catherine Yeulet, Col. iStock / Moodboard, Col. moodboard) | **Page 160** (Andresr, Col. Shutterstock, Inc. / Panthermedia, Col. Shutterstock / Rafael Martin-gaitero / Sahani photography, Col. Shutterstock / Noraluca013, Col. Panthermedia) | **Page 161** (K. Miri photography, Col. Panthermedia / Redav, Col. Panthermedia / Warren goldswain, Col. Panthermedia) | **Page 162** (Andrea Skjold, Col. iStock / Noraluca013, Col. Panthermedia / K. Miri photography, Col. Panthermedia / Redav, Col. Panthermedia / Warren goldswain, Col. Panthermedia / Elena Elisseeva, Col. Panthermedia) | **Page 163** (Elena Elisseeva, Col. Panthermedia / Elena Elisseeva, Col. Panthermedia) | **Page 164** (Bob Ingelhart, Col. iStock / Elena Blokhina, Col. iStock / Ivonne Wierink-vanwetten, Col. iStock / Porfang, Col. iStock) | **Page 165** (Inacio pires, Col. Panthermedia) | **Page 166** (Matt Tilghman, Col. iStock / Maridav, Col. iStock / Andy Dean, Col. Hemera / ilona75, Col. iStock / ivansmuk, Col. iStock / Jacob Wackerhausen, Col. iStock) | **Page 168** (Maridav, Col. iStock) | **Page 169** (Fuse, Col. Fuse) | **Page 170** (Maridav, Col. iStock / Jeane09, Col. iStock / Kanate Chainapong, Col. iStock / Benoit Chartron, Col. iStock / art-baby, Col. iStock) | **Page 173** (Deyangeorgiev, Col. iStock / Mapics, Col. iStock / Alexey Bykov, Col. iStock / Andrea Chu, Col. Photodisc) | **Page 174** (Volosina, Col. iStock) | **Page 176** (Lite Productions, Col. Lite Productions / Sara Serrano, Col. Edinumen / Sara Serrano, Col. Edinumen / Frank Koszienski, Col. Panthermedia / tcly, Col. iStock /rydrych, Col. iStock / TongRoASIA Lewis Lee, Col. Panthermedia / Christian Müller, Col. iStock / SeanPavonePhoto, Col. iStock) | **Page 177** (Digital Vision., Col. Digital Vision / Creatas, Col. Creatas / Aleksandr Lazarev, Col. iStock / Digital Vision., Col. Digital Vision / Jezperklauzen, Col. iStock / Ktsimage, Col. iStock / Stefan Tordenmalm, Col. iStock / Xyno6, Col. iStock) | **Page 178** (Craig Barhorst, Col. iStock / Juan Moyano, Col. iStock / Kevin George, Col. iStock / Craig Barhorst, Col. iStock / Carlos Casado, Col. Edinumen / Jupiterimages, Col. Polka Dot / Sara Serrano, Col. Edinumen / Sara Serrano, Col. Edinumen / Sara Serrano, Col. Edinumen / Fabian Klusmeyer, Col. Panthermedia / JCB Prod, Col. Panthermedia / Leonid Nyshko, Col. iStock / Mauricio Jordan de Souza Coelho, Col. Panthermedia / Erwin Wodicka, Col. Panthermedia) | **Page 179** (Laura Fafone, Col. Hemera) | **Page 181** (Jack Hollingsworth, Col. Digital Vision / Allensphoto, Col. iStock / Courtyardpix, Col. iStock / Guillermo Lobo, Col. iStock / Mark Herreid, Col. iStock / Marquis Washington, Col. iStock / Studioq1, Col. iStock) | **Pag 184** (Ingram Publishing, Col. Ingram Publishing / Isabel Jover Atienza, Col. iStock / photooiasson, Col. iStock) | **Page 185** (Yasonya, Col. iStock / Smileus, Col. iStock / Alexander Raths, Col. iStock) | **Page 186** (Inacio pires, Col. Panthermedia / Gary blakeley, Col. Shutterstock / Aun-juli riddle, Col. Shutterstock / Kamira, Col. shutterstock / Goran Bogicevic, Col. shutterstock) | **Page 187** (Sahani photography, Col. Shutterstock / Aun-juli riddle, Col. Shutterstock) | **Pag. 188** (Wavebreakmedia Ltd, Col. Wavebreak Media / Sevaljevic, Col. iStock / Jan-Dirk Hansen, Col. iStock / Purestock, Col. Purestock / Jill Lang, Col. iStock) | **Pag 189** (Wavebreakmedia Ltd, Col. Wavebreak Media / Fuse, Col. Fuse / CandyBox Images, Col. iStock 7 Jupiterimages, Col. Photos.com / JDEstevao, Col. iStock / Woodkern, Col. iStock / Stockbyte, Col. Stockbyte) | **Pag 190** (tornado98, Col. iStock / Dawid Kasza, Col. iStock / Anup Shah, Col. Digital Vision / AS_Fotos, Col. iStock / BackyardProduction, Col. iStock / Stacey Newman, Col. iStock / Javier Tuana, Col. iStock) | **Pag 191** (Barbara Helgason, Col. iStock / shironosov, Col. iStock) | **Page 192** (BAaAej Ayjak, Col. iStock / miketanct, Col. iStock / ChristiTolbert, Col. iStock / xyno, Col. iStock / Nurbek Sagynbaev, Col. Hemera / Eric Isselée, Col. iStock) | **Page 196** (Jupiterimages, Col. Photos.com) | **Page 198** (James Woodson, Col. Photodisc) | **Page 199** (Poligonchik, Col. iStock) | **Page 200** (Jack Hollingsworth, Col. Digital Vision / Oleksii Sagitov, Col. iStock) | **Page 201** (Andrey Pokomeda, Col. iStock / Cottonfioc, Col. iStock / Denys Prykhodov, Col. iStock / Dutchscenery, Col. iStock / Francisco Javier Herrero, Col. iStock / Maksym Yemelynov, Col. iStock / Jeff Huting, Col. iStock) | **Page 203** (Rafa Irusta, Col. iStock / jeff gynane, Col. iStock) | **Page 204** (Gelpi José Manuel, Col. Panthermedia / Gelpi José Manuel, Col. Panthermedia / Ignacio Gonzalez Prado, Col. Panthermedia / Laurent Renault, Col. Panthermedia / Marek Kosmal, Col. Panthermedia / Paulmaguire, Col. iStock / Stephen Mcsweeny, Col. Panthermedia / Sven Hoppe, Col. Panthermedia / Erwin Wodicka, Col. Panthermedia / Jack Hollingsworth, Col. Panthermedia / Gernot Krautberger, Col. Panthermedia / Claudio Divizia, Col. Panthermedia) | **Page 205** (karen roach, Col. iStock) | **Page 207** (Bmaksym, Col. iStock / Duncan_andison, Col. iStock / Enrique Rodriguez, Col. iStock / Jacob Wackerhausen, Col. iStock / Johnny Chih-chung Chang, Col. iStock / Maelena1, Col. iStock / Stefan Ataman, Col. iStock / Comstock Images, Col. Stockbyte) | **Page 208** (James Woodson, Col. Photodisc) | **Page 209** (Fuse, Col. Fuse / Xixinxing, Col. iStock / Cathy Yeulet, Col. Hemera / Dario Lo Presti, Col. iStock / Diego Cervo, Col. iStock / Michael Blann, Col. Digital Vision / Ned Frisk, Col. Blend Images) | **Page 210** (George M Muresan, Col. iStock) | **Page 211** (Jacky9946, Col. iStock / Lubilub, Col. iStock) | **Page 213** (Jeff Huting, Col. iStock / Alex Kalmbach, Col. iStock / Anton Snarikov, Col. iStock / C. Diane O'keefe, Col. iStock / Daniel Ernst, Col. iStock / Dominik Damaziak, Col. iStock / Hemera Technologies, Col. PhotoObjects.net / Igor Terekhov, Col. iStock / Ines Koleva, Col. iStock / Pejo29, Col. iStock) | **Page 214** (Andrey Gontarev / Criben / Eduardo Rivero / Kobby Dagan / Ostill) | **Page 215** (Canaryluc / Pablo Hidalgo / Urosr) | **Page 216** (Ryan Mcvay, Col. Photodisc / Aliaksei Hintau, Col. Hemera / Imagehub88, Col. iStock / Katarzynabialasiewicz, Col. iStock / Svetlana Kolpakova, Col. iStock / Vasyl Torous, Col. Hemera / Yuriyza, Col. iStock) | **Page 217** (angelo gilardelli, Col. iStock / santanor, Col. iStock) | **Page 218** (Wavebreakmedia Ltd, Col. Wavebreak Media / Yuriyza, Col. iStock / Alexander Yakovlev, Col. iStock / Design56, Col. iStock / Dimedrol68, Col. iStock) | **Page 220** (Ljupco, Col. iStock / Scott Griessel, Col. iStock / Hemera Technologies, Col. PhotoObjects.net / Fuse, Col. Fuse / sauletas, Col. iStock / Serhiy Stakhnyk, Col. iStock / shuchun ke, Col. iStock / fatchoi, Col. iStock) | **Page 222** (Progat, Col. iStock) | **Page 224** (Eldad Yitzhak, Col. iStock) | **Page 225** (Jason Maehl, Col. iStock / ferlistockphoto, Col. iStock / yaskii, Col. iStock) | **Page 226** (Monkey Business Images, Col. Monkey Business / Clint Spencer, Col. iStock / Lonely, Col. iStock / Oleksandr Kotenko, Col. iStock) | **Page 231** (Ryan Mcvay, Col. Photodisc / Mangostock, Col. iStock) | **Page 232** (Ingram Publishing, Col. Ingram Publishing) | **Page 233** (Fuse, Col. Fuse / Ryan Mcvay, Col. Photodisc) | **Page 234** (Fuse, Col. Fuse / Monkey Business Images, Col. Monkey Business / Gaspr13, Col. iStock / Marili Forastieri, Col. Photodisc / Sasimoto, Col. iStock / Stewart Cohen/pam Ostrow, Col. Blend Images / Thinkstock, Col. Stockbyte) | **Page 235** (Adamgregor, Col. iStock) | **Page 236** (Jupiterimages, Col. Photos.com / Benoit Chartron, Col. iStock) | **Page 237** (Anthony Ong, Col. Digital Vision / Olga Nayashkova, Col. iStock / Roel Smart, Col. iStock / Brett Mulcahy, Col. Panthermedia / Wavebreakmedia Ltd, Col. Wavebreak Media) | **Page 238** (Fuse, Col. Fuse / Adlifemarketing, Col. iStock / Yuri Arcurs, Col. Hemera) | **Page 239** (Mariusz_prusaczyk, Col. iStock) | **Page 240** (Jupiterimages, Col. Photos.com / Joana Lopes, Col. Shutterstock, Inc. / Elnavegante / Nataliya Hora / Steve Fabe) | **Page 241** (Suzanne Tucker, Col. Shutterstock, Inc. / David Mi / Meunierd) | **Pag. 242** (CandyBox Images, Col. Panthermedia) | **Page 246** (PaulMichaelHughes, Col. iStock / Nigel King, Col. iStock / majana, Col. iStock / CandyBoxImages, Col. iStock / Fuse, Col. Fuse / Marc Norman, Col. iStock / Marccophoto, Col. iStock / L_Shtandel, Col. iStock)